Valentino Rossi
A obra-prima

Enrico Borghi

Valentino Rossi
A obra-prima

Tradução
Juliana Tesser

Os segredos e a retrospectiva de uma aventura que não vai se repetir e que mudou a história da MotoGP

São Paulo | 2013

EDITORA
Gaia

© ENRICO BORGHI, 2013

1ª EDIÇÃO, EDITORA GAIA, SÃO PAULO 2013

JEFFERSON L. ALVES – *DIRETOR EDITORIAL*
FLÁVIO SAMUEL – *GERENTE DE PRODUÇÃO*
SANDRA REGINA FERNANDES – *COORDENADORA EDITORIAL*
ALEXANDRA RESENDE E ANA CRISTINA TEIXEIRA – *REVISÃO*
FOTO MILAGRO – *FOTO DE CAPA*
FOTO MILAGRO, AGÊNCIA GEN INC. (TÓQUIO) E ARQUIVO DA YAMAHA MOTOR CO. – *FOTOS INTERNAS*
REVERSON R. DINIZ – *PROJETO GRÁFICO*

CIP-BRASIL. Catalogação na publicação
Sindicato Nacional dos Editores de Livros, RJ

B735v
2. ed.

Borghi, Enrico
    Valentino Rossi : a obra-prima : os segredos e a retrospectiva de uma aventura que não vai se repetir e que mudou a história da MotoGP / Enrico Borghi ; [tradução Juliana Tesser]. – 2. ed.– São Paulo : Gaia, 2013.

Tradução de: Il capolavoro
ISBN 978-85-7555-383-1

1. Rossi, Valentino. 2. Motociclismo. I. Título.

13-05931
    CDD: 927.9675
    CDU: 929:796.72.093.52

DIREITOS RESERVADOS
EDITORA GAIA LTDA.
(PERTENCE AO GRUPO EDITORIAL GLOBAL)

RUA PIRAPITINGUI, 111-A – LIBERDADE
CEP 01508-020 – SÃO PAULO – SP
TEL.: (11) 3277-7999 – FAX: (11) 3277-8141
E-MAIL: GAIA@EDITORAGAIA.COM.BR
WWW.EDITORAGAIA.COM.BR

Obra atualizada conforme o
Novo Acordo Ortográfico da Língua Portuguesa

COLABORE COM A PRODUÇÃO CIENTÍFICA E CULTURAL.
PROIBIDA A REPRODUÇÃO TOTAL OU PARCIAL DESTA OBRA SEM A AUTORIZAÇÃO DO EDITOR.

Nº de catálogo: **3636**

Valentino Rossi
A obra-prima

SUMÁRIO

Prefácio   9
Instruções de uso   13
A origem   15

Rebobinando

Fugindo para o passado   21
    O passado que retorna   21

Parte I

Memórias   41
    Masao Furusawa   45
    Davide Brivio   47
    Jeremy Burgess   49

Parte II

Créditos   53
    Carte Blanche   53
    Catorze meses que mudaram tudo   60
    A arte da guerra   66
    Quem convidou Lorenzo?   72
    Bye Bye Baby   82
    O êxodo   91

Parte III

A grande aventura   99
    Uma fórmula (surpreendentemente) perfeita   99
    Assim como dois samurais   107

Furusawa quem?	112
Não é um estudante modelo	123
Solo fértil, mentes férteis	130
A companhia que nasceu duas vezes	136
Descobrindo o Ocidente	150
MotoGP-DO	159
A história se repete	165
Um presente de Natal	171
A coragem de mudar	175
A negociação mais maluca do mundo	184
Lá vem o Jerry	223
Unidos vencemos; separados, caímos	237
Traidores e dissidentes	244
Parece bem fácil	254
De mal a pior	262
A máquina perfeita	275
Orçamento XXL	286
Vencer ou morrer	290
Preparar, apontar, fogo!	298
Sinais	307
A última turnê	322
Despedida	330
O último segredo, a última mágica	333
Foi uma grande história de amor – Por Valentino Rossi	339

Prefácio

Desde a primeira vez que ouvi falar sobre isso, sabia que a mudança se mostraria um sucesso. Quando os boatos de que Valentino Rossi trocaria a Honda pela Yamaha vazaram em 2003, logo surgiram debates no paddock e entre todos os tipos de especialista. Alguns previam que as vitórias continuariam, enquanto outros tinham certeza de que Valentino tinha cometido um sério erro, assumindo um desafio que se mostraria impossível de realizar. Desde o início, entretanto, eu sequer considerei a segunda opção.

Valentino Rossi é feito de algo especial e ninguém pode diminuir o que ele fez por este esporte. A sua imagem é claramente compatível com a de Michael Schumacher na F1, Severiano Ballestros ou Tiger Woods no golfe e Michael Jordan no basquete. Eles são atletas únicos, caracterizados por um carisma especial que os diferencia de seus pares. O que os torna diferentes é o desejo de vencer e a habilidade de se reinventar para encontrar uma nova motivação. Sem dúvida, Rossi se encaixa neste perfil.

O que Valentino fez em 2004 foi algo que nunca tínhamos visto antes e isso lhe permitiu seguir um caminho que poucos teriam escolhido. Para alguns, seria um salto no abismo, mas não para ele. Ele fez a mudança com total cconsciência de que a rota segura seria continuar saboreando o gosto da vitória onde estava. No entanto, tendo conquistado três títulos na classe rainha com a Honda, Vale precisava de uma nova inspiração e foi por isso que se recusou a se conformar.

Ele poderia ter ficado, mas, em vez disso, escolheu um novo desafio e que maneira melhor do que tentar recuperar as glórias futuras da Yamaha, que o viu como seu salvador? Poderia ter recusado tal desafio, mas estou convencido de que ele não pensou, nem por um minuto, na possibilidade de fracasso.

Valentino Rossi sempre mostrou um grande desejo de vencer, de mudar, de evoluir, e acho que sua motivação está no fato de ele sempre procurar uma forma de se superar.

Rossi gosta de riscos, do processo de fazer apostas que a maioria não faria, porque é assim que ele encontra uma nova inspiração, e como se sente verdadeiramente vivo. Concordo completamente com essa maneira de pensar e agir, na vida e no trabalho. Uso isso comigo mesmo e apoio os outros que compartilham deste ponto de vista. Eu também estou convencido de que é necessário evoluir e melhorar, constantemente aceitar novos desafios, ignorando o quão complicado eles possam parecer. Isto é, certamente, o que ele está fazendo agora.

Pode-se argumentar que a mudança da Yamaha para a Ducati é outro claro exemplo do que Valentino procura para se sentir vivo, para ir para a pista com o entusiasmo de um adolescente. É claro que as coisas não aconteceram como ele esperava, e Rossi passou por um momento difícil, mas não há dúvida nenhuma de que deu o seu máximo toda vez que deixou o box. Outros pilotos teriam preferido ficar na Yamaha, mas Rossi tinha a clara meta de vencer com a moto de Borgo Panigale.

Graças a esta sua filosofia e, é claro, seu talento, Valentino escreveu muitas páginas nos livros da história do motociclismo e sua mudança da Honda para a Yamaha no fim de 2003, junto com o título de 2004, mudou completamente as coisas. A aventura de Valentino Rossi foi completamente diferente, pois seu impacto na MotoGP foi sem precedentes. Além disso, permitiu-lhe superar as barreiras do paddock e atingir popularidade mundial.

Por trás de todo sucesso de Valentino, está o trabalho duro, força interior e paixão por desafios. Dito isto, nada mais seria suficiente para explicar porque algumas pessoas são diferentes das outras. Para ser bem-sucedido, ele precisa de algo extra que o permita imaginar horizontes que só homens que são destinados a fazer história podem avistar antes dos outros.

Prefácio

Em vários círculos do motociclismo, muitos estavam convencidos de que, até o fim de 2004, Valentino não teria conseguido nada além de alguns pódios esporádicos com sua Yamaha. Eles pensavam que a transição levaria um ano com muito mais sofrimento do que sucesso, mas, no final, foi exatamente o oposto, proporcionando mais evidências de que ele é um verdadeiro campeão. Eu tinha sentido isso, assim como Valentino. Antes de dar a minha opinião, tentei entender o motivo de ele ter tomado essa decisão e logo cheguei à conclusão mais lógica: baseado no que eu conhecia de Valentino, senti que não havia a menor chance de ele mudar de moto se sentisse que estava se arriscando a fracassar. Fiz essa observação espontaneamente, porque quando um piloto do nível dele considera a mudança, com a idade que tinha na época (24 anos), só o faz se acredita que pode vencer.

Naquele momento, compreendi que Valentino deveria ter informações e sensações que iludiam os outros e foi o que aconteceu. Aqueles que viram como um erro de Rossi assinar com a Yamaha quando ele já tinha conquistado o mundo, não tinham analisado em detalhes o fato de que, assim como Valentino, a Yamaha e Masao Furusawa tinham decidido reunir a maneira precisa e metódica dos japoneses trabalharem, com a fantasia e a criatividade que é típica do Velho Continente. Uma combinação tão exótica não podia fazer nada além de dar vida a uma coisa incrível.

A Yamaha fez uma aposta milionária e eles colocaram toda sua energia nisso. Já que Rossi tinha vencido com a Honda, a fábrica de Iwata tinha o dever de fornecer todo o suporte técnico e moral para serem campeões mais uma vez e, dessa forma, recuperar todo seu prestígio com seus rivais japoneses.

A Yamaha tinha tudo a perder, mas, desde o primeiro momento, se mostrou corajosa, ajudando Rossi a crescer no momento de adversidade graças ao seu apoio contínuo e constante. Estava claro para todos que a imagem da Yamaha poderia ser abalada se as vitórias não viessem, mas a fábrica japonesa confiou cegamente na experiência de um grande piloto que buscou uma nova motivação para continuar vencendo. O resultado dessa aliança foi excelente.

Carmelo Ezpeleta
Diretor-executivo da Dorna

Instruções de uso

O livro que você vai ler é a segunda edição de *A obra-prima*, que conta uma aventura única que mudou a história do mundo das duas rodas: os primeiros sete anos em que Valentino Rossi correu com a Yamaha, de 2004 a 2010.

Esta nova edição foi enriquecida com um capítulo que enfatiza o mesmo tema do livro original: contar uma história incrivelmente emocionante. O novo capítulo explica porque Valentino decidiu voltar para a Yamaha – isto é, deixar a Ducati assim que seu contrato de dois anos (2011 e 2012) acabou. Como consequência, este retorno confirma e intensifica os valores daquelas sete temporadas que Rossi passou com a Yamaha.

Em 2010 poucas pessoas previram que o "projeto italiano" fracassaria, mas ninguém poderia imaginar que a realidade superaria as piores expectativas. Nas 36 corridas, Rossi subiu ao pódio apenas três vezes, sempre de forma incomum, para não dizer por sorte. As duas temporadas que Rossi passou na Ducati foram um crescente de problemas nunca solucionados, desilusões e descontentamentos que se tornaram difíceis de esconder. No fim, os dois lados entenderam que, quando decidiram se juntar, cometeram um erro.

A nova parte lança luz sob as expectativas frustradas de Rossi e, especialmente, nas promessas que Filippo Preziosi e todos os executivos da Ducati não puderam manter.

O desafio da Ducati foi tão ruim que Valentino decidiu voltar para a Yamaha antes mesmo de sua primeira temporada terminar, no verão de 2011. Masao Furusawa revela isso em sua nova introdução nesta segunda edição.

No fim de 2010, Valentino jamais poderia imaginar que voltaria à Yamaha depois de dois anos desastrosos. Sua aventura com a Yamaha foi fantástica, mas ele acreditava que tinha acabado. Entretanto, as portas que ele considerava fechadas estavam abertas novamente, mas, desta vez, o cenário era completamente diferente de 2003 (quando ele decidiu deixar a Honda e ir para a Yamaha).

Agora, não havia mais *glamour*. Algumas pessoas-chave não estavam mais lá (Furusawa, por exemplo) e, dentro da equipe, o equilíbrio foi drasticamente alterado.

Por fim, as previsões de Furusawa no fim de 2010 – que a crise econômica agravaria o delicado equilíbrio na MotoGP e nada jamais seria como antes – estavam certas. Fãs do esporte e de Valentino não podem evitar de sentir um pouco de melancolia pelos bons e velhos tempos.

O autor

A origem

A ideia deste livro surgiu da mesma curiosidade que inspirou Valentino Rossi e Masao Furusawa quando eles partiram para conquistar o mundo em 2004. Valentino e eu estávamos terminando o primeiro rascunho da fantástica aventura humana e literária que chamamos de *Pensa se non ci avessi provato* (E se eu nunca tivesse tentado, na tradução para o português), quando começamos a refletir sobre o fato de que, mais cedo ou mais tarde, seria interessante revisitar os eventos de sua aventura com a Yamaha com o olhar de outras peças-chave. Nós pensamos que seria uma forma de revelar o lado escuro da lua, por assim dizer.

Era 2005 e seu time dos sonhos tinha apenas começado sua jornada. Muitas magníficas vitórias estavam por vir, assim como alguns baques dolorosos. Teriam lições ensinadas e outras aprendidas, mas, logo que este incrível par fosse desvendado, mudaria não apenas a história da Yamaha como a do motociclismo também.

Com o passar dos anos, percebi que recontar a história desta aventura de sete temporadas – de 2004 a 2010 – era uma obrigação.

Masao Furusawa e Valentino Rossi deixaram para trás indicações preciosas a respeito da maneira de se interpretar as corridas. É uma forma que, para a maioria das pessoas, indicaria um suicídio esportivo certo, com uma destruição inevitável tanto da imagem da companhia quanto do piloto, mas que, na prática, provou ser um grande sucesso que se transformou em uma lição de esporte, engenharia, organização e marketing.

No fim da temporada de 2010, a M1 era considerada um ponto de referência para a MotoGP. Era a motocicleta mais bem-sucedida da primeira era do esporte, tendo superado até mesmo a Honda RCV, que era vista como inatingível e imbatível no início da década.

A Yamaha se tornou um ponto de referência em termos de tecnologia e organização, de tal forma que, no final de 2009, a Honda tinha copiado algumas das soluções técnicas da M1 e até roubado alguns engenheiros-chave da companhia rival em uma tentativa de melhorar o design e o desenvolvimento da eletrônica – um cenário inimaginável em 2003, que foi quando esta aventura começou.

Shuhei Nakamoto, que em 2009 tinha assumido a responsabilidade de devolver a Honda ao caminho das vitórias, admitiu muitas vezes ter se inspirado em Masao Furusawa, pois percebeu que os problemas que estava tentando resolver já tinham sido enfrentados e superados por seu conterrâneo.

Filippo Preziosi, diretor-geral da Ducati Corse, também se inspirou em Furusawa quando planejou o ataque decisivo para tirar Valentino Rossi da Yamaha. No verão de 2012 ele convidou Furusawa (que estava aposentado) para ir a Bolonha, pedindo-lhe uma ajuda para resolver os problemas da Desmosedici. Foi um gesto que alguém na posição de Filippo Preziosi jamais teria com um competidor, mas ele sempre considerou Furusawa um engenheiro e um homem de grandes qualidades.

Já que tenho o privilégio de ser próximo de Valentino Rossi, Davide Brivio, Masao Furusawa e Jeremy Burgess, fui testemunha de eventos extraordinários e fascinantes que foram além dos limites deste esporte.

Foi por meio de Valentino e Furusawa-san que pude compreender o significado de arte, talento e determinação. Davide, por um lado, me ajudou a entender não só o presente que é uma ideia, mas também o imenso esforço exigido para transformá-la em realidade. Jeremy, por outro lado, me deu certeza, pois, por meio dele, tive a confirmação de que o cérebro do homem ainda não foi suplantado por sistemas integrados e silício.

Estas páginas contêm muitas histórias e testemunhos de inúmeras figuras importantes, mas são Furusawa e Brivio (os dois homens

A origem

que gastaram mais energia para construir um time dos sonhos), juntamente com Burgess (o infalível conselheiro na hora das batalhas), que acompanham o leitor em uma jornada extraordinária, com suas incríveis e emocionantes aventuras.

Estes capítulos narram um tempo que provavelmente nunca mais se repetirá, um período que durou sete anos, mas que já tinha mudado a história no final da primeira temporada. Este grupo, que foi formado com a fusão de dois exércitos unidos nos nomes de Valentino Rossi e Masao Furusawa, deixou uma impressão profunda, simultaneamente marcando um ponto de mudança e criando um novo ponto de referência. Nada seria como antes.

Sua dissolução marcou o fim de uma era construída sobre grandes sonhos, uma fé considerável no futuro, um orçamento importante e corridas em velocidade vertiginosa nos campos da tecnologia e da inovação.

Os sucessos e derrotas deste grupo são bastante conhecidos, mas poucos realmente percebem o que esses homens temiam e no que acreditavam – o que os inspirou, o que temeram, os problemas que tiveram de enfrentar e, acima de tudo, como esses obstáculos foram superados.

Este livro narra fatos nunca antes revelados, detalhes nunca contados. Ele revisita eventos com uma visão histórica e não só de um esporte competitivo. Ele é apresentado de um ponto de vista não editado e privilegiado daqueles que viveram esta aventura.

Graças à inestimável colaboração dos protagonistas dessa gloriosa aventura, os leitores agora podem ouvir as vozes, perceber os pensamentos, viver as ansiedades e o sofrimento, e saborear as alegrias e satisfações de um grupo de escolhidos que sempre tiveram paixão pelas vitórias ainda não conquistadas, porque estavam convencidos de que os limites são apenas a desculpa preferida daqueles que não têm a ousadia de descobrir o que os espera do outro lado da escuridão.

O autor

Fugindo para o passado

O passado que retorna
Por Masao Furusawa

Kyoto (Japão), outono de 2012

"Quando Valentino me pediu para encontrá-lo em seu quarto de hotel, com Davide Brivio organizando todos os detalhes, minha mente voltou ao verão de 2003. Naquela época – sempre com o envolvimento de Brivio –, Valentino e eu costumávamos conversar em reuniões secretas, que aconteciam em lugares incomuns e quartos de hotel. Assim, fiquei à vontade quando me disseram que nos encontraríamos no quarto de Valentino, no hotel em que ele estava durante o GP dos Estados Unidos de 2011, em Monterey, na Califórnia."

Eu estava em Laguna Seca como convidado da Yamaha. Estava aposentado e não trabalhava mais com motos. Mas Valentino sabia que eu estava lá e me procurou, pedindo para encontrá-lo no sábado, no fim da tarde.

Entendi que deveria ser algo importante quando Valentino começou a me mandar mensagens dizendo que estava atrasado por causa do trânsito: Valentino está sempre atrasado e nunca se desculpa ou justifica. Mas, daquela vez, estava me informando que estava atrasado, e eu imediatamente pensei que ele deveria ter algo importante em mente. Logo pensei que queria voltar para a Yamaha, apesar de ele estar com a Ducati há apenas oito meses.

Assim que nós começamos a conversar, Valentino me disse que ia deixar a Yamaha e que ir para a Ducati tinha sido o pior erro de sua vida. Ele queria voltar para a Yamaha e me perguntou se eu gostaria de voltar também. Expliquei que isso não era possível, porque estava aposentado. Ele sabia disso, mas percebi que precisava de mim ao menos para começar o processo de negociação. Então, como o meu laço com os executivos ainda eram muito fortes, fui falar com o Sr. Kimura, o novo diretor do Departamento de Corridas, e com o novo presidente, o Sr. Yanagi. Não fui uma parte ativa nas negociações: eu era um simples "conselheiro" da Yamaha, e queria continuar assim.

Inicialmente, notei uma reação bem fria do lado da Yamaha. A situação tinha mudado completamente desde o período da nossa primeira negociação, em 2003. O presidente e os executivos do Departamento de Corridas eram completamente diferentes e Jorge Lorenzo tinha se tornado Campeão Mundial. Ele era o novo ponto de referência para a Yamaha. Entretanto, depois de discussões, avaliações e reflexões, os executivos decidiram contratar Valentino novamente.

Eu esperava que no primeiro ano de Valentino com a Ducati, eles tivessem muitos problemas, mas achava que na segunda temporada poderiam conquistar alguns bons resultados. A confusão que se formou no box da Ducati superou a minha pior expectativa. Se Valentino tivesse dado mais informações para Filippo e se Filippo o tivesse ouvido com cuidado, a moto teria melhorado. Filippo sempre me impressionou como engenheiro, mas ele provavelmente não era tão bom para administrar o Departamento de Corridas. É isso que Valentino não gostava nele.

Devo dizer que, em minha opinião, Valentino também contribuiu para o fracasso de seu projeto com a Ducati. Acho que, em algum momento, ele ficou frustrado e parou de lutar. Valentino é muito inteligente e em seis meses ele já sabia o potencial do projeto da Desmosedici. Além disso, os problemas de comunicação entre ele e Preziosi já existiam.

Valentino se relaciona com a moto e os engenheiros de uma maneira muito especial: talvez ele fosse muito sensível, muito preciso em suas indicações e pedidos, para a mentalidade da Ducati. A Ducati tem grandes mentes e tecnologia, mas enquanto Valentino estava lá, faltava organização e experiência para resolver certos problemas. Quando meu encontro com Filippo acabou, em julho de 2012, saí com a sensação de que a Ducati era parecida com a Yamaha de 2003, quando me tornei chefe de Pesquisa e Desenvolvimento e do projeto da MotoGP."

Um projeto fadado ao fracasso

Quinta-feira, 28 de fevereiro de 2013

De acordo com a tradição da MotoGP, muitos daqueles que participaram das sessões de testes em Sepang estão voltando para casa apenas algumas horas depois de completarem o terceiro dia de testes. É um novo dia na Malásia, apenas duas horas depois da meia-noite, e na Itália já é o fim da tarde. É por isso que o mundo da MotoGP ignora que, no mesmo momento, na Itália, Filippo Preziosi está apresentando sua demissão como diretor-geral de Pesquisa e Desenvolvimento da Ducati Motor Holding.

Algumas horas atrás, em Sepang, os times completaram a última das duas sessões de testes de inverno em quatro semanas. Valentino percebeu que o trabalho de acerto de sua nova M1 levaria mais tempo que o esperado, mas, embarcando em seu voo de volta à Itália, está confiante em sua escolha e otimista com o futuro.

Preziosi, entretanto, não tinha trabalhado um único dia em seu novo cargo, porque quando foi designado, em dezembro, ele tinha pedido um longo período de férias e, depois disso, nunca mais voltou para a empresa.

Filippo Preziosi não dá nenhuma declaração, a Ducati envia um curto e frio comunicado à imprensa. Oficialmente, Preziosi quer dedicar seu tempo à sua saúde, comprometida por um sério acidente que aconteceu em 2000, mas, na verdade, o fracasso de sua missão impôs uma grande punição: Preziosi foi removido do mundo das corridas e ele não aceita isso.

Esta conclusão era inevitável: o chefe do projeto é a primeira pessoa que tem de assumir responsabilidade por um fracasso. Infelizmente, Preziosi não era o único responsável pelo que aconteceu com Valentino – toda a gestão da Ducati na era pré-Audi é culpada –, mas só ele pagou, e isso deixa um senso de injustiça em uma das histórias mais incríveis do mundo das duas rodas.

A tentativa de misturar duas mentalidades completamente diferentes, duas visões, dois "sistemas", fracassou. As razões do "Desastre Rossi & Ducati", que coincidiu com o pior fracasso da carreira de Valentino – até 2010, ele tinha vencido ao menos um título mundial com qualquer uma das motos com que correu – são tanto técnicas como culturais.

Preziosi nunca parou de polarizar "seu" projeto e cada uma das decisões sobre ele, e isso contribuiu para retardar o design e a fabricação de novos materiais. Em novembro de 2010, Valentino indicou a subviragem e a entrega de potência agressiva demais como os problemas mais críticos a serem resolvidos rapidamente. Dois anos depois, os dois ainda estão lá. A Desmosedici ainda é instável na frente, lenta para aquecer os pneus, difícil para transmitir o *feeling* para o piloto na entrada e nas curvas. Andrea Dovizioso, que substituiu Valentino Rossi no fim de 2012, apontou exatamente os mesmos problemas.

Preziosi nunca entendeu completamente que as corridas não são apenas cálculos e simulações, mas também psicologia, pragmatismo, mente aberta e habilidade de ouvir as pessoas. Durante anos ele coletou informações sobre Rossi e Furusawa, estudou como a relação deles se fortaleceu entre 2004 e 2010. Quando finalmente teve de colocar em prática os dados coletados, não conseguiu se libertar da rigidez dos cálculos, da disciplina matemática, do ciúme obsessivo por seu projeto, da convicção de que suas ideias eram as boas.

O contrato de dois anos entre Rossi e Ducati estava baseado no seguinte plano: o primeiro ano para trabalhar, o segundo para atacar. Mas a segunda temporada foi mais desapontadora que a primeira. Valentino não conseguiu esconder a frustração não só por causa dessa falta de sucesso, mas também porque descobriu que a Ducati Corse não era uma companhia adequada às suas características e à sua forma de interpretar as corridas.

No entanto, Filippo Preziosi e sua organização – e os executivos da Ducati Motor Holding – não estavam prontos para lidar com Valentino Rossi. Eles não o entendiam nem como homem nem como piloto. Não compreendiam suas características e suas necessidades. E é muito difícil acreditar nisso, já que, Filippo Preziosi tinha coletado tanta informação sobre Rossi.

Quando começou a negociar com Rossi, em 2010, Preziosi pediu a ele para explicar o que precisava. Ele disse que compartilhava da mesma mentalidade de Valentino e iria apoiá-lo. Não era uma abordagem altruísta, mas utilitária, já que, para Filippo Preziosi e seu time, Valentino Rossi era o verdadeiro passo à frente, a melhor oportunidade em aumentar a experiência no design e no desenvolvimento da moto.

Valentino aceitou a chance de ir para a Ducati porque Filippo prometeu duas coisas: primeiro, que o chefe da Ducati Corse tinha autonomia total em todas as decisões relacionadas ao Departamento de Corridas. E, segundo, que estava disposto a seguir as indicações de Valentino no desenvolvimento da Desmosedici. Mas Preziosi não conseguiu manter sua palavra.

Jerez de la Frontera, Espanha, março de 2012

Durante os três dias da sessão de testes de inverno, antes de o campeonato começar, Honda e Yamaha trabalham no acerto fino de suas motos, enquanto a Ducati ainda está presa com o mesmo velho problema. E a diferença entre Valentino e os pilotos da ponta permanece inalterada.

Dentro da garagem, a atmosfera está muito carregada. Valentino Rossi e Filippo Preziosi estão em desacordo: enfrentando sua segunda temporada juntos, quase não falam um com outro. No fim dos testes de inverno, vendo que a Desmosedici quase não mudou, apesar do árduo trabalho que começou a ser feito em 2010, o eneacampeão está definitivamente perdendo a fé no projeto.

Doha, Catar. Domingo, 8 de abril de 2012

A etapa de abertura da temporada foi a enésima desilusão para Valentino e a Ducati. Ao fim de uma corrida cheia de problemas, Rossi conquistou o sétimo lugar. Ao tirar o capacete, desabafou com profissionais da imprensa:

"Precisaríamos de resultados positivos e uma moto que me permita pilotar melhor. Eu tento ser profissional, faço meu trabalho o melhor que posso. Quando Barberá me empurrou para fora da pista, pensei em abandonar, mas de repente mudei de ideia e decidi terminar a corrida pelos meus mecânicos, para coletar informações e para verificar a minha condição. Estou pronto. Ao contrário, os problemas da moto são sempre os mesmos e a mesma coisa acontece com os meus pedidos: não importa a pista em que estamos correndo, eu não consigo colocar a moto na curva. Eu indiquei o caminho em que eles poderiam melhorar a moto, mas, infelizmente, não conseguiram fazer isso. Minhas esperanças acabaram no ano passado".

Os dois mais importantes personagens do projeto, Rossi e Preziosi, estão agora em uma situação muito ruim. Depois de um 2011 difícil, o time italiano está atolado em uma situação aparentemente sem saída. E a negociação para a renovação do contrato de Rossi está para começar...

"Nunca fiquei à vontade com esta moto, quer dizer, nunca senti que poderia expressar meu estilo de pilotagem em seu melhor. Esta moto inibe os meus pontos mais fortes: freada e entrada de curva, assim como as minhas linhas e o meu ritmo. Piloto de forma suave, limpa, precisa e consistente e é muito difícil pilotar essa moto desta forma. Isso explica porque os resultados que eu, meu time e, é claro, os fãs, estavam esperando não vieram. Em resumo, nós temos dois grandes problemas. Subviragem – entrando nas curvas, a frente não ajuda a fechar a linha e faz você abrir – o motor – que é muito agressivo, ao ponto que, no meio da curva, não posso abrir o acelerador com rapidez e firmeza, pois a moto se torna instável."

"Preziosi é o chefe e ele decide tudo. Ele tem de me ajudar e ao meu time. Não projeto motos: eu só digo para as pessoas como a moto se comporta na pista. Aí outras pessoas têm de fazer sua parte. Engenheiros têm de entender e reagir. Eu claramente expliquei os nossos problemas; agora temos de esperar e ver se podemos resolvê-los."

"Sair e descobrir que eu não posso pilotar como gostaria, me sentir incapaz e perdendo para pilotos que normalmente não seriam mais rápidos do que eu, parte o meu coração. Eu vim para cá, dois anos atrás, pensando que eu correria dois anos tentando vencer com a Ducati. Mas está sendo muito difícil. Eu adoraria ficar por mais dois anos, mas, quando você corre assim, você não sente mais a alegria de pilotar. Além do 'ego', quando você sabe que cada vez que sair será batido, isso é muito difícil. Vencer ou ao menos ser competitivo com a Ducati seria ótimo: você sente isso no entusiasmo das pessoas e no apoio dos fãs. Além disso, há muitas pessoas muito boas na Ducati, que colocam o coração e alma no trabalho, e que são completamente apaixonadas por corrida. Mas esta moto é devastadora; então, eu realmente não sei se esse projeto merece que eu persista até que ele seja bem-sucedido."

Le Mans, França. Quinta-feira, 3 de maio de 2012

O campeonato está apenas em sua quarta etapa e Casey Stoner anuncia que vai abandonar as corridas no fim da temporada. O mercado de pilotos para 2013 está, então, oficialmente aberto, e os agentes de Valentino, assim como os executivos da Yamaha, começam a trabalhar nisso. De fato, começaram as negociações para levar Valentino de volta à Yamaha.

MUGELLO, ITÁLIA, JULHO DE 2012

Valentino está na porta da Yamaha. A negociação ocorreu sem percalços e o contrato está pronto para ser assinado.

O grupo Volkswagen-Audi comprou a Ducati: a gestão alemã imediatamente afasta Filippo Preziosi e Claudio Domenicali do processo de reorganização do Departamento de Corridas e também da negociação com Valentino.

O diretor-técnico de Pesquisa e Desenvolvimento da Audi, Wolfgang Dürheimer, um homem muito poderoso no Departamento de Esporte a Motor, pede uma reunião privada com Valentino, que está positivamente impressionado com a postura da Audi. Isso é a única coisa que o impede de assinar imediatamente o contrato com a Yamaha. A reunião na Toscana não foi a primeira: eles haviam se encontrado na etapa anterior, na Alemanha.

"Quanto tempo vai levar para ter uma moto competitiva?", perguntou Valentino. O germânico não tem uma resposta, e isso é um problema. O Departamento de Corridas deve ser completamente renovado e ninguém sabe se a moto será competitiva em 2013/2014 e Valentino, que completou 34 anos em 2013 (uma idade crítica no esporte profissional), está com pressa.

Tanto em Sachsenring como na Itália, os executivos da Audi pedem a Valentino para ser confiante, mas Rossi perdeu a fé na Ducati. Por dois anos ele tentou dar indicações que a Ducati não considerou confiáveis, os resultados são muito piores do que a previsão mais pessimista e as coisas não parecem melhorar. Valentino pede algumas semanas antes de dar uma resposta. Tudo é então adiado para o GP dos Estados Unidos, em Laguna Seca, na Califórnia.

O GP na Califórnia é o limite para a Yamaha também, já que estão tentando lidar com os pedidos urgentes de informação dos empresários de três pilotos: Ben Spies, Andrea Dovizioso e Cal Crutchlow. Em Le Mans, todos tinham recebido um pedido para congelar as negociações, mas, agora, não é mais possível esperar pela decisão de Valentino.

BOLONHA, ITÁLIA. TERÇA-FEIRA, 16 DE JULHO DE 2012

Masao Furusawa pousa no Aeroporto Gugliemo Marconi, em Bolonha. Ele chega em um voo da Air France vindo de Osaka, via Paris.

Filippo Preziosi, diretor da Ducati Corse, está esperando. O chefe da Ducati Corse decidiu sozinho por esta reunião. Os executivos da Audi, que tinham sido informados sobre essa ideia apenas no fim do GP de Mugello, são céticos a respeito, mas a ansiedade, frustração e, provavelmente, desespero de Preziosi atingiram seu ápice. Apesar de dois anos de trabalho duro para modificá-la, a Desmosedici não é eficiente ou efetiva. De fato, os resultados estão piorando. Preziosi e seu Departamento de Corridas estão no meio do caos. Eles não podem resolver os problemas do chassi e encontrar um bom equilíbrio entre o motor e o chassi, o que torna a moto eficiente. Foi por isso que Preziosi pediu a ajuda de Furusawa, que tinha se aposentado dois anos antes.

Furusawa e Preziosi se encontram na casa de Filippo, em Bolonha, mas longe dos olhos da Ducati. Filippo está buscando desesperadamente por boas ideias e soluções para os muitos problemas deles (a Desmosedici não mudou desde fevereiro) e pede conselhos técnicos a Furusawa, oferecendo-lhe um contrato de consultoria.

Valentino Rossi perdeu sua motivação pelo projeto, e também com a equipe técnica, que o desapontou profundamente. A ação de Filippo é desesperada, e visa dois alvos igualmente desesperados: ele quer explorar o conhecimento de Furusawa para fazer uma repentina e positiva mudança no projeto da Desmosedici e, como consequência, quer que Valentino pense que a situação pode melhorar, para que fique.

Durante o encontro na casa de Preziosi, Furusawa vê os projetos técnicos e fornece inúmeras indicações, tanto para o chassi quanto para o motor.

TAVULLIA, ITÁLIA. QUARTA-FEIRA, 18 DE JULHO DE 2012

Dois dias depois de seu encontro com Fillipo, Masao Furusawa chega à região de Marche, e a casa de Valentino Rossi, a uma hora de carro de Bolonha. Davide Brivio organizou tudo e leva Furusawa a casa de Valentino. Masao chega para o que não é uma simples reunião de velhos amigos. Valentino quer saber o que aconteceu durante o encontro de Furusawa com Preziosi, e Masao quer saber o quão longe (ou perto) está a negociação de Valentino com a Ducati, pois sabe que as negociações de Rossi com a Yamaha estão no estágio final.

Os homens de maior confiança de Valentino, incluindo seu advogado, participam de um almoço. Masao e Valentino conversam como sempre fizeram, com franqueza, como dois homens que, oito anos antes, decidiram confiar um no outro, começando uma aventura que mudou a história do motociclismo.

Furusawa quer esclarecimentos, e os consegue. Valentino já decidiu voltar para a Yamaha no fim desta temporada.

Bolonha, Itália. Sexta-feira, 20 de julho de 2012

Masao parte para sua longa viagem de volta ao Japão com a cabeça dividida. Ele não está certo de que trabalhar para uma empresa estrangeira é uma coisa boa, e recebe a confirmação disso assim que fala com seus antigos chefes – apesar de que, para um japonês, os executivos de uma companhia para a qual ele trabalhou nunca pertencem totalmente ao passado. Além disso, Furusawa ainda é conselheiro da Yamaha.

Curioso com cada novo desafio tecnológico, inicialmente Furusawa pensou que poderia ajudar Preziosi até o fim da temporada, para poder dar uma mão no projeto da Desmosedici, que chegou a um impasse. Mas, depois de uma longa e profunda consideração, decide não trabalhar para uma companhia estrangeira, além de uma rival da Yamaha. Assim, Furusawa informa Preziosi de sua decisão, explicando o porquê de não poder aceitar sua proposta de se tornar um conselheiro técnico.

Da mesma forma, Masao decide ficar de fora – o máximo que puder – da fase final de negociações entre a Yamaha e Valentino. Ele vai começar seu novo negócio, uma pequena companhia especializada em projetos que não têm nada a ver com motos. Agora, livre de suas antigas tarefas como alto executivo da Yamaha, Furusawa está procurando por algo novo, trabalhando com *softwares* para analisar os movimentos de pontes e grandes edifícios. No Japão, isso significa estudar normas antissísmicas.

Laguna Seca, Califórnia. Sábado, 28 de julho de 2012

Gabriele Del Torchio, CEO da Ducati Motor Holding, chegou ao paddock da pista californiana para poder encontrar Valentino Rossi. A equipe Ducati, silenciosa, parece chocada. Eles podem sentir no ar que a relação entre Rossi e a Ducati acabou. A Ducati disse aos pilotos que estavam esperando notícias – para que possam planejar a próxima temporada – que nada vai mudar até que Valentino tome sua decisão. Apesar das ordens dos executivos alemães para fazer todo o possível para manter Valentino, o pessimismo continua a se espalhar.

A reunião entre Valentino e Del Torchio acontece na tarde de sábado, depois do treino classificatório. Del Torchio quer lidar pessoalmente com a negociação. Ele apresenta suas ideias e sua proposta, mas a reação fria de Valentino o estremece.

Antes de deixar a Califórnia, Valentino comunica a Ducati que já coletou todas as informações de que necessita para sua decisão, e diz que precisa de mais três semanas para decidir seu futuro. "Este é um dos momentos mais difíceis da minha vida, já que os últimos anos da minha carreira dependem dessa decisão."

As palavras são verdadeiras, mas, em seu coração, Valentino já decidiu.

Ele não acredita que o Departamento de Corridas pode resolver os problemas da moto em um limite de tempo razoável, apesar de a empresa alemã Audi estar comandando o show nos bastidores. Olhando para seu tempo na Ducati, Rossi agora acredita que desperdiçou dois anos de sua carreira.

Bolonha, Itália. Sexta-feira, 10 de agosto de 2012

A Ducati anuncia que sua relação de trabalho com Valentino Rossi vai se encerrar no fim de 2012.

O italiano finalizou seu acordo com a Yamaha poucos dias depois de voltar para a casa da Califórnia. As negociações foram realizadas em algumas poucas mensagens que deram conta das negociações entre Rossi e os executivos de Iwata até, portanto, chegarem ao fim. Lin Jarvis, o dirigente britânico que trabalha para a Yamaha desde a era das 500cc, habilmente controlou todas as pressões e rumores do paddock. Desta vez, Jarvis teve um papel muito mais ativo nas negociações com Rossi do que aconteceu em 2003, quando Masao Furusawa e Davide Brivio (que era diretor da equipe Yamaha) estavam envolvidos. Além disso, naquela época, havia um presidente diferente.

Desta vez, Takaaki Kimura, o novo diretor de Pesquisa e Desenvolvimento da companhia de Iwata, tomou a decisão final, e informou ao novo presidente, Hiroyuki Yanagi. Kimura, ao contrário de Furusawa, não participou pessoalmente das negociações. A maior parte foi feita pelos dirigentes do time e Lin Jarvis.

Apesar de uma enorme cobertura da mídia, os tempos certamente tinham mudado: a volta de Valentino não aconteceu na mesma animada e glamorosa atmosfera de oito anos antes.

Indianápolis. Quinta-feira, 16 de agosto de 2012

Duas semanas depois da corrida em Laguna Seca, o mundo da MotoGP se encontrou em Indianápolis, e só se fala do divórcio entre Valentino Rossi e Ducati. Os altos executivos da companhia desapareceram, nenhum deles está presente em Indianápolis. Parece que ninguém quer assumir responsabilidade pelo desastre. Mais uma vez, a Ducati optou por manter o silêncio. No dia em que alguém deveria explicar as razões para o fracasso, os chefes da Ducati deixaram Valentino sozinho.

Gabriele Del Torchio, que em Laguna Seca tinha decidido que era o único em condições de conduzir o estágio final das negociações com Valentino, ficou em casa.

Filippo Preziosi, o diretor-geral da Ducati Corse, o homem que fortemente queria Valentino na Ducati, o grande chefe do projeto da Desmosedici, também ficou longe.

Claudio Domenicali, que sempre tentou se manter afastado deste assunto – embora não estivesse – mantém silêncio.

Os executivos da Audi, que pediram para manter Valentino de qualquer forma, ficaram fora de um problema que eles não causaram – chegaram em Borgo Panigale tarde demais para tentar encontrar uma solução para aquela situação, e preferiram evitar qualquer comunicado oficial.

Valentino Rossi, ao contrário, falou. Ele não acusa, nem quer alimentar uma discussão. Apenas se torna amargo ao comentar o fato de Andrea Dovizioso ser seu substituto: "Mais do que aconselhá-lo, quero aconselhar a Ducati: sugiro que olhem menos para os computadores, informações e números, e confiem mais no que os pilotos têm a dizer".

Este é o eterno problema dos gestores da Ducati: todo piloto que guiou a Desmosedici denunciou este fato.

"Nós nunca fomos rápidos, apesar de termos trabalhado duro para isso. Eu não pude fazer a diferença, como fiz na Yamaha em 2004. Deixando a Ducati, deixo para trás pessoas com quem me dava muito bem e só eu sei o quanto queria que as coisas tivessem sido diferentes. Mas agora é hora de voltar a me divertir na pista. Quero ser feliz outra vez ao chegar no circuito."

"Para mim é importante entender o que eu serei capaz de fazer no futuro. Se continuar rodando em sexto e sétimo, então terei de considerar oportunidades diferentes, como a aposentadoria. Acima de tudo, estou nas corridas há 16 anos e tive duas fases distintas na classe rainha: venci cinco mundiais consecutivos e, depois de dois anos difíceis, venci por mais duas vezes. Espero que agora possa ter uma terceira fase no topo."

"Agora Jorge Lorenzo é o número um. Vai ser interessante ver como seremos capazes de viver lado a lado. De minha parte, estou aberto para ser uma equipe coesa."

Estamos vendo um Valentino completamente diferente. Diferente do anterior, um homem que sabe perfeitamente bem que não pode mais ditar as regras. E ele mesmo explica sua nova situação: ele é um campeão que precisa entender se ainda é capaz de vencer ou não. Voltar para a Yamaha significa voltar para um ponto de referência, o que é fundamental para avaliar seu potencial em relação à nova geração de pilotos. O ponto de referência dele é a M1. Este é o novo desafio.

Misano Adriático, Itália. Quinta-feira, 13 de setembro de 2012

Gabriele Del Torchio e seus homens de confiança mantiveram silêncio em Indianápolis, mas em Misano eles falam. Informam que os executivos decidiram que ninguém que chegou na Ducati com Valentino permaneceria na equipe. Assim que o grupo de Valentino chega ao circuito, recebem a notícia. Das onze pessoas que seguiram o piloto para a Ducati, todas tiveram de buscar emprego em outro lugar. Jeremy Burgess e sua equipe já tinham encontrado um lugar na Yamaha. Os outros estavam oficialmente desempregados. Não houve misericórdia com ninguém. Eles se livraram do pessoal de logística e até de um cozinheiro.

Kyoto, Japão. Segunda-feira, 15 de outubro de 2012

Masao Furusawa agora está ocupado com seus novos projetos. O GP do Japão aconteceu um dia antes, em Motegi, e ele não compareceu. Estava bastante ciente das negociações com Rossi, mas as corridas agora são coisas do passado.

Está concluindo o trabalho de restauração de sua nova casa em Kyoto, com uma sala para receber um pequeno escritório. Em poucos meses, sua nova empresa de consultoria vai estar operando oficialmente, mas já tem alguns clientes nos Estados Unidos e no Japão. Nenhum está envolvido com produção de motos ou corridas. Sua ligação profissional com a Yamaha finalmente está acabando, dois anos após ele se aposentar.

VALÊNCIA, ESPANHA, NOVEMBRO DE 2012

Sexta-feira, 9
Os times estão trabalhando no primeiro dia de treinos livres para o último GP da temporada. Depois de uma pausa para o almoço, uma notícia de última hora surge no box da Ducati: Filippo Preziosi foi dispensado de suas funções e está, portanto, preparando o último GP de sua carreia como diretor-geral da Ducati Corse. Ele não será mais o chefe do Departamento de Corridas, e seu envolvimento com o projeto da Desmosedici acabou.

Todos estão muito agitados, mas há os que estão tristes e o que estão felizes. Preziosi comandou a Ducati Corse em todos seus detalhes e sua saída marcava o fim de uma era. No box da Ducati, a tensão aumenta, mas Preziosi mantém uma postura calma. Ele se mostra indiferente e tranquilo, focado em seu trabalho, e não comenta a notícia.

Domingo, 11
Valentino Rossi conclui sua relação de trabalho com a Ducati com uma corrida terrível. Ele está quase irreconhecível. É provavelmente o pior dos 36 GPs que disputou com a Desmosedici.

Depois da bandeira quadriculada, devolve a moto aos mecânicos, se livra das roupas do time e vai embora, mas sem bater a porta. Ele tem outras coisas na cabeça: no dia seguinte, volta aos boxes da Yamaha.

Durante os dois anos que passou na Ducati, muitas coisas mudaram na Yamaha. Primeiro, Masao Furusawa não está mais lá. Jorge Lorenzo se tornou o número um – campeão mundial e líder do time.

Ele conquistou seu segundo título mundial com a M1 e agora é quem dita as regras. A Yamaha venceu sem Valentino, é verdade, mas ainda precisa dele, por sua experiência e sua imensa popularidade. A Yamaha confia em Valentino não só para melhorar a moto e a performance da equipe, mas também para fortalecer sua marca ao redor do mundo, em especial na Ásia e na América, onde Rossi é muito famoso.

Valentino não pode pedir pelos valores que estava acostumado no passado – porque ele não está mais em posição de fazer isso –, mas volta para a Yamaha com um contrato de piloto oficial, o que garante que terá o mesmo equipamento técnico de Jorge.

Segunda-feira, 12

No fim da manhã, um céu cinzento recebe Valentino de volta ao "seu" box (do lado esquerdo, como ele está acostumado). Assume seu antigo lugar nele, e fala novamente com os engenheiros de Iwata: os novos chefes cresceram profissionalmente com Masao Furusawa e chegaram ao "time dos sonhos", formado por Valentino e Furusawa, em 2004.

Desta vez, Valentino levou apenas seis das onze pessoas que partiam com ele para a Ducati.

Alguns metros dali, na garagem da Ducati, Filippo Preziosi reúne técnicos, mecânicos, engenheiros e novos pilotos, e segue trabalhando no plano para os próximos dois dias de testes, quando todos os times da MotoGP poderão começar a trabalhar no material da próxima temporada. Ele segue se recusando a dar uma declaração oficial sobre notícia que circulava desde sexta-feira.

Quarta-feira, 14

O clima ruim afeta a sessão de testes de dois dias. A equipe da Yamaha foi para ao circuito de Aragón procurando por pista seca, mas, apesar do esforço, o time ainda enfrentou mal tempo. De fato, todos os times da MotoGP desperdiçaram tempo e dinheiro nos últimos testes de 2012.

BOLONHA, ITÁLIA. TERÇA-FEIRA, 20 DE NOVEMBRO DE 2012

A Ducati Motor Holding envia um comunicado à imprensa anunciando que Bernhard Gobmeier será o novo diretor-geral da Ducati Corse a partir de janeiro de 2013. Filippo Preziosi vai se tornar diretor-geral de Pesquisa e Desenvolvimento da Ducati Motor, que é o departamento onde as motos de rua são projetadas e produzidas. Preziosi, pela primeira vez na vida e contra sua própria vontade, está fora do mundo das corridas. Quem o conhece, ficou surpreso: Preziosi sempre detestou motos de produção e seu coração sempre foi devotado somente às motos de corrida.

Parte I

Memórias

Masao Furusawa

Descobri que tinha câncer abdominal em fevereiro de 2004, justo no momento em que todos nós estávamos completamente ocupados em uma luta contra o tempo para desenvolver a nova M1 para Valentino. A notícia me pareceu uma piada, tanto que, quando os médicos me disseram que eu precisava ser operado o mais rápido possível, respondi: "Vou fazer o *hara-kiri* só quando tiver completado a minha missão: vencer o campeonato da MotoGP". Logicamente, esta foi uma forma de neutralizar a tensão da situação. Só de me imaginar sendo cortado por uma faca, imediatamente me lembrei dos samurais que realizavam o *seppuku* (uma forma de ritual de suicídio japonês por estripação) como resultado da desgraça por um fracasso ou como forma de reparar um erro grave. A imagem era irônica de alguma forma, porque, ao contrário, eu estava finalmente aproveitando um período de sucesso depois de uma quantidade tremenda de trabalho. Naturalmente, senti que não merecia uma mudança como esta.

Em maio, os médicos começaram a ficar preocupados com o progresso da minha doença. O câncer estava avançando, mas eu também estava caminhando em direção ao cumprimento da minha missão e, com Valentino andando em sua melhor forma, queria esperar mais um pouco.

Em julho, os médicos estavam alarmados com o progresso contínuo do câncer e, já que naquela época estava certo de que nós conquistaríamos o título, concordei com a operação.

Reuni todos os técnicos envolvidos no projeto – apenas eles – e falei: "Vou tirar um mês de férias porque estou exausto". Ao meu redor, vi apenas caras de espanto, e, então, continuei: "Tem sido um trabalho duro e preciso descansar. Volto em um mês e vocês continuam sem mim".

Estava completamente ciente de que todos naquela sala sabiam que alguém como eu, no meio de um desafio tão importante, nunca tiraria um mês de férias só porque estava cansado. Eles estavam pensando que algo grave tinha acontecido. E estavam certos.

Acredito que o câncer foi causado por uma tensão considerável e pelo estresse que tive de suportar durante meu trabalho na Yamaha. Existem estudos que mostram como essa doença pode ser gerada por situações desse tipo. Eu estava pagando por meus esforços, que tinham sido enormes em 2003, começando quando aceitei entrar na Divisão de Corridas. Senti uma tensão incrível e, de certa forma, senti que estava revivendo a situação de 1980 quando desenvolvi a RD250LC.

Naquela época, uma das minhas invenções (relativa ao sistema de montagem do motor) não estava funcionando bem, e a pressão era enorme. Gastei quase um mês inteiro praticamente sem dormir só para resolver o problema e ficava cada vez mais nervoso e tenso. O estresse cobrou seu preço no meu estômago e a mesma coisa estava acontecendo em 2003.

Me ver na Divisão de Corridas no início do ano foi uma grande surpresa – até para mim. Nunca tinha pensado em corridas, nem mesmo quando era jovem. Entretanto, gosto de desafios e, quando me deparo com algo novo, tendo a trabalhar ainda mais, em vez de me preocupar com isso. É por isso que, quando me deram a oportunidade de viver esta nova experiência, eu disse para mim mesmo que tinha de tentar.

Ainda assim, quando meu chefe me perguntou se eu assumiria a Divisão de Corridas, ele ficou um pouco surpreso com a certeza com que aceitei a oferta. Na época, ninguém queria o trabalho. O cargo era um problema, já que a situação na Yamaha era catastrófica, e fui o único a aceitar.

Na verdade, ele me agradeceu profundamente e garantiu que teria todo suporte de que precisasse. Expliquei que não poderia fazer tudo sozinho e fiz uma lista do que precisava. Ele disse: "Ok, você terá tudo que precisa", mas não cumpriu sua palavra. Na verdade, alguns meses depois, ele começou realmente a reclamar da falta de resultados. Eu não tinha pensando que esperavam resultados na temporada 2003, já que ela tinha sido completamente comprometida antes de eu começar. De fato, logo que percebi que quase nada no projeto era funcional, decidi que seria melhor me concentrar em preparar um plano para 2004 e me joguei de cabeça naquele desafio.

Infelizmente, a atitude do meu chefe mudou rapidamente e logo chegou ao ponto em que eu tinha pressão e críticas chovendo sobre mim diariamente. Até isso teria sido suportável se não estivesse completamente sozinho.

Sim, em 2003 eu era um homem sozinho em um oceano de problemas, sem ninguém para me ajudar a sair daquela situação. Não tinha opção a não ser absorver a pressão vinda de cima, aplacar a raiva dos patrocinadores, projetar uma nova motocicleta e defender o meu projeto das críticas.

Além disso, tinha de treinar o meu pessoal na Divisão de Corridas com a meta de criar uma equipe excelente. Em certo ponto, comecei a dizer para as pessoas que estavam me perseguindo "Por favor, me deixe em paz. Tenho de refazer tudo e, em especial, a moto. Se continuar assim, nunca vou conseguir". Era como se estivesse sendo atacado pela minha própria ansiedade.

Os dirigentes e engenheiros de Iwata começaram a me deixar sozinho naquela temporada porque, em seus olhos céticos, eu estava me comportando de forma estranha. Estava promovendo ideias novas e diversificadas que quebraram com a tradição, mas estava convencido de que isso era necessário para encontrar novas soluções e um caminho mais moderno.

Em certo momento, quando parecia que as coisas nunca seriam resolvidas, Valentino chegou e foi de grande ajuda para demonstrar que as minhas ideias eram válidas.

Pessoas fortes e independentes muitas vezes não são bem vistas no Japão, e é por isso que muitas pessoas estavam contra mim em 2003. Pode parecer estranho em retrospectiva porque, no fim, a companhia lucrou bem com o meu trabalho. Apesar disso, até o momento em que atingi o meu objetivo, muitos tentaram me excluir do grupo. Só quando atingi o sucesso, pude ter paz.

Esta é uma situação típica na cultura japonesa, mas como não compartilho deste ideal, talvez eles estivessem certos em pensar que eu era atípico. Quem sabe, talvez tenha sido exatamente pela minha natureza não conformista que Valentino viu alguma coisa em mim.

Quando os médicos me disseram que eu tinha câncer, eles o fizeram de uma maneira muito direta, o que é incomum no Japão. No meu país, comunicar uma notícia tão ruim envolve um grande desconforto e é uma situação muito delicada, muitas vezes evitada. Neste caso, entretanto, a notícia me foi dada sem rodeios e quando perguntei o motivo, me disseram que os médicos achavam que eu era capaz de lidar com a notícia. Disseram que eu tinha um ar inteligente que facilitava para falarem comigo sobre a doença e como combatê-la.

Inicialmente, a operação seria realizada no Hospital Iwata, mas disse aos médicos que não gostava das suas instalações e pedi para ir para Fukuroi, e foi quando a família da minha esposa interferiu. Minha sogra, sendo casada com um médico importante, conhecia os níveis de várias clínicas do país e me indicou o Shizuoka Cancer Center, um dos melhores do Japão. De carro, ficava a apenas duas horas de Iwata, mas como não havia leito disponível naquele julho, a cirurgia foi adiada.

A operação aconteceu em 14 de agosto; então, as minhas férias de verão duraram dois meses em vez de um. Ainda assim, pude voltar à pista em setembro, a tempo do GP do Japão, em Motegi.

Estava de volta ao meu posto de comando e fiquei ao lado de Valentino durante toda a fase final do campeonato. Obviamente, isso significa que estava na Austrália no dia em que ele se tornou campeão.

Nós estávamos em Phillip Island, onde um ano antes – em outubro de 2003 – Valentino tinha me apresentado a Jeremy Burgess, um dos homens que foram fundamentais para o nosso sucesso. Nós três e Davide Brivio tínhamos nos encontrado em um quarto de hotel e, apesar de sabermos a montanha de trabalho difícil que nos esperava, estávamos entusiasmados e não podíamos esperar para começar.

Agora estávamos de volta ao mesmo lugar, doze meses depois, e, apesar da minha doença, apesar dos nossos adversários, apesar da Honda, finalmente tinha completado a minha missão.

Davide Brivio

Em setembro de 2003, quando estávamos fazendo um grande esforço para manter as negociações com Valentino em segredo, me deparei com um jornal britânico que deu amplo destaque para uma entrevista com o então presidente da HRC, Suguru Kanazawa. A manchete era: "Vamos destruir Rossi se ele for para a Yamaha". Entre as várias respostas, Kanazawa deu uma muito clara e ameaçadora: "Se Valentino mudar de companhia, vamos construir uma moto ainda melhor para derrotá-lo e destruí-lo. As corridas são assim".

Tirei duas cópias do jornal: uma eu guardei comigo e a outra dei para Masahiko Nakajima, que era um dos engenheiros de confiança de Furusawa, assim como um dos homens mais importantes no Departamento de Corridas. Mais tarde, ele se tornaria líder do projeto. Depois de entregar-lhe o papel e mostrar a manchete, fiz um pedido: "Quando voltar para Iwata, me faça um favor: pendure estas duas páginas na parede do departamento e mantenha-as lá durante todo o inverno. Vai servir como um estímulo importante enquanto projetamos a nova moto".

Obviamente, aquela mensagem era apenas uma ameaça no sentido esportivo, mas me atingiu com força. As palavras do dirigente da Honda naquela entrevista me deram a ideia real da situação naquele momento. A MotoGP naquele período era completamente diferente do que se tornaria até o fim da primeira década do novo milênio. Naqueles primeiros anos, estávamos vivendo um período em que os dirigentes e engenheiros da Honda podiam plantar um medo real com simples comentários. Eles, na verdade, pareciam ser capazes de fazer qualquer coisa no Departamento de Pesquisa e Desenvolvimento e, obviamente, na pista.

Quando a Honda insistia que seguiriam vencendo mesmo sem Valentino, era fácil acreditar neles porque, naquela época, estavam dominando, não apenas vencendo corridas, mas, regularmente, conquistando os três lugares do pódio. Se Valentino não seria mais um piloto da Honda, parecia lógico concluir que qualquer outro venceria com a moto deles.

Além disso, havia rumores de que a HRC tinha gavetas cheias de projetos que ainda tinham de ser realizados, simplesmente porque não precisavam deles. Mesmo a Yamaha estava assustada com a ideia de que a Honda poderia fazer coisas incríveis apenas para se vingar de Valentino e para mostrar que a moto e a tecnologia deles eram as melhores. No fim das contas, temer a Honda era normal na época.

Até então, estávamos no fim da temporada de 2003, e colhendo os resultados de uma situação que se mostrou triste e desmoralizante para nós na Yamaha. Naquele ano, a M1 tinha apenas subido ao pódio uma vez (com Alex Barros, que foi terceiro em uma corrida na chuva em Le Mans) e com nada menos que uma moto satélite! Estava claro para mim que Valentino enfrentaria um difícil desafio em 2004. Não que tivesse pensado que seria um passeio no parque, mas, na verdade, as dificuldades que a companhia tinha me davam arrepios.

Os dirigentes da Yamaha demonstraram um temor considerável em assumir este desafio. Ao contratar Valentino Rossi, a companhia estava automaticamente eliminando todas as desculpas possíveis para a falta de resultados. Se você já provou que tem uma moto que é capaz de vencer, andar no topo ou perto dele, colocar o piloto mais forte nela quase certamente vai levar a mais vitórias. Se você começa com uma moto inferior e aí coloca o piloto número um, no entanto, não há mais desculpas se continuar perdendo. Na verdade, alguns dirigentes de Iwata estavam assustados exatamente com isso. Alguns diziam que se Valentino não vencesse, a derrota resultaria em um grande dano à Yamaha. Este sendo o caso, os altos executivos demonstraram muita coragem em apoiar Masao Furusawa, que foi incrivelmente bravo ao assumir a responsabilidade por uma despesa tão grande.

Estes homens não se permitiram se assustar com a possibilidade de que este dinheiro poderia acabar sendo desperdiçado. Ainda tenho arrepios só de pensar no que teria acontecido com Furusawa – e com todos nós – se tivéssemos arruinado a missão que nos foi confiada no fim de 2003.

Foi um grande desafio e vivemos alguns momentos extraordinários. No fim, nos tornamos tão fortes quanto a Honda era até 2003. Foi uma daquelas aventuras que mudam a sua vida para sempre. Foi um período repleto de sacrifícios, mas também foi um tempo de muita diversão. Estará nos nossos corações para sempre e agradeço a todos que tornaram isso possível e que me permitiram ser parte disso.

Jeremy Burgess

Valentino disse que passaria no meu hotel para me buscar e falou para esperá-lo do lado de fora, na rua. Ninguém sairia do carro: a porta se abriria e eu deveria entrar o mais rápido possível. Era outubro de 2003 e nós estávamos em Phillip Island – na minha Austrália. Como já tinha concordado em deixar a Honda para seguir Valentino em sua nova aventura, ele tinha organizado a minha primeira reunião com a direção da Yamaha.

Fiz o que ele me pediu. Plantei-me na porta do hotel e esperei. O problema é que durante o fim de semana do GP da Austrália, não são apenas os pescadores e locais que estão em Phillip Island. O paddock inteiro está lá e é impossível ficar na porta do hotel e esperar que ninguém o reconheça. Valentino, no entanto, tinha sido muito claro – "Fique lá e espere!" – então, toda vez que alguém passava e perguntava: "O que você está fazendo aqui?", eu só dava a mesma resposta: "Nada, só estou aqui, só isso". Já que aquela era uma resposta estúpida, a próxima pergunta era inevitável: "Você está esperando alguém?". "Quem, eu?!? Imagina!" eu respondia e, talvez, tenha sido assim que nasceu o rumor de que eu estava bêbado naquela noite. Afinal, qualquer um se comportando daquela forma não podia ser muito normal. No entanto, eu não estava bêbado. Mesmo sendo desta forma que Valentino gosta de recontar essa história, não é verdade. Tudo bem, tinha tomado umas cervejas com uns amigos, mas nada fora do comum – pelo menos não para nós australianos.

De qualquer forma, continuei dizendo "Só saí para uma caminhada, só isso" até que um carro escuro apareceu, a porta abriu e entrei. Dentro estava Valentino. O carro parou no estacionamento de outro hotel e nós corremos pelos corredores, finalmente chegando ao quarto onde Masao Furusawa, Shigeto Kitagawa e Davide Brivio estavam nos esperando.

Foi durante esta reunião que eu disse as palavras que realmente atingiram Furusawa e Brivio: "A Honda não pode fazer mágica", disse. "Faça o que Valentino diz e vocês verão que tudo ficará bem."

Para mim, isso parecia muito razoável. Afinal, quem você deveria ouvir, senão Valentino? Na verdade, um mês depois, quando fui convidado para participar de três dias de testes na Malásia, aceitei mais para ser gentil do que por qualquer real convicção de que eu seria útil. Por conta dos termos do contrato, Valentino ainda não podia pilotar a M1; então, eu não achava que o teste seria muito útil. O que você poderia aprender estando no box se o piloto não está na moto? De qualquer forma, tudo parecia em ordem na Malásia. As pessoas eram gentis e simpáticas, e tinha uma ótimo clima no box.

Tive muitas oportunidades para conversar com Kitagawa e com o resto da equipe, mas, sem o nosso piloto, não era possível entender exatamente a situação.

Havia muitos mecânicos na época, muitos eram italianos, e quando nós nos encontrávamos, eles sempre diziam a mesma coisa: "A Yamaha nunca será como a Honda, então você nunca vai derrotá-los!" Eu ficava bravo e respondia: "Você não tem ideia do que está dizendo! No que você está baseando a sua opinião? Nós podemos bater a Honda, sério, porque ninguém é imbatível".

Quando Furusawa veio até mim com o projeto técnico da M1, disse "Em minha opinião, este projeto é realmente estúpido", mas, em vez de me preocupar, isso fez com que me sentisse tranquilizado. É claro que ver o nosso engenheiro-chefe dizer isso causa arrepios. Quero dizer, se alguém acha que esta é a situação alguns meses antes do início da temporada, então é fácil concluir que você cometeu um erro de julgamento ao aceitar tal desafio, mas foi nesse momento que percebi que Furusawa era a alma gêmea, tanto minha como do Valentino.

Nós três ficamos inspirados quando aceitamos o desafio e animados quando começamos a pensar qual a forma de avançar. Se Furusawa pensava que o projeto da M1 era "estúpido", isso sugeria que ele já tinha uma ideia de como melhorá-lo e esse era exatamente o plano.

Nós começamos a trabalhar realmente em janeiro de 2004, mais uma vez na Malásia, e Valentino guiou pela primeira vez a M1 – foram sete ou oito voltas, não me lembro do número exato. Quando ele voltou, seus comentários foram concisos: "Não é ruim", disse, e eu sabia exatamente o que ele tinha a dizer: a moto não era um desastre e essa era a única coisa que importava.

Depois disso, pensei em todo o ceticismo que nos cercava e disse para mim mesmo: "Bom, agora finalmente poderemos trabalhar".

Parte II

Créditos

Carte Blanche

Na casa de Vale

Ele pegou um pequeno caderno, um tipo de diário, para uma última olhada em seu conteúdo. Como é seu costume, Valentino tinha escrito em detalhes, com sua caligrafia clara e arredondada, a lista de tópicos que queria discutir com seu convidado. Ele estava certo de que seu interlocutor também colocaria na mesa de negociação sua própria lista.

Entretanto, ficou muito surpreso quando o homem colocou apenas uma folha de papel em branco na sua frente. Filippo Preziosi não tinha uma lista, sequer um único pedido para fazer a Valentino. Em vez disso, ele pegou uma caneta, e ao se preparar para fazer anotações em sua página em branco, falou com a lenda sentada à sua frente: "Você é Valentino Rossi", disse. "Me diga o que você precisa e farei o meu melhor para dar isso a você."

Além da sua surpresa, Valentino sentiu um pouco de alívio. Ele citou os tópicos que tinha em seu caderno, seguindo a ordem exata em que tinha escrito. Nem apressado nem hesitante, simplesmente tomou o tempo necessário. Quando terminou, ficou surpreso novamente ao notar que Preziosi não tinha nenhum argumento ou dúvida. Na verdade, demonstrou a maior complacência que um homem em sua posição pode oferecer a um piloto.

O diretor-geral e técnico da Ducati Corse estava se comportando de uma forma que Valentino não esperava. Esta não era a Ducati que ele tinha conhecido em 2003 e que contrastava com o que tinha acompanhado ao longo de sete anos. Valentino teve a confirmação de que a presunção – característica que anteriormente o tinha convencido a evitar a companhia de Bolonha – não era típica de Preziosi. Ele tinha descoberto isso alguns anos antes, durante conversas casuais no paddock, e principalmente mais tarde, quando os dois trocaram mensagens de texto. Ainda assim, Valentino ainda não tinha entendido a dimensão na mudança de atitude da fábrica de Bolonha ao longo dos anos.

Descobrindo a personalidade encantadora de Filippo Preziosi, pouco a pouco decidiu confiar nele e, eventualmente, o eneacampeão mundial começou a mostrar uma atitude benevolente com uma pessoal que era um rival em todos os aspectos – e, além disso, um inimigo com quem batalhar. Finalmente, Preziosi se tornou alguém com quem discutir sua paixão em comum – as corridas e como vencê-las. Este último passo induziu Preziosi a assumir mais e mais riscos em suas conversas, e quanto mais o sentimento deles evoluía, mais a ideia de que poderiam trabalhar juntos começou a parecer possível. Para os dois, o inverno de 2010 era o momento certo para explorar essa parceria.

Era fim de fevereiro quando Filippo Preziosi visitou a casa de Valentino, onde as colinas da região de Marche se misturam com as de Romagna. O chefe da Ducati Corse estava determinado a não perder a oportunidade que não tinha sido possível desde 2003. Ele queria Valentino ao seu lado e nada mais importava. Todo o resto, portanto, tomaria sua forma como consequência. Preziosi precisava de Valentino para ver sua companhia em uma nova situação e, se ele conseguisse, estava certo de que o piloto descobriria um mundo de paixão e determinação. Isso, acreditava, era exatamente o que Valentino estava buscando.

Não era o instinto de Filippo, mas, em vez disso, a sua grande inteligência e forte determinação em completar sua missão que o levaram a ter uma atitude tão impressionante, que culminou em sua surpreendente e irrefutável postura de total complacência. Seu impacto foi considerável e, de fato, Preziosi não poderia ter encontrado uma frase mais apropriada para dizer a Valentino no momento em que o piloto estava buscando apoio e confiança.

Não muito antes, o campeão tinha estado na Malásia para a primeira das três sessões de testes de inverno da temporada de 2010, quando tinha falado com Masao Furusawa. Durante o encontro, Valentino tinha encontrado vários elementos críticos, muitos dos quais não eram favoráveis. Depois dos testes de Sepang, ele foi para uma ilha no Caribe para curtas férias com os amigos. Lá, embaixo do sol e na areia branca, continuou a refletir sobre sua situação, que, na época, parecia muito clara. A Yamaha havia mudado sua rota, e eles não estavam mais em sintonia.

Naqueles últimos dias de inverno, a companhia pela qual havia corrido por sete anos, estava se afastando lenta, progressiva e inexoravelmente.

Filippo não está por dentro de todos os detalhes, nem de todos os pensamentos de Valentino, mas, como os melhores dirigentes têm um faro para informações críticas e são capazes de obtê-las antes dos outros, ele já sabia há algum tempo que Masao Furusawa ia se aposentar no fim da temporada. Ele também sabia que Valentino ressentia a presença de Jorge Lorenzo em seu time.

Além disso, o plano de Preziosi era ambicioso mas simples: ele tinha de explorar esses dois elementos para mudar o equilíbrio da situação a seu favor em uma das mais interessantes transferências do mercado de pilotos na década passada. De fato, os contratos de todos os pilotos top iriam terminar no fim da temporada. "Não vou ter melhor oportunidade", pensou, "para convencer Valentino a virar a página". E estava certo.

Preziosi tinha refletido por muitos anos sobre os erros cometidos pelo comando da Ducati na primeira e desastrosa negociação com Valentino em 2003. Ele não estava envolvido naquela noite de julho sete anos antes, porque em seu papel de diretor-técnico, era responsável pelo desenvolvimento da moto, não pela escolha do piloto.

Tendo perdido a possibilidade de trabalhar com Valentino em 2004, Preziosi começou a observar o comportamento de Masao Furusawa e logo percebeu que só havia uma coisa a ser feita – seguir o caminho que seu colega japonês havia traçado. Apesar de Filippo ter ideias totalmente diferentes em relação ao *design* de uma moto de corrida, ele se viu admirando a capacidade e o pragmatismo de Furusawa. O engenheiro havia liderado a Yamaha ao seu renascimento e tinha conseguido manter Valentino, apesar das tentativas da Ducati, em 2006 e 2008, de contratá-lo.

Nunca desistir

Apaixonado pelas motos e pela competição – e, acima de tudo, pela vitória – havia demonstrado sua determinação logo que se formou em Engenharia Mecânica na Universidade de Bolonha. Foi em 1992 e ele tinha 24 anos. O sonho de Filippo era projetar motos de corrida para a Ducati, que era sediada na mesma cidade em que ele tinha estudado, e perseguiu essa meta com a mesma determinação que os pilotos mostram buscando um título mundial.

Passou muitas vezes pelo portão da frente da fábrica e, finalmente, em uma tarde de domingo, convenceu o guarda a deixá-lo dar uma rápida olhada dentro da fábrica. Em janeiro de 1994, teve sua grande chance – uma entrevista com o então diretor-executivo, Massimo Bordi – e ele não a desperdiçou. Imediatamente se viu em uma posição gerencial, responsável pelo FEM (Método de Elementos Finitos, na sigla em inglês), com cálculos relativos à divisão do design de motos de produção. Menos de um ano depois, em novembro, ele foi promovido a chefe de design na Divisão de Corridas.

"Aquela foi a fundação da Ducati Corse", recorda Preziosi. "Naquela época, nós éramos só quatro pessoas – eu e outros três – e nós só lidávamos com Superbike." Hoje, a Ducati Corse emprega aproximadamente 100 funcionários.

Trabalhador incansável, Filippo tinha avançado rapidamente na carreira. Depois de se tornar o número um na Ducati Corse, em 2003, esse inteligente e corajoso engenheiro nascido em 14 de abril de 1968, em Úmbria – uma bela região da Itália conhecida por sua cultura e arte – se fixou em sua próxima e muito ambiciosa tarefa: Valentino Rossi. A presa tinha escapado de suas mãos uma vez, mas Filippo jurou para si mesmo que a caçada não terminaria daquela forma. Ele esperou dois anos pelo seu próximo ataque, no verão de 2006. Falhou mais uma vez, já que Valentino não estava preparado para deixar a Yamaha, dizendo que "não era a hora certa".

Assim, Filippo tinha de considerar uma opção mais acessível e, no fim daquela temporada, trouxe Casey Stoner quase por acaso. Mas a chegada deste fenômeno – como o australiano logo se revelou ser – não foi o suficiente para fazer Filippo esquecer seu verdadeiro objetivo: Valentino Rossi.

"Não poderei aceitar se ele se aposentar antes de eu ter a oportunidade de competir ao lado dele", declarou em 2008, quando parecia que Valentino tinha criado raízes fortes no subsolo da Yamaha. Filippo retornou à sua caçada, desta vez sem nenhum intermediário, agentes ou emissários. Agiu sozinho, paciente, silenciosamente e com calma. E o que parecia impossível finalmente aconteceu: em fevereiro de 2010, Filippo se viu falando com Valentino no que deveria ser um processo de negociação, mas que se mostrou mais sociável do que ele esperava.

Uma vez que chegou a Valentino, Preziosi não deu um passo errado. Ele foi, como sempre, impassível e sincero. Sem nenhuma ambiguidade, primeiro se apresentou como um amigo e aí como líder de uma Divisão de Corridas que, mais do que tudo, queria apoiar Valentino na delicada e mais decisiva fase de sua carreira. Depois, pediu a Valentino para ajudá-lo a melhorar a Desmosedici de 2011 e para desenvolver a versão de 2012 (a primeira Desmosedici da próxima era – a do retorno do motor de 1000cc). Filippo se declarou feliz e honrado em confiar a Rossi a tarefa de guiar os engenheiros, acrescentando que ficaria orgulhoso de considerá-lo o líder indiscutível.

O próprio Preziosi recorda que tudo ocorreu de forma muito melhor do que ele esperava. "Não houve necessidade de nenhum esforço especial", revela, "porque quando finalmente pude falar com ele em uma situação calma e relaxada, longe do paddock e de olhos curiosos, simplesmente disse a Valentino o que pensava. Expliquei a minha visão das corridas, incluindo a forma como gostaria de planejar com ele a nova estratégia para o meu departamento. No fim, nós pensamos da mesma forma sobre certas coisas. Foi por isso que não tive de dizer nada que precisou ser preparado com antecedência, porque se você compartilha a mesma visão, não há necessidade de ser convencido ou de outras discussões. Nós já tínhamos nos conhecido anos antes, mas as condições não estavam favoráveis. Desta vez, tudo tinha mudado. Não precisei me adaptar a nenhum pedido estranho. Por exemplo, Valentino não precisou me convencer a contratar Jeremy ou nenhum outro integrante de seu time – as pessoas que ele considera essenciais. Para mim, é simplesmente óbvio que todos eles deveriam se tornar parte do nosso time."

O engenheiro de Perugia percebeu que Valentino não estava mais satisfeito com a organização da Yamaha e, conversando, entendeu o problema central. Na Yamaha, uma era estava terminando. Uma mentalidade de negócio linha dura agora estava em prática e o exército estava sendo forçado a voltar ao serviço político. O general Furusawa não podia mais dar carta branca a Valentino e seus homens. Os elementos de ligação – amizade, estima, camaradagem, lealdade –, que tinham feito do time dos sonhos o escolhido, não eram mais uma prioridade para a companhia.

Apesar de o mundo das corridas ser um ambiente de trabalho composto por profissionais qualificados, para todos os efeitos e propósitos nunca poderia ser interpretado com um ambiente de trabalho clássico. "Quando você está falando de negócios, é óbvio que a companhia e suas políticas são um fator-chave, mas nas corridas as coisas simplesmente não funcionam da mesma forma que no mundo regular dos negócios", explica Filippo Preziosi. "Estamos falando de profissionais, mas fortes emoções estão envolvidas neste setor. Existe um sentimento que liga o piloto às pessoas que trabalham diretamente com ele na pista. O espírito competitivo entre os pilotos é imenso e é normal que entre as equipes surjam laços que vão além das relações de trabalho. As conexões que se formam entre a fábrica, os técnicos e os pilotos se tornam algo próximo de uma relação sentimental – desde o início, há cortejo e afeto. É uma situação de muito envolvimento e é por isso que, mais tarde, quando a fria e dura lógica dos negócios intervém, alguém normalmente se machuca. É um ambiente extremo onde, em um piscar de olhos, o que tinha sido um grande amor se torna o oposto – ódio. O impessoal e duro ponto de partida da companhia pode colidir com laços fortes e camaradagem que o piloto criou. Foi isso que afastou Casey Stoner da Ducati entre o fim de 2009 e o início de 2010." E a mesma coisa que distanciou Valentino da Yamaha durante o mesmo período.

O encontro entre Valentino e Filippo era de tal importância que só alguns poucos indivíduos sabiam, de ambos os lados. Todos tinham jurado silêncio e o segredo nunca foi violado.

Em todas as entrevistas que Valentino concedeu nas semanas seguintes, principalmente durante o segundo teste da MotoGP em Sepang no fim de fevereiro, e aí durante os eventos de promoção em que compareceu em março, continuou a dizer que não tinha intenção de deixar a Yamaha. Preziosi, da matriz em Bolonha, confirmou em várias ocasiões que o interesse da Ducati em Valentino era obviamente alto, mas ele não queria provocar nenhuma ilusão, ao ponto de ter insistido que estava determinado a manter Stoner, mesmo com todos sabendo que o australiano estava negociando com a Honda.

Obviamente, os dois estavam dizendo meias verdades. Era verdade que Preziosi não queria idealizar, mas, ao mesmo tempo, ele estava fazendo tudo para convencer Valentino a se juntar à Ducati. Também era verdade que Valentino estava se afastando mais e mais da Yamaha, mesmo que tivesse decidido ter uma última reunião com Furusawa antes de tomar um caminho sem volta.

Seu "melhor amigo na Yamaha", como o próprio Valentino costumava se referir a Furusawa, manteve uma atitude incomum, evitando tomar uma posição no que era um assunto delicado para Valentino – seu papel no futuro da Yamaha – enquanto considerava a posição fortalecida de Lorenzo. Furusawa e Valentino tinham começado a discutir esse assunto apenas durante a primeira sessão de testes na Malásia, em fevereiro.

Valentino achava que era impossível estender a relação de trabalho com o espanhol para além da temporada de 2010 que, na época, estava muito próxima. Era hora de a Yamaha escolher um ou outro, mas os altos executivos continuavam a manifestar a intenção de manter os dois pilotos. Deste modo, em meados de março – faltando um mês para o início da temporada – Valentino e Ducati estavam mais próximos do que jamais tinham sido.

Catorze meses que mudaram tudo

Renascimento

No domingo, 28 de setembro de 2008, Valentino subiu ao degrau mais alto do pódio no GP do Japão, realizado no gigante *Tsuin Rinku Motegi* (Anel Duplo de Motegi, para os ocidentais), que tinha sido construído pela Honda em 1997. Por cima de seu macacão, ele usou uma camiseta comemorativa branca decorada com um relógio que indicava o número oito. Embaixo estava escrito "SCUSATE IL RITARDO" (Desculpe a demora). Ele não apenas tinha dominado a corrida, mas sido coroado campeão pela oitava vez.

Ele escutou orgulhoso enquanto o hino italiano era tocado e levantou o troféu em direção ao céu antes de se armar com uma garrafa para o ritual do banho de espuma. Assim que a adrenalina começou a baixar, o locutor entregou o microfone ao campeão, que ele usou com seu tradicional jeito. Depois de limpar a garganta, começou com algo que estava preparado para dizer já há algum tempo: "Este é um dia para agradecimentos e quero começar pela Yamaha na pessoa de Masao Furusawa".

As palavras de Valentino ressoaram de forma cristalina no imponente sistema de som do circuito da Honda e ecoou pela pista como se estivessem sendo levadas pelo vento, pelas arquibancadas e pelo gramado, no paddock e nas garagens, levando a mensagem em alto e bom som para os mecânicos, jornalistas, fãs e para os dirigentes das quatro companhias japonesas que estavam presentes no dia em que a Yamaha ascendeu ao topo depois de duas difíceis e desapontadoras temporadas.

Uma fase negra e triste finalmente tinha terminado, mas aqueles dias seriam o último período sereno do time dos sonhos. Dentro do espaço dos poucos meses seguintes, o processo de desintegração se tornaria inevitável.

Efeito dominó

Em meados de junho de 2009, Alex Briggs, um nativo de Canberra, Austrália, que tinha se mudado para a costa de New South Wales, em uma cidade com um nome – Mullumbimby – tão bizarro quanto ele, se viu parado perto de Furusawa durante uma pausa no trabalho no paddock do circuito da Catalunha, perto de Barcelona. O mais alegre dos mecânicos de Valentino mostrou-se especialmente curioso naquele dia. Ele foi amigável como sempre, mas também extraordinariamente direto: "Quando tempo mais você vai ficar na MotoGP?", perguntou à queima-roupa.

Não tinha nenhum motivo em especial para fazer uma pergunta tão impertinente, e quem sabe o motivo disso ter saído naquele dia, naquele momento. Qualquer que tenha sido o caso, algo o motivou e ele foi recompensado com uma resposta serena e sincera: "No começo de 2011, terei atingido a idade de aposentadoria, e vou deixar as corridas", disse Furusawa sem hesitar.

Não demorou 24 horas para que o chefão recebesse uma ilustre e preocupada visita. Valentino se colocou na frente de Furusawa e olhou para ele com um olhar inquisidor e com a atitude de quem busca explicações.

"É verdade que você vai desistir das corridas em um ano e meio?", perguntou Valentino?

"Sim, tomei minha decisão. Em março de 2011, vou deixar meu posto."

Catorze meses depois, na tarde de 15 de agosto de 2010 (um popular feriado bancário na Europa), na República Tcheca, no circuito de Brno, situado entre as florestas e vinhedos da Morávia do Sul, Valentino esperou o paddock se acalmar após uma corrida dominada por Jorge Lorenzo antes de anunciar ao mundo, por meio de um comunicado oficial à imprensa, sua decisão de deixar a Yamaha e ir para a Ducati. Um documento de três páginas foi distribuído e a última página era escrita a mão pelo eneacampeão, ressaltando alguns de seus mais memoráveis momentos. O release mencionava o grande esforço ao longo dos anos de constante desenvolvimento da M1, assim como o trabalho desempenhado ao lado dos técnicos japoneses, e concluía com um agradecimento merecido a esses homens. Entre eles, em primeiro lugar, como sempre, estava o mais importante: Masao Furusawa.

Apenas 20 horas mais tarde, no mesmo paddock onde tinha anunciado o fim de sua colaboração com a Yamaha, Valentino falou sobre a sua "ex". Ele ainda tinha oito corridas para fazer com sua M1. "Sem Furusawa, não fazia sentido algum que eu ficasse", explicou. "Sempre falei somente com ele dos aspectos técnicos e outras coisas e, se ele não estará – bem, eu também não estarei."

Assim como Masao Furusawa tinha sido originalmente a cola do projeto, ele agora era o solvente. Mais do que a crise econômica que emergiu na segunda metade de 2008, foi a decisão dele de se aposentar que desencadeou o efeito dominó que provocou o colapso deste time dos sonhos.

Ele tinha sido construído ao redor de Valentino Rossi, mas todo o grupo tinha em Masao Furusawa seu ponto de referência. Era a garantia de unidade e insolubilidade. Na verdade, durante as sete temporadas em que Masao guiou o time dos sonhos, ele organizou o trabalho, projetou, modificou e reconstruiu não só a moto, mas todo o departamento. Ele defendia, encorajava, suportava e sustentava cada pessoa – individualmente, de várias formas e o tempo todo.

Havia um problema a ser resolvido? Você falava com Furusawa. Havia uma controvérsia a ser resolvida? Você iria falar com Furusawa. Faltava motivação? Furusawa cuidaria disso. Erros técnicos ou organizacionais tinham sido cometidos? Era Furusawa quem resolvia tudo.

Quando ele disse "Meu tempo acabou", o engenheiro japonês não sentia que tinha deixado algum trabalho por fazer. Estava em dia com todos e com tudo, exatamente como ficava um samurai quando completava sua missão. Nem tudo aconteceu como o planejado, entretanto. Tão logo ele anunciou que 2010 seria sua última temporada competitiva, descobriu que seus homens de confiança, todos os japoneses que havia treinado para dar continuidade à sua missão, não eram suficientes para manter o grupo unido.

Masao Furusawa entendeu que ele e Valentino tinham sido muito unidos, integrados como cúmplices e até mesmo muito egocêntricos. Um não estava disposto a continuar sem o outro.

"A decisão de Masao Furusawa de deixar sua posição para poder aproveitar mais tempo livre com a aposentadoria teve uma grande influência na decisão do Valentino de deixar a Yamaha", confirma Jeremy Burgess. "O time que Furusawa tinha criado, trabalhado nele quase de uma maneira obsessiva, não podia continuar sem a presença dos dois. Se um fosse sair, o outro teria de ir também. Foi simples assim. O relacionamento que tinham construído era muito forte. Eu entendo completamente o que o Valentino quer dizer quando fala que, sem Furusawa, se sentiria sozinho. Eles têm a mesma mentalidade e compartilham a mesma visão sobre a forma de interpretar as corridas.

Sei bem disso porque sou da mesma forma. Foi uma das muitas razões pelas quais decidi seguir Valentino mais uma vez."

Não há lugar para todos

Outra mudança decisiva aconteceu durante os catorze meses entre o episódio de Barcelona, em 2009, e o comunicado que Valentino divulgou em 2010, em Brno, e iniciou uma situação inaceitável, irreparável e, talvez, inevitável. Foi a chegada de Jorge Lorenzo à Yamaha. Foi uma chegada agressiva, rude e desrespeitosa com a pessoa – Valentino Rossi – que contribuiu mais fortemente para a criação de uma atmosfera vencedora.

Era primavera de 2009 quando Valentino expôs as coisas da forma como via: "Em um time top, não pode haver dois pilotos líderes, porque, ao longo do tempo, a situação pode até mesmo se tornar perigosa", disse. Ele apenas tinha identificado seu novo rival: Jorge Lorenzo, seu companheiro de equipe.

Em 31 de maio, no pódio do GP da Itália, no circuito de Mugello, localizado entre as colinas da Toscana, Valentino abraçou publicamente Filippo Preziosi, parabenizando-o pelo triunfo da Desmosedici, que tinha acabado de vencer com Casey Stoner. Pouco tempo depois, falando com jornalistas durante a habitual coletiva de imprensa, Valentino foi um passo além: "Preziosi é um fenômeno", disse. Nada assim tinha acontecido antes e não era característico de Valentino. Era evidente que a mudança estava no ar. Surgiu a suspeita de que uma tempestade estava se formando e, em menos de dois meses, a suspeita se tornou uma certeza.

No fim de agosto, Valentino voou para os Estados Unidos com a mente agitada, atormentada por pensamentos negativos. Chegando ao circuito de Indianápolis, tentou, inutilmente, se impor um pouco de calma. Conversando com Davide Brivio, seu chefe de equipe, falou duramente sobre o novo desenvolvimento. Alguns dias antes, a Yamaha tinha renovado o contrato de Jorge Lorenzo para 2010, aceitando muitas de suas exigências e, ao fazer isso, dando uma prova de seu enorme interesse no espanhol.

Lorenzo tinha ganhado o privilégio de participar do desenvolvimento da M1 e teria acesso livre a cada evolução e nova tecnologia ao mesmo tempo em que Valentino. Apesar de não ter recebido aumento de salário considerável, o espanhol agora teria tratamento igual ao do líder do time. Na verdade, a Yamaha de 2010 não tinha mais um único líder (Valentino Rossi), um ponto de referência para o Departamento de Corridas que era o único responsável pelo desenvolvimento da moto.

Valentino reclamou que eles estavam puxando o laço com muita força, e continuou a mandar uma mensagem que era ainda mais forte e clara do que a que tinha dado no pódio de Mugello poucos meses antes. Seguindo dessa forma, Valentino disse, eles o estavam empurrando mais e mais para a Ducati. Ele falou, claramente, da fábrica de Bolonha, sem esperar que ninguém mais falasse sobre isso, e não esperou para explicar sobre o que estava falando. Ele não precisava...

Até o outono, ao convocar todos seus engenheiros, Valentino tinha anulado Lorenzo. Já que seu nono título mundial estava em suas mãos naquele momento, pôde continuar agindo como o líder. Conforme os cenários futuros começaram a ganhar forma, decidiu reforçar o conceito que vinha expressando desde o início da temporada.

"Para mim, é inaceitável que durante o inverno eu desenvolva a moto que meu adversário mais forte vai usar para tentar me vencer. Nós não podemos continuar desta forma e não posso aceitar trabalhar para alguém que quer tomar meu título e minha posição no time."

Desta vez, Valentino não estava apenas informando os integrantes da Yamaha. Ele os estava avisando. Em meados de junho, em Barcelona, soube que ficaria sem Masao Furusawa em 2011. Este era um grande problema, mas o que aconteceu em agosto entre a Yamaha e Lorenzo agravou uma situação que estava descendo a ladeira.

A arte da guerra

Piloto vs. *Corredor*

Por que Valentino considerou a aposentadoria de Furusawa e a posição fortalecida de Lorenzo episódios irremediáveis?

A razão está na sua abordagem às corridas. Jeremy Burgess, um dos homens que mais influenciou a competitividade de Valentino, adora sublinhar que "Valentino não é um piloto, é um corredor. Ele não corre simplesmente, ele compete, e há uma grande diferença."

A primeira vez que falou desta forma foi no final da temporada de 2005, que tinha sido muito intensa. A MotoGP tinha atingido sua maior popularidade, forçando os departamentos de corrida das fábricas a realizar testes em qualquer ocasião possível. Como resultado, a Yamaha tinha pedido muito de Valentino, que estava bastante exausto no fim da temporada, assim como todo o resto da equipe.

"Na típica forma japonesa de pensar", defende Burgess, "a Yamaha fez Valentino trabalhar duro demais, sem considerar que você não pode tratar alguém do calibre dele como um simples piloto de testes. O trabalho de desenvolvimento, combinado com o esforço e o comprometimento com a vitória, tinha sido exaustivo. Ele tinha conquistado coisas extraordinárias durante a temporada. Agora eles tinham de deixá-lo descansar."

É claro que para Valentino, assim como para a Yamaha, 2005 também tinha sido uma temporada animadora. Em Iwata, estavam aproveitando a posição sem precedentes de liderar a classe depois de ter vencido os títulos de pilotos e construtores. Valentino, apesar de cansado, também sentia um orgulho justo e legítimo. Ele tinha cumprido sua missão: levar a Yamaha à vitória no ano em que celebravam o aniversário de 50 anos da fundação da companhia. Na realidade, no entanto, tinha conseguido muito mais. Os executivos da Yamaha teriam ficados satisfeitos simplesmente em vencer. Em vez disso, graças a Valentino e sua equipe, a casa de Iwata tinha acabado dominando o campeonato. Isso raramente tinha acontecido antes na história da companhia, e foi, definitivamente, sem precedentes, já que estava começando a era da MotoGP.

"Correr, para mim, é como ir para a batalha", afirmou Valentino na época, enquanto discutia esse assunto. "Me energiza pensar que estou lutando com outros pilotos; que a Yamaha luta com outras fábricas; e que meu time batalha com outros times. Em outras palavras, todos temos nossos rivais para combater." Para completar o tópico, disse: "Estamos sedentos por vitórias".

Dois anos mais tarde, no fim de 2007 – o *annus horribilis* no qual ele e a Yamaha estavam sob um forte ataque de seus rivais – Valentino disse algo que esclareceu as coisas ainda mais: "Sempre estamos pressionados, continuamente sob fogo e cercados pelo inimigo".

A constante referência a estratégias e cenários militares está enraizada na necessidade de Valentino em focar em um inimigo para combater e odiar (em um senso esportivo, é claro). Uma vez que esse conceito foi assimilado, é possível entender os motivos e razões de suas ações, das decisões que ele tomou, da sua forma de competir. Como consequência, é possível começar a compreender porque ele decidiu mudar para a Ducati no fim de 2010.

Um por todos, todos por um

Para Valentino Rossi, competir significa planejar uma estratégia militar, porque a meta é domínio territorial (no mundo das duas rodas), assim como supremacia pessoal (para manter seu ego bem alimentado). Já que Valentino está pronto para dar tudo para conquistar seu objetivo, espera o mesmo de todos que são escolhidos a dedo para lutar ao seu lado. Isso porque, em seu conceito de corrida, tudo se junta em um único momento – a prova – no qual só um resultado é aceitável. "Corro para vencer tudo – primeiro a corrida, depois o título."

É claro que todos os campeões pensam dessa forma, mas tem algo único em Valentino Rossi. Tudo o que se refere a orgulho, determinação e inteligência, em Valentino são encontradas em maiores proporções.

Valentino interpreta a arte da guerra do jeito dos generais do Império Romano, dos líderes da antiga Grécia, até mesmo da forma como era interpretada pelos lendários samurais japoneses, assim como os grandes comandantes dos anos 1800 e 1900. E ele também ama planejar uma batalha.

"Durante a corrida, sou capaz de usar metade do meu cérebro para tudo que é preciso para guiar a moto, e a outra metade para lutar com meu adversário e vencer a batalha", disse. "Amo vencer um duelo, mesmo que seja difícil, no qual não se é medido só por andar no limite, mas também pela tática." Este é o ponto-chave.

Valentino se prepara para a competição considerando muitas variáveis, nunca apenas uma. Desta forma, ele sempre pode modificar seu estilo de pilotagem e sua estratégia – volta após volta – tudo enquanto adapta o rendimento da moto, dos pneus e de seu corpo.

Burgess enfatiza que "Valentino sempre tem um plano *b* e é por isso que venceu corridas que ninguém pensou que ele conseguiria. E é por isso que conseguiu permanecer no topo, mesmo com o revezamento das novas gerações de pilotos e motos."

Pode-se dizer que a arma secreta de Valentino é seu cérebro – sua inteligência, sensibilidade, capacidade de raciocinar sob estresse, nervos de aço em uma situação tensa e, acima de tudo, seu enorme senso de si, sua confiança em suas habilidades. "Se Valentino está convencido de que sua moto está pronta para a batalha, então será difícil para qualquer um batê-lo", afirma Davide Brivio, "e, tendo trabalhado com ele, posso dizer que é exatamente isso que acontece. Quando Valentino teve a moto que precisava, ele nunca perdeu um duelo."

Também há sua proverbial habilidade de assegurar que todos que trabalham com ele estão motivados e orgulhosos de seu trabalho, sempre prontos para dar algo mais. "No meu box, quero pessoas com quem me importo", diz Valentino, e isso explica muitas coisas. A ânsia de Valentino por progresso e melhoras constantes é um elemento fundamental de sua mentalidade, que, ao longo dos anos, o ajudou a desenvolver os truques necessários para conquistar suas metas, que se tornaram incrivelmente ambiciosas e difíceis.

Ainda assim, seu maior dom é a humildade. Valentino melhora constantemente primeiro analisando a si mesmo. Ao fazer isso, verifica seus limites e procura maneiras de ultrapassá-los todas as vezes. Tem uma frase que resume esta filosofia: "É fundamental acreditar em seus sonhos, mas, acima de tudo, lutar para realizá-los".

É uma questão pessoal

Uma moto pode oferecer emoções inigualáveis só depois de se tornar uma arma de combate, afiada ao máximo por trabalhadores meticulosos. Essas são condições que ele busca incansavelmente, fazendo uso do último minuto disponível antes do início da corrida, começando a batalha muito antes de chegar à pista.

O estudo da evolução das motos de corrida, seus movimentos, reações e dirigibilidade são assuntos que Valentino domina desde a infância. Sua busca constante por perfeição na performance se tornou uma mistura de ciência, arte e mística, que é a razão e o motivo de ele ser tão dedicado ao desenvolvimento e ao acerto fino. Ele está convencido de que sempre há algo para ser melhorado, e é por isso que dá tanta importância aos conceitos de *exclusividade* e *total apoio da fábrica*.

Agora, deve ser fácil entender porque Valentino não queria dividir nada com Jorge Lorenzo – particularmente o trabalho de desenvolvimento da M1. "Hoje, o acerto fino da moto é fundamental", ele explicou durante a temporada de 2010, "porque o trabalho de evolução dos pneus e da eletrônica atingiu um nível de sofisticação que não mais permite que o piloto faça a diferença, e fica ainda mais difícil inventar algo nas últimas voltas, como podia ser feito na era das 500cc e na primeira parte da MotoGP."

É importante prestar atenção nessas palavras, porque nelas está escondida a explicação para tudo. Se alguém acredita que é verdade que o acerto fino é fundamental, fica evidente porque Valentino quer manter para si sua riqueza de informações sem paralelo, experiência, talento e sensibilidade. Se a chance de Valentino em ser único no desenvolvimento da moto for removida, então a possibilidade de fazer a diferença por meio do desenvolvimento da moto também é negada. Em 2008 e 2009, muitas pessoas questionaram como Valentino podia continuar a enfrentar jovens, rápidos e agressivos rivais – principalmente Stoner, Lorenzo e Pedrosa. A resposta está na sua experiência, em seu profundo conhecimento em como acertar e como guiar a moto.

Sempre foi dito que apenas quando comparamos pilotos equipados com as mesmas motos e pneus torna-se possível estabelecer a diferença de calibre. Entretanto, se um time tem um piloto que é mais intuitivo, sensível, técnico e capaz de melhorar a moto, isso automaticamente fornece uma vantagem ao seu inexperiente parceiro. No ponto em que um piloto é claramente mais forte que outro, não deve haver problemas com jogos altruístas, mas se o companheiro de equipe é bom e forte o bastante para se apresentar como um dos rivais mais perigosos, então uma guerra civil se torna inevitável. O indivíduo que é mais técnico no acerto, nunca aceitaria que outro tenha acesso às suas informações e às suas ideias, porque isso seria uma ajuda de crucial importância.

O tema é bastante conhecido no mundo das corridas. Na véspera da temporada de 2011, Shuhei Nakamoto, o chefe da Honda, esclareceu esse conceito de uma maneira realista: "Nossos pilotos terão acesso conjunto aos dados, mas só até certo ponto", disse. "Eles são companheiros de equipe, mas, neste nível, eles também são rivais."

No fim de 2009, a situação na equipe da Yamaha tinha se tornado paradoxal, já que um dos dois pilotos estava trabalhando para ajudar o outro. "Os engenheiros em Iwata sabiam, em 2009 e 2010, que Lorenzo não tinha a experiência necessária para contribuir com o desenvolvimento da moto", comenta Brivio, que, na posição de chefe da equipe, tinha de direcionar o máximo de atenção aos assuntos internos. "De fato, eram sempre as propostas de Valentino que eram implementadas. Parecia claro que, se ele permanecesse na Yamaha, os engenheiros continuariam a confiar nele e, portanto, ele seguiria ajudando Lorenzo – que tinha melhorado muito, graças ao seu talento, mas também porque tinha habilmente explorado essa ótima oportunidade que lhe tinha sido oferecida pela Yamaha. Ele pode estudar de perto como Valentino acertava a moto e se preparava para a corrida. Lorenzo se encaixa na rara categoria de pilotos que é munido tanto de talento como da capacidade de aprender rapidamente."

"Durante uma comparação, que durou uma temporada completa, é o fator técnico que dá uma grande vantagem para o piloto que melhor acerta sua moto. Uma vez que Lorenzo conseguiu obter o mesmo material que seu companheiro de equipe, toda vez que Valentino tinha uma ideia que melhorava a performance do motor ou da moto, isso, automática e imediatamente, se transformava em uma vantagem para seu rival número um. E isso era uma coisa que Valentino simplesmente não podia tolerar. Todas as suas ideias também serviam para resolver os problemas de Jorge."

A abordagem analítica de Valentino e essa intuição com a mecânica da moto são tão elevadas que ele sempre conseguiu aprimorar as motos que usou. Como resultado, aquilo que estudou e melhorou para si tornou-se não apenas uma conquista individual, mas também um progresso para os outros pilotos da companhia e um tesouro sem preço para a Divisão de Corridas. Por fim, isso tornou vitalmente claro o porquê de Filippo Preziosi continuar a perseguir Valentino – contratar o piloto se tornou uma questão pessoal para ele – mesmo após a Ducati desistir.

A Desmosedici de 2010 não era tão ruim como a M1 era em 2003, mas tinha perdido terreno em relação à Honda e à Yamaha. Preziosi não podia mais perder tempo. O projeto da Desmosedici – em especial, na perspectiva de 2012, com o retorno das corridas de

1000cc – precisava ser cuidadosamente revisado e desenvolvido para se tornar mais versátil, mais eficiente em todas as condições e, acima de tudo, mais funcional para pilotos com características e estilos diversos de pilotagem. Sem dúvida, ele precisava de Valentino Rossi.

Similarmente, Valentino precisava de Preziosi, porque seu método de trabalho exige um interlocutor único. A figura de um diretor técnico que também é o chefe do Departamento de Corridas – uma coisa única no mundo das motocicletas – é uma constante na carreira de Valentino. A ligação entre Preziosi e Valentino começou exatamente no mesmo ponto em que terminou com Furusawa. Era como se Valentino tivesse construído uma ponte para continuar sua viagem.

Quem convidou Lorenzo?

Trabalho de férias

Os turistas estavam aproveitando o sol e a areia do mar Mediterrâneo enquanto uma delegação de técnicos e mecânicos da Yamaha silenciosamente fechavam os portões do Circuito de Almería, na costa sul da Espanha. Eles tinham sido enviados para Andaluzia, na técnica e isolada pista – situada entre as colinas perto de Sierra Nevada – em uma missão secreta, aproveitando a pausa de verão da temporada. A Yamaha tinha organizado a estreia de Jorge Lorenzo com a M1 levando em conta a proximidade de sua transferência para a categoria top na próxima temporada. Ao contrário das suas expectativas, eles tinham conseguido manter a discrição. O resto do mundo da MotoGP estava de férias, os outros membros do time tinham ido para casa ou viajado para vários pontos turísticos. Os jornalistas e fotógrafos também estavam distraídos pelo clima relaxado das férias de verão e os pilotos tinham se tornado impossíveis de localizar. Só alguns engenheiros continuavam a trabalhar, fechados em seus bunkers impenetráveis.

Assim que o pessoal da Yamaha assumiu o controle do circuito, prepararam a garagem e começaram a organizar um plano digno de um teste tão importante. Era agosto de 2007, e a M1 estava tendo sua pior temporada desde o início da era Furusawa. A Ducati estava dominando o campeonato.

O que os membros da Yamaha estavam fazendo era sem precedentes. Nunca um piloto da 250cc, que estava lutando pelo título, tinha subido em uma moto da MotoGP no meio do verão, um momento realmente delicado da temporada. É normal que um jovem talento da classe intermediária do Mundial de Motovelocidade queira planejar seu próximo passo com antecedência, mas ir para a pista com sua futura moto mais de três meses antes do tempo (o primeiro teste normalmente ocorre imediatamente após o fim da temporada) – era absolutamente inédito.

Essa pequena amostra era suficiente para mostrar que Jorge Lorenzo não era um piloto qualquer – e que seu então agente/conselheiro, o ex-piloto Dani Amatriain, era ainda mais único que seu talentoso piloto.

Influenciado por Amatriain, Lorenzo não queria deixar nada ao acaso. Ele sabia que entrar na MotoGP seria difícil; então, queria tornar sua transição a mais fácil possível. O experimento no verão, desprovido de pressão, o permitiria iniciar sua estreia oficial em novembro com uma pequena experiência na MotoGP na bagagem. Lorenzo e sua delegação deram a impressão de querer entrar na categoria rainha como protagonistas – um tema em particular que passou despercebido por um dirigente tão atento como Brivio.

O evento foi planejado de uma maneira extremamente apertada, por conta das necessidades do piloto espanhol, da dedicação do então diretor do time, Davide Brivio, ao seu trabalho, e da mania de organização de Dani Amatriain. Apenas cinco dias de trabalho foram planejados, divididos em dois dias de pista, um de descanso (quando o piloto poderia assimilar suas ideias e sensações) e os dois últimos de mais trabalho.

O sigilo absoluto deste teste também foi motivado em respeito à Aprilia, porque Lorenzo estava se encaminhando diretamente à confirmação de seu título (tinha se tornado campeão pela primeira vez em 2006, de novo com a Aprilia e nas 250cc). A montadora italiana tinha permitido que ele testasse a moto da MotoGP com a condição de que o teste não se tornasse público.

Ninguém, nem mesmo os dirigentes que tinham organizado o teste, podia imaginar que, naquele momento, eles estavam abrindo as portas da Yamaha para a pessoa que três anos mais tarde se mostrou um dos motivos que forçaram Valentino Rossi a dizer adeus para a companhia de Iwata.

Indecisão eterna

Então por que Davide Brivio iniciou uma longa negociação com o agente de Lorenzo, ciente de que eles estariam levando à Yamaha possivelmente o mais talentoso e ambicioso jovem piloto do momento e, sem dúvida, um adversário garantido para Valentino? A pergunta é interessante. A resposta, ainda mais.

Em março de 2006, a cúpula da Yamaha tinha relutantemente sido forçada a elaborar um futuro hipotético sem Rossi. Na época, o grupo Yamaha estava com medo de perder seu líder, porque a ideia do piloto de Pesaro, de mudar para a F1 com a Ferrari, começava a ter fundações.

Para entender aquela situação, é necessário dar outro passo atrás. Tanto Furusawa como Brivio estavam bastante cientes de que Valentino já tinha começado a pensar na F1 em 2003, quando ainda corria pela Honda. De fato, em seu primeiro contrato com a Yamaha, para 2004 e 2005, Valentino tinha incluído uma cláusula que o permitia testar a máquina da Ferrari na F1 (o que pôde fazer depois de sua primeira vitória com a Yamaha, na África do Sul, em abril de 2004).

No início de 2006, a questão de uma mudança para a F1 ressurgiu, desta vez de uma forma mais substancial, com Valentino deixando claro que estava considerando mudar para o mundo dos carros na temporada seguinte. Em fevereiro daquele ano, entre as duas sessões de testes de inverno da MotoGP em Sepang, Valentino foi para a Espanha para participar dos testes coletivos da F1 pela Ferrari na pista de Valência. Para os chefes da Yamaha, isso tinha soado como um alarme.

"Gibo Badioli, que na época era agente de Valentino, me disse, durante o teste de inverno malaio de fevereiro de 2006, que para 2007 a oportunidade de mudar para a Ferrari era concreta e que seria uma grande operação que santificaria Valentino", explicou Brivio. "Na época, estava decidindo se iria para a F1 ou se ficaria na MotoGP, então este teste em Valência com os outros pilotos da F1 seria muito importante para entender seu potencial. Na Yamaha, nós começamos a temer que a temporada de 2006 fosse a nossa última com Valentino, e parecíamos estar à beira do colapso de tudo que tínhamos trabalhado nos últimos anos. Além disso, estávamos vivendo um clima de muita agitação, porque a M1 estava tendo grandes problemas que pareciam impossíveis de resolver. Não podíamos acreditar que Valentino fosse sair tão cedo, mas tínhamos de considerar a possibilidade e, portanto, começar a procurar seu substituto."

Eles deram uma olhada no panorama de jovens talentos das 250cc, para poder ter uma ideia de onde começar a focar essa busca. Uma reunião foi agendada com esse exato propósito, com os participantes incluindo Brivio, Furusawa, Shigeto Kitagawa, Masahiko Nakajima (dois dos homens de confiança de Furusawa), e Lin Jarvis.

"Durante a reunião, foi feita uma lista com jovens pilotos livres de restrições contratuais para o período que nos interessava", revelou Brivio. "Além de Lorenzo, essa lista incluía Andrea Dovizioso, Alex De Angelis e Manuel Poggiali. Havia muita indecisão, então, em certo momento, eu decidi falar. 'Para mim, não faz sentido ir atrás de muitos', disse. 'Devemos escolher um piloto e focar em contratá-lo'."

Todos os presentes balançaram a cabeça em sinal de aprovação, mas já que ninguém se manifestou, Brivio continuou: "Eu sei quem. O nome dele é Jorge Lorenzo".

Depois de um curto silêncio, Kitagawa falou primeiro: "Bom, vamos contatá-lo", disse. Ninguém fez nenhuma objeção, e então a reunião foi considerada encerrada.

Brivio começou a trabalhar imediatamente e organizou uma reunião com Amatriain, que aconteceu na sexta-feira, 24 de março, no paddock de Jerez de la Frontera, na Espanha, no primeiro dia de testes da corrida que abriu a temporada 2006.

"Obviamente, foi uma reunião secreta e pareceu que eu estava voltando a 2003, quando tinha reuniões secretas para convencer Valentino a aceitar a oferta da Yamaha", contou Brivio. "Nós estávamos no motorhome de Amatriain e, naquela ocasião, só me limitei a dizer que Lorenzo – que ainda não tinha estreado com a 250 da Aprilia (sua temporada de estreia nas 250cc tinha sido com uma Honda) – era definitivamente de interesse da Yamaha. Eu certamente não podia revelar os possíveis próximos passos de Valentino, então simplesmente disse que não podíamos ter certeza de quanto tempo mais Valentino seguiria correndo. Estávamos tentando encontrar uma solução para o futuro, mas não estávamos com nenhuma pressa. Na realidade, é claro que estávamos preocupados porque na época Valentino estava projetando uma sensação real de que logo ele não mais estaria na MotoGP."

Algo que não tinha sido considerado interrompeu os trabalhos, entretanto. Amatriain explicou que Lorenzo seguiria nas 250cc em 2007 também, porque a Aprilia queria que ele ficasse por duas temporadas. Isso significava que só poderia começar com a Yamaha na temporada de 2008, mas isso parecia muito tempo para Brivio – Amatriain tinha completamente outra opinião.

"Ele me explicou que mesmo que fossem outros dois anos, queria que Jorge se preparasse calmamente para a passagem para a MotoGP e era por esta razão que estava tentando acertar tudo com antecedência", falou Brivio. "Tendo uma visão clara do mundo das corridas, Amatriain percebeu que as portas da Honda seguiriam fechadas para seu piloto, vendo que a companhia estava focando em outro piloto espanhol, Dani Pedrosa, que tinha acabado de se juntar ao time oficial com o patrocinador espanhol Repsol. Não havia, portanto, espaço na Honda para Lorenzo e, por isso, procurando outra equipe de fábrica, Amatriain decidiu pela Yamaha."

Eu amo as motos

Davide Brivio seguiu em frente determinado no projeto, mas não sabia que, nesse meio tempo, Valentino estava mudando de ideia sobre migrar para a F1. Os testes em Valência não o tinham deixado entusiasmado. Além disso, a Ferrari não se mostrou suficientemente determinada a oferecer um carro para 2007, de imediato, sem Valentino ter preparação e conhecimento técnico adequados. Perto do fim de maio, tendo sido submetido a um teste de realidade, Valentino percebeu que seu amor pelas duas rodas ainda era bem forte e que a emoção e a adrenalina das corridas de moto seriam inatingíveis em outro lugar, e tomou sua decisão de ficar.

Ele fez esse anúncio na véspera do GP da Itália – um momento ideal para estreitar seu vínculo com os fãs. "Vou continuar com a Yamaha em 2007. Vamos entrar na nova era das 800cc juntos", declarou, enterrando, assim, o sonho de correr na F1.

Desta forma, ficou acertado que Valentino manteria seu posto e, mesmo assim, ninguém queria parar a busca, iniciada por Brivio, de encontrar imediatamente um jovem piloto. Se havia uma coisa que a Yamaha não podia deixar acontecer era jogar fora o investimento feito – sem mencionar o esforço despendido – para voltar ao topo.

No entanto, enquanto Brivio negociava com Amatriain, outra pessoa fazia o mesmo com Casey Stoner, e, em um dado momento, parecia que o australiano, e não Lorenzo, seria o novo candidato oficial para a M1.

"Badioli, entretanto, não era favorável a Stoner", explicou Brivio. "De fato, uma vez que ele percebeu que as negociações eram tão sérias que a Yamaha já estava quase pronta para assinar com o australiano, ele se opôs fortemente. Na opinião dele, nós tínhamos um grupo de australianos trabalhando para Valentino e, se Stoner, um talentoso australiano, entrasse no time, a presença dele poderia, de alguma forma, interferir com o time de Valentino. Aquelas negociações foram paralisadas, mas isso não representou um problema, já que minhas conversas com Amatriain estavam indo bem, e nós sentíamos que tínhamos um futuro garantido com Lorenzo."

Baseado na lei da história se repetir, mas também porque certos eventos na MotoGP sempre acontecem na mesma época e nos mesmos lugares, a reunião definitiva aconteceu no lugar que tinha sido com Valentino, no Hotel Twin Ring Motegi. No fim de setembro de 2006, Lorenzo assinou um pré-contrato na presença de Brivio, Kitagawa e Jarvis, colocando as folhas de papel em uma pequena mesa do quarto. Quatro anos antes, no mesmo hotel, Valentino tinha informado a Furusawa e Brivio sua decisão de trocar a Honda pela Yamaha.

Uma grande bagunça

Jorge Lorenzo tinha assinado para se tornar piloto de fábrica, mas, naquela época, o acordo estipulava que ele estaria separado em uma estrutura diferente do time de fábrica existente. "No início de 2007, as possíveis dificuldades de ter Valentino e Lorenzo no mesmo time eram claras para todos", comentou Brivio. "Pensando em 2008, junto com os japoneses, nós decidimos manter o time existente, composto por Valentino e Colin Edwards, e simultaneamente operar uma pequena estrutura que cuidaria oficialmente de Lorenzo."

"Os japoneses me pediram para criar este novo departamento. Eles pareciam muito determinados, pois me disseram que se nenhum patrocinador fosse encontrado, a Yamaha assumiria o orçamento todo. Eu apoiei o plano, porque efetivamente era uma solução ideal para manter a grande harmonia que tínhamos conquistado com Valentino e Colin juntos. Isso também permitiria que Lorenzo tivesse seu tempo para aprender."

"Nós tínhamos decidido começar com o chefe de equipe. Agendei uma reunião com Ramon Forcada, um técnico muito experiente. Ele já estava na pequena lista que fiz com Amatriain. Me encontrei com Forcada no Aeroporto de Malpensa, em Milão, e ele ficou muito satisfeito com a nossa proposta. Naquele ponto, começamos a buscar o técnico de aquisição de dados e os mecânicos, mas, apenas um mês depois, naquele verão, Lin Jarvis me avisou que os executivos da Yamaha em Iwata tinham mudado o plano. O time de fábrica seria Valentino e Lorenzo, e Edwards seria transferido para a equipe satélite, a Tech3. Os japoneses tinham percebido que o orçamento necessário para o projeto original não era simples de se encontrar e a busca por um patrocinador estava se mostrando mais difícil do que o esperado."

A enorme crise financeira tinha começado.

"Essa mudança na atitude de Iwata teve um efeito ruim para mim", continuou Brivio. "Depois de confirmar que manteriam a mesma dupla e informar Valentino, os japoneses foram e disseram a ele que seu companheiro seria Lorenzo. Apesar de irritado, Valentino não tinha escolha naquele momento a não ser aceitar, mas, para mim, eles não lidaram com isso da maneira correta."

De forma simultânea, um período de eventos muito desagradáveis estava ocorrendo com Valentino. A colaboração dele com Gibo Badioli estava terminando e um problema com impostos tinha explodido. A vida dele estava um verdadeiro caos.

"Eu não concordei com a mudança de planos da Yamaha, pois nós tínhamos decidido o contrário, especialmente porque eu podia imediatamente prever os problemas que surgiriam tendo duas personalidades como Valentino e Lorenzo sob o mesmo teto", afirmou Brivio. "Eu sabia que isso seria contraproducente para os dois pilotos e complicado de administrar. Estava convencido de que a harmonia que tínhamos criado na equipe iria desaparecer rapidamente."

Por esta razão, Davide tomou uma decisão extraordinária: ele se demitiu.

"Pedi para a Yamaha me liberar do meu contrato, que ainda era válido para 2008", contou. "Conversei profundamente com Furusawa. Ele entendeu meu ponto de vista, mas não sabia o que sugerir. Então, apresentei a minha demissão, que, entretanto, não foi aceita."

Furusawa queria encontrar uma solução. Eles tinham tempo, só exigiria muita boa vontade de todos os envolvidos. Quando o time foi para Sepang, em outubro, para o GP da Malásia, Furusawa agendou uma reunião para sexta-feira com Brivio, Nakajima, Kitagawa e Jarvis. Eles se encontraram em uma das salas de reunião do circuito.

"Eles todos pareciam nervosos quando me apresentaram uma ideia que consistia em dividir o time em duas partes separadas", explicou Brivio. "De acordo com essa nova organização, eu seria responsável pelo time de Valentino, e Lorenzo teria um chefe de equipe diferente. Isso parecia uma boa solução. Garantia que o time de Valentino não ira se partir, vendo que eu pretendia me demitir. Lin Jarvis explicou que seria um passo atrás na minha carreira, já que eu era diretor da equipe e me tornaria chefe de equipe, mas aceitei essa mudança e decidi ficar. Imaginei que 2008 seria o ano da redenção de Valentino e sabia que sofreria terrivelmente se não fosse parte daquela aventura. Não podia me imaginar acompanhando aquela temporada sentado no meu sofá e queria estar do lado de Valentino. Estava convencido de que esta era a única solução viável para administrar dois pilotos daquele calibre."

Intencionalmente, foi a Michelin que ajudou a resolver essa delicada situação na Yamaha. "Assim que Valentino informou a todos sua decisão de mudar para a Bridgestone em 2008, a Michelin pediu que uma grande atenção fosse prestada para evitar transferência de informação para uma sessão da garagem que trabalhava com a companhia japonesa de pneus. Esse pedido foi uma grande contribuição para a formação da ideia de manter Valentino e Lorenzo separados."

O que não aconteceu de acordo com o plano da Yamaha é que Valentino não só decidiu não seguir para a F1, mas, especialmente, que Lorenzo aprendeu a arte de ganhar muito mais rápido do que todos esperavam.

Tinham pedido ao espanhol, que na época tinha apenas 21 anos, que se preparasse para desafios futuros, mas, em vez disso, ele estava mirando no aqui e agora. O jovem de Palma de Mallorca sequer esperou o início da temporada para revelar sua verdadeira natureza. Nem durante os testes de inverno ele aceitou o papel de segundo piloto. Foi durante aquele período que os primeiros sinais de tensão entre os dois pilotos começaram a aparecer, mas, como havia muito mais no que se concentrar, todos na Yamaha fingiram não ter percebido.

Durante todo o inverno, Furusawa e Valentino estavam ocupados com o desenvolvimento da M1 de 2008, uma moto que não tinha quase nada em comum com suas versões anteriores. A equipe de Valentino também tinha de se concentrar em acertar o chassi em relação aos desconhecidos pneus Bridgestone. Em resumo, ninguém prestou muita atenção no que Jorge Lorenzo estava dizendo e fazendo.

As primeiras corridas, entretanto, deixaram todos perplexos. Lorenzo conquistou as primeiras três pole-positions, subiu ao pódio em cada corrida e venceu seu terceiro GP. Valentino e seu time tiveram a confirmação de que este companheiro de equipe não era um piloto qualquer, e de que ele não era muito paciente. Lorenzo era tão cheio de talento e determinação, que não podia colocar freios em sua trajetória. Ele queria amadurecer como piloto e se afirmar, e queria fazer isso logo. Valentino conhecia o tipo dele – Lorenzo era exatamente como ele tinha sido nessa idade.

Foi a lei das corridas que temporariamente colocou um abafador na situação, obrigando o rápido espanhol a voltar para a sua terra – literalmente, porque junto vieram quedas e acidentes, quase sempre sérios. Em Barcelona, naquele junho, Jorge sofreu uma contusão, após ter fraturado seus dois tornozelos na primavera. E entrou em um período de crise.

Naquela temporada de 2008, entretanto, Lorenzo não interferiu no confronto entre Valentino e Stoner. O italiano vingou a derrota da temporada anterior e a Yamaha voltou a reinar suprema na MotoGP, mas, no fim do campeonato, ficou claro que, a partir daquele momento, seria necessário lidar com uma grave complicação: como esses dois pilotos coexistiriam dentro da equipe?

Na realidade, este era um dilema apenas para a equipe de Valentino, e os dirigentes da Yamaha estavam jogando o jogo de esperar para ver. "Considerando tudo, a Yamaha estava satisfeita com a situação", avaliou Brivio. "Valentino era o presente, Jorge era o futuro. Quem poderia pedir mais? A Yamaha percebeu que eles tinham criado o time mais forte e carismático do mundo. Era só uma questão de tempo até se tornar imbatível. De fato, eles dominaram o campeonato de 2009 e o de 2010 também."

O "fator Lorenzo" era devastador. Sua performance em 2009 e sua reivindicação pelo mesmo papel do italiano no desenvolvimento da moto – sem mencionar a conquista do título de 2010 – desencadeou um confronto feroz dentro da equipe da Yamaha, desestabilizando a posição de Valentino. Ele nunca tinha tido um companheiro de equipe como o jovem espanhol.

Bye Bye Baby

A noite em que tudo ficou claro

Em 20 de abril de 2010, Valentino pegou o caminho sem volta, tomando a decisão de aceitar a proposta de Filippo Preziosi. Isso foi logo após a primeira corrida do campeonato, o GP do Catar. Curiosamente, esta seria a última corrida que ele venceria com a M1, ainda na condição física ideal.

Alguns dias depois, ele cairia durante um treino com uma moto de motocross (um de seus métodos para manter seu corpo em forma para a MotoGP), resultando em sérias lesões nos nervos e tendões de seu ombro direito (o supra-espinhal e o da cabeça longa do bíceps, assim como a cartilagem do labro). Menos de dois meses depois, sofreria fraturas na tíbia e na fíbula de sua perna direita, caindo durante o treino livre da manhã de sábado do GP da Itália.

O Circuito Internacional de Losail foi construído em 2004, ascendendo da areia do deserto e as pedras dos portões de Doha, a capital do país. É um dos circuitos mais novos do Mundial, e foi rapidamente construído graças ao investimento de vários milhões de euros. Em 2007, os árabes não tiveram problemas em gastar mais 20 milhões de euros apenas com a iluminação. Eles queriam tornar seu circuito único, pelo menos na esfera do campeonato, e assim o fizeram – desde 2008, o GP do Catar é disputado à noite.

Nas poucas semanas antes de Valentino e Furusawa se encontrarem no paddock do circuito, após a corrida na noite de domingo, os quatro principais protagonistas da competição – Rossi, Stoner, Lorenzo e Pedrosa – tinham se tornado agentes livres no mercado. Os contratos de todos eram válidos até o fim da temporada de 2010, e eles haviam iniciado as negociações para o ano seguinte. Na verdade, alguns pilotos já tinham se decidido. Stoner estava destinado a ser piloto da Honda, instigando a Ducati a pressionar ainda mais Valentino. Eles queriam uma resposta dele antes de começar a negociar com qualquer outro piloto, e o primeiro na lista de alternativas era Jorge Lorenzo. O espanhol já tinha estado em contato com a Ducati durante o verão de 2009, quando Stoner tinha decidido se retirar das corridas por dois meses, exasperado por uma exaustão crônica, para a qual ele não tinha conseguido identificar a causa.

Os altos executivos do time de Bolonha tinham se aproximado do espanhol com uma oferta decisiva de 6 milhões de euros pela temporada de 2010, um valor muito maior do que era pago para Stoner.

Este foi o motivo principal que induziu o australiano a trocar a Ducati pela Honda alguns meses depois, já que Casey se sentiu traído por não mais ser considerado fundamental.

Valentino também tinha a mesma impressão que havia levado Stoner a mudar seu caminho. Ele tinha começado a negociar com a Ducati alguns meses antes, porque havia alguns sinais de falta de consideração por parte da Yamaha, e a prova disso veio no final do GP do Catar – o momento crucial quando Valentino recebeu a confirmação de que Lorenzo era considerado indispensável em Iwata.

"Sinto muito, mas não posso dispensar Lorenzo", admitiu Furusawa, implicitamente confirmando que a Yamaha tinha decidido seguir um novo caminho.

Ao deixar o circuito tarde da noite para voltar ao hotel, Valentino fez uma última e cuidadosa consideração, e percebeu que tinha chegado o momento de concluir algo que havia ficado suspenso por sete anos. A Ducati tinha sido a primeira companhia que ele tinha considerado quando, em meados de 2003, havia decidido deixar a Honda.

Ainda assim, mesmo já tendo tomado a decisão com o coração, Valentino manteve uma atitude inescrutável, uma que é bem conhecida por veteranos das corridas e das negociações.

Ninguém gosta de um final feliz

Aconteceu que o GP do Japão foi adiado para o fim da temporada por conta de dificuldades no tráfego aéreo causada pela repentina erupção de um vulcão islandês com um nome impronunciável – Eyjafjallajökull. Aí, durante do GP da Espanha, em Jerez, Valentino teve problemas, provavelmente relacionados com sua recente cirurgia no ombro, e então a reunião crítica aconteceu em Le Mans, em meados de maio.

Aquela reunião pode ser considerada a fase final de negociações, mostrando que ainda havia mais para se discutir. Pouco tempo depois, Valentino sofreu o acidente em Mugello, o que resultaria em limitar as comunicações em trocas de e-mails entre ele e Furusawa.

Na França, os dois se encontraram no fim da tarde, depois da corrida. Como faziam sempre que conversavam sobre renovar o contrato, mais uma vez discutiram a possibilidade de Valentino mudar para a F1. Desta vez, a possibilidade tinha surgido a partir de uma proposta da Ferrari para a FIA (Federação Internacional de Automobilismo), para que as equipes top alinhassem três carros. Com essa regulamentação, um carro da Ferrari poderia ser confiado a Valentino.

O difícil e complicado cenário acabaria por ser descartado, mas, na época da reunião na França, Valentino pediu que seu contrato especificasse a possibilidade de ser liberado em caso de aprovação. Para Furusawa, esta cláusula tinha se tornado uma questão de hábito. "Em 2003, Valentino foi muito claro sobre a Ferrari, assim como sempre foi nos anos que se seguiram. Ele sempre teve uma cláusula inserida em seu contrato que permitia que deixasse a MotoGP no fim da temporada se houvesse uma oferta por parte da Ferrari, então não tive problema nenhum em, mais uma vez, aceitar o seu pedido, mantendo em mente as temporadas de 2011 e 2012."

Estava claro para os dois que este não era um motivo para romper o acordo. Ainda existia o problema da cooperação com Lorenzo e os papéis confiados a cada um dos pilotos. Na Yamaha, ninguém estava interessado em resolver problemas. Ao contrário. A maneira como os executivos lidavam com a situação era uma das coisas que mais incomodava Valentino.

A resposta que ele esperou da Yamaha por tanto tempo só podia ser considerada uma decepção. Os responsáveis pela equipe tinham oferecido contratos para Valentino e para o espanhol, obviamente demonstrando a intenção de manter os dois pilotos. Eles tinham, em outras palavras, desviado do problema de fazer uma escolha, porque ninguém estava disposto a assumir a responsabilidade de privar o time de um dos dois talentos.

"Os dirigente em Iwata conseguiram livrar suas caras nessa questão", disse Brivio. "Vendo que no final foi Valentino quem decidiu sair, eles foram poupados do constrangimento dizendo '*Nós fizemos uma oferta e ele decidiu não aceitar*'. Você podia muito bem esperar que Valentino jamais aceitaria essa proposta, principalmente porque ele tinha dito isso claramente muitas vezes."

De fato, como Valentino sempre foi o condutor de seu próprio destino, ele fazia uma ação independente. Ele interpretou a vontade da Yamaha de manter o time intacto como uma maneira elegante de dizerem que queriam se ver livres dele, então decidiu que poderia, então, iniciar um novo caminho alinhado com os tempos.

Valentino não podia evitar pensar no que tinha ouvido várias vezes de Furusawa na parte final da temporada de 2009. "Valentino é a minha prioridade", havia dito o japonês. "Se tiver de escolher, eu o mantenho e libero Lorenzo."

Com o passar do tempo, entretanto, essas palavras se mostraram não ser um fato e Valentino chegou à conclusão de que tinha alguém decidindo por todos – um poder maior que o de Furusawa.

Apesar de ser verdade que, para Masao, Valentino era o piloto mais importante, a realidade na Yamaha parecia ser bem diferente. Lorenzo importava, *e como!* Sim, tinham pedido para Valentino ficar, mas ele não sentia mais a paixão dos anos anteriores. Valentino começou a sentir que a proposta para que ele ficasse tinha sido mais um dever do que um desejo. Ele estava convencido de que a cúpula de Iwata, agora se vendo em uma situação de planejar o futuro sem Furusawa, enquanto encarava uma forte crise econômica, foi obrigada a manter o jovem talento, Lorenzo, para garantir o futuro e se beneficiar do fato do que o espanhol tinha pedido um salário muito menor comparado com o que Valentino ganhava na época.

O mundo mudou

Na realidade, dinheiro não era um ponto crucial para Valentino, e quando a Yamaha propôs uma redução considerável em seu salário, ele aceitou imediatamente. A crise econômica tinha forçado todos a darem um passo atrás, e ele não hesitou em agir da mesma forma.

Manteve a mesma atitude com a Ducati, pedindo que eles igualassem a oferta da Yamaha. Isso foi algo que enfatizou no dia seguinte, no anúncio de sua transferência: "A Ducati não está me dando 1 euro a mais", ele disse na segunda-feira, 16 de agosto de 2010, em Brno.

Entretanto, se Valentino aceitou, sem argumentar, uma redução em seu salário, não podia evitar de pensar que a redução ajudaria a Yamaha a acomodar o substancial aumento pedido por Lorenzo para 2011.

A crise econômica que tinha explodido em 2008, e se intensificado durante 2009, tinha atingido a Yamaha de maneira significativa. A fábrica de Iwata sofreu perdas maiores que seus rivais e, por isso, mergulhou de volta em uma fase crítica, como ciclicamente aconteceu em sua longa história de mais de meio século. Não havia mais possibilidade de Furusawa, ou, mais importante, de quem quer que fosse que assumisse seu lugar, tirar vantagem do orçamento quase ilimitado que esteve disponível nos primeiros anos do novo milênio.

Em poucos anos, a situação tinha mudado radicalmente, e agora até a Yamaha tinha sido forçada a otimizar seus recursos financeiros. Furusawa revelou isso para Valentino no início de setembro de 2009, durante uma reunião que aconteceu em Misano, no fim de semana em que Valentino tinha dominado o GP de San Marino.

Voltando de Indianápolis, onde Valentino não tinha recebido bem as notícias em relação à renovação de Lorenzo, os dois tinham começado a discutir um dos temas mais delicados – o papel dos dois pilotos no contexto do trabalho de desenvolvimento da M1 – Masao tinha gelado até os ossos de Valentino quando disse: "Os tempos mudaram. A Yamaha não pode mais permitir dois estágios de desenvolvimento paralelos". Traduzindo: Valentino tinha de se render à ideia de que ele não poderia mais continuar desenvolvendo sua M1 sozinho, e que não mais receberia peças novas e melhoradas antes de seu companheiro de equipe.

Isso não era mais possível, pois não havia dinheiro suficiente para dois grupos separados trabalhando em duas motos diferentes. Jorge tinha finalmente conseguido tratamento idêntico ao de Valentino: só havia "uma" M1, e os pilotos a desenvolveriam juntos. Assim, quando Valentino melhorasse sua moto, ele imediatamente melhoraria a de Lorenzo. Isso era a confirmação definitiva do que tinha acontecido durante o agitado GP de Indianápolis apenas uma semana antes.

Agora estava claro para Valentino que este time não era mais a Yamaha que havia ajudado a reconstruir. Não tinha mais o ambiente especial do qual ele era incontestavelmente o líder.

"Os dirigentes da equipe, enquanto negociavam com Lorenzo, tinham mantido uma postura próxima da submissão", recorda Brivio. "Se Valentino fizesse alguma evolução no inverno ou durante a temporada, então Lorenzo receberia imediatamente o mesmo material. Além disso, os dois teriam o direito de opinar em relação ao chassi, ao motor e a eletrônica, testando simultaneamente. Como resultado, Valentino se sentiu desacreditado. A confiança total que esteve explicitamente depositada nele nos seis anos anteriores agora seria negada. Pela primeira vez, o papel inquestionável de líder tinha sido retirado e Valentino não mais se sentia essencial para a Yamaha. Os tempos tinham mudado, e eles não mais queriam mantê-lo a qualquer custo."

A partir desta consideração, chegamos à volta final: os primeiros meses de 2010. Por um lado, Valentino encontrou uma barreira de pneus pela frente – a Yamaha com sua intencional atitude indecisa – e, por outro, ele percebeu que Filippo Preziosi e a Ducati estavam garantido confiança total e completa nele. Esse foi um ponto de mudança. Há algum tempo, Preziosi estava ciente de que a Yamaha, na tentativa de manter os dois pilotos, estava na verdade perdendo Valentino, e agiu no momento estrategicamente perfeito.

Tudo estava claro, no entanto...

De acordo com Brivio, Valentino não tinha intenção de mudar de equipe quando os testes de inverno para a temporada de 2010 tiveram início, e tinha decidido começar mais uma vez a negociar com Furusawa. "Ele não queria dar as costas para a Yamaha", contou Brivio. "No muito, queria recuperar o que tinha perdido – seu papel e suas divisas. Ele não achava certo ter sido colocado como dupla de Lorenzo e não ser mais considerado o número um. Ser fundamental para a Yamaha era essencial para ele, mas os sinais estavam todos na direção errada, o que abriu uma enorme porta para a Ducati."

Furusawa sabia que esse era um problema crucial. Durante a temporada de testes de inverno na Malásia, no início de fevereiro, ao iniciar a renovação de seu contrato, Valentino explicou suas condições. Em 2011, queria ser oficialmente restabelecido como líder da equipe, porque sentia que merecia isso. Nesse cenário, Lorenzo precisaria aceitar voltar a um papel secundário.

"A posição de Furusawa, no entanto, tinha mudado", reforça Brivio. "Ele era um chefe que estava em processo de aposentadoria e mesmo que quisesse que Valentino seguisse como embaixador da Yamaha em tempo integral, não tinha mais poder para bater a mão na mesa da sala de reunião da cúpula de Iwata para defender suas escolhas."

No fim do inverno de 2011, apenas algumas semanas antes de deixar sua posição para se aposentar, Masao Furusawa deixou seu ponto claro: "Foi uma decisão tomada pelos altos executivos. Não pude fazer nada a respeito".

O que podia fazer, entretanto, e o que queria fazer, era garantir para Valentino as condições que manteriam a situação sob controle. Desde o início de sua última temporada como chefe da Divisão de Corridas, Furusawa já tinha completado o treinamento necessário para que seus homens de confiança – Masahiko Nakajima, Shigeto Kitagawa e Kouchi Tsuji – assumissem as maiores responsabilidades e tarefas em relação ao setor esportivo, especialmente a MotoGP. Todos tinham crescido profissionalmente com Furusawa e, tendo sido leais a ele, também continuariam leais a Valentino. Nakajima assumiria responsabilidade pelas atividades esportivas da Yamaha, Kitagawa seria presidente da Yamaha Motor Racing (a estrutura que controla o projeto da MotoGP) e Tsuji seria o responsável pelo projeto da M1.

Entretanto, Valentino sabia muito bem que o Japão poderia estar muito próximo, como também podia estar completamente inatingível, dependendo da ligação existente entre as pessoas envolvidas, e no que estava surgindo como a nova Yamaha, não havia ninguém capaz de substituir Furusawa.

"Se você ficar, posso adiar a minha aposentadoria, para que possamos trabalhar juntos no projeto da 1000cc para 2012", sugeriu Furusawa no início de junho de 2010. Mas já era muito tarde.

"Aprecio muito a sua proposta, mas já decidi. Estou saindo", respondeu Valentino friamente.

Era o fim de uma era, e foi sua consciência disso que o forçou a desistir de sua intenção de terminar sua carreira com a Yamaha. Mesmo que Furusawa ficasse, o segundo grande problema permaneceria, já que Valentino teria sido forçado a aceitar desenvolver uma nova moto que seria colocada à disposição de seu rival.

Talvez a mensagem de Valentino nunca tenha chegado a Iwata, ou no máximo não chegou em sua forma original. Talvez os dirigentes não tenham entendido quão fortemente Valentino desejava voltar ao seu papel de líder, mas ainda que o sinal tenha chegado, ele nunca foi recebido.

"Furusawa sabia disso tudo, mas acredito que sua postura foi ditada por uma questão de estilo", conclui Brivio. "Alguém está para sair não impõe sua estratégia para o futuro."

As fundações do sistema que Masao e Valentino tinham construído estavam desmoronando.

O êxodo

Encontros públicos e privados

No fim de agosto de 2010, Gabriele Del Torchio, presidente da Ducati Motor Holding, escolheu o paddock do Indianapolis Motor Speedway para realizar uma coletiva de imprensa surpresa para comentar a nova aquisição da companhia italiana: Valentino Rossi.

Foi uma curiosa e ridícula coincidência. No mesmo paddock, um ano antes, Valentino tinha ameaçado os dirigentes da Yamaha, dizendo que ele poderia ir para a Ducati.

Na realidade, o chefe da Ducati tinha organizado o encontro com os jornalistas para explicar a recente decisão da Divisão de Corridas de interromper as atividades na Superbike. A companhia não estaria mais envolvida no Mundial de Superbike de forma oficial. Isso teve o efeito imediato de fazer ferver o sangue dos apaixonados pela marca italiana que tinha construído sua reputação naquele campeonato. Isso também os deixou expostos a sorrisos maliciosos no mundo das duas rodas, porque a motivação por trás dessa mudança colossal era evidente: a Ducati precisava direcionar todos seus recursos – mão de obra, cérebros e todos os fundos disponíveis – para o novo desafio na MotoGP: o mais forte, bem-sucedido e mais carismático piloto do mundo tinha sido contratado e isso elevou as apostas.

Para a "Operação Rossi", a fábrica não apenas envolveu seu principal patrocinador – a poderosa Philip Morris –, mas toda sua mão de obra, desde os postos técnicos até a linha de montagem. Pediram a todos um esforço especial para o novo desafio.

Na área da Ducati no circuito de Indianápolis, havia uma bastante boa reunião de jornalistas, enquanto a apenas alguns metros dali, na Yamaha, uma reunião fechada acontecia simultaneamente entre Furusawa e Burgess. O tópico da discussão não era muito diferente do que estava sendo discutido próximo dali: eles estavam contemplando o significado da decisão que Valentino tinha anunciado recentemente.

Por mais importante que isso fosse para a Ducati, as consequências eram tão significativas quanto para a Yamaha.

Furusawa estava profundamente envolvido nos problemas de Valentino para não saber que, naqueles dias, o piloto estava organizando a transferência de seu chefe de equipe de confiança, junto com o resto de seu time. Além disso, já tinha percebido que, desta vez, a transferência de Valentino envolveria muito mais pessoas do que quando ele deixou a Honda.

Foi da forma como ele sempre falou com seus amigos – isto é, francamente – que Masao eventualmente desmascarou Jeremy: "Te conheço bem o suficiente para saber que você não pode resistir à tentação de seguir Valentino para trabalhar com ele na Ducati", disse. O australiano simplesmente ficou em silêncio, e, para este homem japonês, não havia necessidade de o técnico dizer mais nada.

Semper Fidelis

Era difícil imaginar Jeremy sem Valentino, e Valentino nunca questionou a lealdade de seu mentor de confiança. Ele disse isso no início de 2008, em seu estilo próprio e especial, quando Jeremy estava celebrando sua 150ª vitória no Mundial. "Eu adoraria bater este recorde, mas sei que é impossível, porque sempre que vencer, ele vencerá também – e Jeremy e eu vamos trabalhar juntos até eu me aposentar", disse Valentino.

"Muitos anos atrás, decidi que a minha carreira se encerraria junto com a dele", confirmou Jeremy, conversando com Furusawa. "Mesmo sabendo que deixo muitas boas pessoas para trás na Yamaha, especialmente os engenheiros com quem trabalhei tão bem, para mim simplesmente não seria possível não ficar ao lado de Valentino."

Jeremy tinha conhecido Valentino no verão de 1999, quando Burgess estava organizando o que pensou que seria sua retirada do mundo das corridas. Mais cedo naquela temporada, seu piloto, Mick Doohan, tinha sofrido um sério acidente e tinha decidido encerrar sua carreira. Jeremy havia estado ao lado de Doohan durante toda sua passagem pela categoria das 500cc e juntos conquistaram cinco títulos consecutivos. Foi neste ponto que a HRC fez sua primeira oferta, o que deixou Jeremy menos que entusiasmado.

"Eles disseram que eu teria de deixar o time oficial e me transferir para o time que Doohan estava tentando organizar", recordou Burgess. "Mas o projeto era muito vago. Imaginei que era o momento certo de pensar no futuro." Por um tempo, Burgess permaneceu sem perspectivas ou projetos interessantes e começou a saborear a ideia de uma vida tranquila entre as colinas e vinhedos que abraçam o Oceano Índico ao longo da costa sul da Austrália. Ele voltaria para sua elegante cidade, onde tinha nascido em 16 de abril de 1953, que havia sido construída no estilo britânico e recebido o nome da esposa do Rei William IV: Adelaide.

A hora do descanso, entretanto, ainda não tinha chegado. Naquele verão, Jeremy recebeu um telefonema de Youichi Oguma, o então chefe da HRC, que propôs que Burgess se juntasse a Valentino em uma equipe externa, na qual a HRC queria que a estrela em ascensão do motociclismo fizesse seu debute nas 500cc.

"Encontrei com Valentino na garagem da nossa equipe em Phillip Island à noite", contou Jeremy. "A reunião tinha sido organizada para aquela hora porque ele queria subir na NSR para ver por si mesmo. Ele parecia ser um rapaz tranquilo, muito mais calmo do que as aparências sugeriam. Foi ele mesmo que havia pedido à Honda a minha presença no futuro time. Eu disse que estava pensando em me aposentar, mas ele me convenceu a ficar. O resultado final foi que nós criamos um pequeno, mas unido e fantástico, time que trabalhava perfeitamente. A HRC nos fornecia os materiais e um engenheiro japonês, que era a nossa ligação com o Departamento de Corridas. Enquanto isso, no Team Repsol, o time de fábrica, o caos reinava. Nós estávamos lá assistindo, mas sem interferir. Ninguém vinha nos incomodar, e nós poderíamos fazer o que quiséssemos. Nós nos divertíamos muito."

Foi aí que nasceu a união que levou Jeremy Burgess a avançar significativamente sobre os recordes que havia registrado após a era Doohan. Na conclusão de sua aventura com a Yamaha, que tinha preenchido um terceiro capítulo de sua carreira (ele também tinha trabalhado com a Suzuki antes da Honda), o genial técnico australiano tinha acumulado 14 títulos mundiais, 159 vitórias e 290 pódios.

Um desafio irresistível

"Quando a temporada de 2010 começou, estava certo de que terminaria a minha carreira nos GPs com Valentino, nós dois na Yamaha", revelou Burgess. "Não podia imaginar o que realmente aconteceu. Quer dizer, não imaginava que nós – Valentino e eu – faríamos outra mudança tão grande como a que fizemos em 2003. Depois, refletindo sobre isso, entendi que Valentino estava certo: nosso tempo na Yamaha tinha chegado ao fim. Era hora de um novo desafio."

"Quando Valentino me pediu para acompanhá-lo na Ducati, foi, como sempre, direto e claro", continuou Burgess. 'Jerry, se você não quiser desta vez, posso entender', me disse. Como sempre, aliás, eu o entendi, me vi em uma nova aventura, arrastado pelo piloto a quem jurei fidelidade eterna."

"Valentino deixou a Yamaha de uma maneira muito diferente da forma como tinha deixado a Honda e devo dizer que isso também é verdade para mim. Nos dois casos Valentino queria sair, mas deixar a Yamaha foi muito mais difícil – e deve ter sido ainda mais difícil para mim do que foi para ele. De um ponto de vista profissional, Valentino tinha de tomar aquela decisão, porque precisava de uma virada e de impulso em sua carreira, enquanto eu não tinha a mesma necessidade. Além disso, eu gostava muito da mentalidade e do método de trabalho da Yamaha. Graças a Furusawa, foi um período maravilhoso. Me separar dele foi triste; gostava muito de trabalhar com ele e seus técnicos, Nakajima, Tsuji e Kitagawa."

O adeus de Burgess à Yamaha aconteceu simultaneamente com o de Furusawa, Rossi e Brivio. Essas deserções criaram uma mudança histórica tanto para o time como para a organização de Iwata. Quando Valentino saiu, também saíram outras doze pessoas – técnicos, mecânicos, gerentes, cozinheiros, especialistas em logística – e todos, de alguma forma, saíram para segui-lo. Onze encontraram novas vagas na Ducati, continuando com sua profissão. Davide Brivio, entretanto, abandonou sua posição como chefe de equipe e, em vez disso, se juntou ao *entourage* pessoal do campeão.

Mais uma vez, Valentino tinha conquistado outro recorde. Nunca antes um piloto tinha arrancado um grupo desta dimensão de uma fabricante. Em relação ao microcosmo que é o paddock da MotoGP, este grupo equivalia a uma unidade de forças especiais de um pequeno exército, e foi um verdadeiro êxodo. Davide Brivio, Jeremy Burgess, Alex Briggs, Bernard Ansieau, Brent Stephens, Gary Coleman, Matteo Flamigni, Max Montanari, Michele Quarenghi, Roberto Brivio, Emanuele Mazzini e Manuela Salvetti fazem parte do seleto grupo que Valentino levou com ele para a Ducati.

Para Valentino, a decisão de ir para a Ducati, como sempre, foi ditada pela estratégia de guerra – o planejamento de novas conquistas e recordes para serem quebrados –, mas de uma maneira que também era uma espécie de retorno ao seu ponto de origem em sua jornada épica para conquistar o mundo, já que ele, de fato, tinha começado com uma companhia italiana, quando fez sua estreia no Mundial em 1996 com a Aprilia. Aqueles mais atentos também notam que Valentino sempre escolheu marcas italianas para suas vestes técnicas – de seu capacete até as botas, passando pelo traje de couro.

Alimentado pela sugestão de um desafio completamente italiano que começaria em 2011 – o aniversário de 150 anos da unificação do país – Valentino tinha colocado sua mira em outro objetivo altamente ambicioso. Em 2004, depois de ter induzido os dirigentes e engenheiros a reavaliarem o papel do piloto no que diz respeito à tecnologia – e em 2010 depois de deixar a Yamaha com a moto de referência – ele mais uma vez tinha partido para reivindicar o título da classe rainha, desta feita com um terceiro construtor. É algo que ninguém nunca conseguiu antes – nem uma vez durante os mais de 60 anos de história do Mundial de GP.

Valentino não atingiu sua meta e, pela primeira vez na vida, perdeu um desafio. O fracasso de sua parceria com a Ducati foi o primeiro de sua extraordinária carreira.

Parte III

A grande aventura

Uma fórmula (surpreendentemente) perfeita

Incrível, mas verdadeiro

Como poderia um ex-professor de caratê, que nunca tinha projetado uma moto de corrida, ganhar a confiança do melhor piloto do mundo?

Como um dirigente sem experiência em corridas poderia convencer o piloto número um da MotoGP a deixar a fábrica mais poderosa – Honda – e se juntar a um time que passava por uma crise profunda?

Jeremy Burgess, o chefe de equipe mais bem-sucedido do mundo, não tem dúvidas: "Furusawa era a chave de tudo. Ele é o melhor dirigente que já conheci e um engenheiro incrível por causa da maneira como entende e resolve os problemas, e é também um grande homem, pois entende as pessoas, por conta de sua humildade".

E como poderia Masao Furusawa e Valentino Rossi, duas pessoas que nunca tinham se conhecido, criar um grande sucesso partindo do nada e um período de apenas alguns meses?

Como poderiam ir de uma parceria conveniente para uma revolução, destituindo os campeões reinantes em apenas uma temporada?

"Valentino colocou seu talento e sua habilidade, força e motivação a serviço do time, mas não há dúvidas de que o sucesso foi a aliança Rossi-Furusawa", disse Burgess. "Valentino se juntou à Yamaha quando Furusawa se tornou um alto executivo e eles definiram suas metas desde o princípio. Valentino deu as dicas técnicas para melhorar a moto, que guiou soberbamente, enquanto Furusawa reorganizou a Divisão de Corridas da Yamaha. Furusawa entendeu desde o princípio que tudo deveria ser reconsiderado, começando pela identidade corporativa. Para atingir essa meta, Furusawa precisava de Valentino e Valentino me pediu para ajudar. Apesar disso, Furusawa estava sozinho no Japão fazendo a parte mais difícil do trabalho. Ele tinha de revitalizar o Departamento de Pesquisa e Desenvolvimento e a Divisão de Corridas. Nem Valentino nem eu podíamos ajudá-lo, e mesmo assim ele foi bem-sucedido, graças à sua dedicação exclusiva e inteligência. Ele se dedicou totalmente às corridas e fez muitos sacrifícios, mesmo durante sua ascensão profissional. Começando em 2006, sua carreira deveria tê-lo afastado das corridas, mas ele conseguiu atingir cada objetivo e não perdeu uma corrida. E nunca deixou Valentino ou nenhum de nós, nem nunca interferiu no trabalho no box."

Uma nova linguagem

A primeira declaração de Masao Furusawa no paddock da MotoGP foi em 24 de janeiro de 2004, durante uma coletiva de imprensa organizada por Alyson Forth e Katie Baines, então assessoras de imprensa da equipe, realizada após o primeiro dia em que Valentino e seu novo time trabalharam juntos. O piloto de Pesaro tinha estreado na M1 e era a hora da primeira avaliação.

Assim que começou a falar, todos logo perceberam que estavam ouvindo um inovador, que suas ideias eram revolucionárias, que ele estava à frente de seu tempo. Masao Furusawa não era distante como outros homens poderosos poderiam ser, mesmo que os integrantes da Yamaha e todos os competidores japoneses o respeitassem ou o temessem.

Ele atraiu a atenção com seu estilo elegante e comportamento informal. Tinha uma atitude muito independente, o que é bem incomum para um homem da terra do Sol Nascente. Em sua fala, assim como em todas suas declarações ao longo do ano, usava a primeira pessoa quando descrevia os projetos técnicos ou estratégias de negócios. O sujeito era sempre "eu", já que ele nunca usava o corporativo "nós" ou "Yamaha". De novo, isso é bem diferente do típico hábito japonês.

Alguns pensavam que era presunção implícita, mas, em vez disso, era um sinal de coragem e senso de responsabilidade. Furusawa sempre tomava a frente, aceitando responsabilidade para o que, no inverno de 2004, parecia um fiasco na carreira de Valentino e um enorme risco financeiro para a Yamaha.

Furusawa temia o fracasso, mas a vida já o havia ensinado que uma mente tranquila é um requisito-chave para enfrentar desafios. Ele sempre agiu como um técnico e um executivo que estava ciente de todas as dificuldades de sua missão, mas que tinha decidido não temer a luta. Acima de tudo, ele queria fazer seu melhor e, mesmo que parecesse impossível, vencer.

Comparado com outros japoneses em sua posição, Masao Furusawa era mais prático, humilde e, acima de tudo, mente aberta. Sua grande perspicácia era perceber que a força do time dos sonhos que tinha acabado de criar seria a sinergia entre a base intelectual de seus membros, a força do talento de cada um deles e a criatividade combinada como um todo.

Provando ser um estranho japonês, Furusawa interagiu com estrangeiros, abraçando culturas diferentes. Furusawa estava profundamente enraizado em sua própria cultura, mas inspirando-se na história de seu país e em particular da Era Meiji (que começou no meio dos anos 1800, quando o Japão emergiu de dois séculos e meio de isolamento), ele absorveu o melhor do pensamento ocidental, fundindo esses princípios com a cultura, tradição e organização oriental. Foi assim que conseguiu ser determinado, mas simples. Duro, mas compreensivo. Exigente, mas sensível. Acima de tudo, e este é seu grande crédito, sempre encontrou tempo para ouvir os outros. Ele ouvia a todos e criou um ambiente no qual todos podiam se expressar em seu melhor.

Logo após se formar em engenharia mecânica, a inesgotável curiosidade de Furusawa, assim como sua paixão por conhecimento, o levou a continuar seus estudos habituais, não apenas lendo sobre matemática e ciência da computação, mas também se aproximando dos campos da arte e da cultura.

Sua admiração pela mente humana o levou a estudar o Renascimento italiano, a era das mais famosas e talentosas figuras. "Fiquei realmente impressionado com esse período histórico e seus brilhantes pensadores, artistas e inventores", disse. Em especial, ele sempre admirou Leonardo Da Vinci, o gênio que inventou quase tudo na engenharia moderna, e que foi inventor, filósofo, anatomista, arquiteto, astrólogo, biólogo, pintor, escultor, matemático, físico e escritor.

O interesse de Furusawa no que foi inventado e fabricado fora de seu país e cultura, tornou possível que interpretasse o melhor da mentalidade e do comportamento ocidental. Quando conheceu Valentino, estava preparado para lidar com talento, um presente distribuído ao acaso pela natureza, deixando alguém com a responsabilidade de administrar isso. Ele só teria de aprender a entender e lidar com os italianos, mas estava confiante de que também seria capaz disso.

Humildes e virtuosos

Furusawa possuía outras inestimáveis qualidades, como lealdade e humildade, as características realçadas no *Bushido* (o jeito do guerreiro, a forma de vida do Samurai) e, especialmente, no *Hagakure* (o código secreto do Samurai). Sem hesitar, disse que ele e sua companhia concordavam em apoiar Valentino, um estrangeiro. Foi uma escolha valente, considerando a cultura japonesa, na qual forasteiros nunca foram facilmente bem recebidos.

Furusawa era diferente de seus pares da Honda, mas considerando que sete anos depois seus métodos também seriam utilizados pela Ducati Corse, que até então havia se mostrado similar à Honda em termos de orgulho e tenacidade, sua escolha era um avanço efetivo.

"Valentino é o nosso médico e nós somos seus pacientes", disse Furusawa, brincando com o apelido de Rossi, que fornece um resumo perfeito da situação. Rossi inventou o apelido "The Doctor" depois de vencer o Mundial de 500cc em 2001, completando o que ele chamava de seu "doutorado de corrida". Em janeiro de 2004, Valentino era a última esperança para uma companhia com grandes problemas.

Foi uma sentença bem equilibrada na qual Furusawa não negou o que estava acontecendo, citando que a Yamaha estava se esforçando para superar sua desorientação, enquanto ainda mantinha sua dignidade. Em resumo, ele encontrou uma forma de admitir que a companhia precisava da genialidade de um estrangeiro e que, portanto, não dependia só dele. Foi um ato de equilíbrio dialético importante: quando fala em público, o líder de uma gigante japonesa deve prestar mais atenção à forma do que ao conteúdo.

Mas a grande visão de Furusawa foi sua atitude em relação a Valentino. Ele era infalivelmente leal e modesto, mesmo quando se tornou um dos homens mais poderosos da Yamaha e uma das figuras mais influentes no paddock. Mesmo entre 2005 e 2009, os anos dourados, Furusawa deixou Valentino liderar, garantindo sua posição privilegiada enquanto estivesse no comando, ou seja, até 2010.

Vamos dar uma mão

Valentino Rossi e Masao Furusawa se conheceram em um momento em que ambos buscavam a solução para seus problemas.

O primeiro queria se juntar a um time que era economicamente forte, mas que respeitasse as qualidades humanas, orgulhoso, mas não arrogante, e, acima de tudo, disposto a aceitar o papel central do piloto.

O segundo queria um piloto que pudesse apoiar seu projeto e, principalmente, ajudá-lo a tirar a Yamaha de sua crise.

Furusawa tinha concordado em sentar no trono em chamas. Os dirigentes anteriores tinham falhado em suas missões nos últimos doze anos, mas, desta vez, a situação tinha mudado e o fracasso estava fora de questão. Em 2003, a cúpula de Iwata tinha começado a se preparar para a celebração futura dos 50 anos da Yamaha Motor, que aconteceria em 2005, e Masao Furusawa, o novo chefe tanto do departamento de tecnologia quanto da Divisão de Corridas, tinha sido encarregado de garantir que a Yamaha conquistasse o título da MotoGP naquela temporada, dada a importância simbólica daquele ano.

Entretanto, a meta de Valentino Rossi ao aceitar aquele desafio não era tornar realidade o sonho de outra pessoa, mas demonstrar que, sem ele, nem mesmo aquela gigante que era sua empregadora anterior poderia continuar vencendo.

Valentino estava ansioso para vencer com outra moto. Só depois de conseguir isso ele poderia finalmente considerar deixar as motos para ir para a F1. Este era o seu plano em 2003. Apesar de ter apenas 24 anos, Valentino já tinha um currículo considerável. Com seu nome em todas as categorias possíveis (125cc, 250cc, 500cc e MotoGP), um recorde que ninguém poderia quebrar, estava começando a se sentir entediado e insatisfeito. A Honda não tinha mais nenhum atrativo para ele e Valentino não se sentia à vontade naquilo que Colin Edwards uma vez definiu com "um exército, mais do que uma companhia". Finalmente, não podia mais suportar a ideia generalizada de que ele vencia corridas principalmente porque estava guiando a melhor moto.

Hoje é difícil acreditar que Masao Furusawa ou Valentino Rossi estavam completamente convencidos da ideia de Davide Brivio – tornar a Yamaha vencedora outra vez contratando o piloto italiano –, mas aquele realmente era o caso. Foram oito meses de negociações entre Furusawa e Rossi antes que os dois decidissem confiar completamente um no outro. Levou ainda mais tempo, dezesseis meses, entre o momento que Brivio falou pela primeira vez com Luigino Badioli (conhecido como Gibo, então agente de Rossi) sobre suas ambições, na época, a ideia quase impossível de que Rossi assinasse um contrato com a Yamaha.

Logo depois que o contrato de Valentino com a Honda expirou, assim que ele e Furusawa começaram a trabalhar juntos, imediatamente sentiram um perfeito espírito de equipe. Como no bater das asas de uma libélula – o nome japonês do inseto, *Akatombo* (libélula vermelha), tinha sido escolhido pela Yamaha, em 1955, como o nome de sua primeira moto – o primeiro flerte se tornou um completo compromisso, e os dois guerreiros começaram a lutar lado a lado.

A aliança entre Rossi e Furusawa duraria sete temporadas, mas, no início, eles concordaram que o novo time tinha apenas dois anos para conquistar seus objetivos. Depois de prazo, seguiriam caminhos diferentes. Um ainda jovem Valentino indo para a F1, com Furusawa deixando as corridas para lidar com estratégias de marketing e desenvolvimento de produto.

No deadline de 2006, entretanto, o cenário tinha mudado. As corridas de moto eram divertidas para Valentino e ele não queria parar, enquanto Masao, embora promovido para um cargo mais alto, prometeu que sacrificaria até mesmo sua vida pessoal para não desistir de chefiar a Divisão de Corridas e continuar a apoiar o time e Valentino. Um pouco por amizade, um pouco por conveniência, os dois sabiam que tinham sido, e continuariam, a ser a marca do sucesso do outro. Sem as indicações de Valentino para desenvolver a M1, ou suas milagrosas habilidades de pilotagem, Masao não teria fortalecido sua posição tão rapidamente. Sem Furusawa, Valentino não teria obtido da Yamaha o que nenhum outro piloto jamais havia conseguido da empresa de Iwata, tanto técnica como economicamente.

A diferença

O time dos sonhos não deve ser considerado único por seu número de vitórias, mas, sim, porque ganhou o coração de inúmeros fãs de corridas de moto, seduziu audiências ao redor do mundo, e trilhou um novo caminho ao abrir uma fissura profunda. No que diz respeito à história das corridas de moto, existe uma diferença entre esses sete anos de aventura e o passado.

Além disso, o time dos sonhos existiu em um especial momento histórico. Em 2009, a última temporada do período "mágico" do esporte – aquele de grandes sonhos anuais, grandes investimentos e avançadas pesquisas tecnológicas que permitiram ultrapassar os limites – chegou ao fim. No início dos anos 2000, as expectativas do futuro tinham sido ilimitadas e onipresentes, balizadas por prosperidade e ainda não minadas pela crise financeira que marcou o fim da década. Havia espaço apenas para sonhos e o desejo de ousar.

A MotoGP de 2003 reuniu um dos grids mais impressionantes de fabricantes e pilotos jamais montado. Trinta e seis pilotos participaram – de fábrica, satélites, substitutos e *wild-card* (ou convidados) – e nada menos do que trinta e seis ganharam pelo menos um ponto nas estatísticas do campeonato.

As quatro fábricas japoneses e as duas italianas – Ducati e Aprilia – estavam comprometidas e todas investiram quantias assombrosas. Além disso, muitos fabricantes privados e artesanais e companhias de engenharia apresentaram projetos desafiantes: Proton KR, Harris-WCM, Moriwaki, ROC e Sabre. Tinham onze companhias no total, criando um ambiente ideal para a disputa técnica que era perfeita para engenheiros e fãs também.

Aprilia, com seus três cilindros, estava desafiando a Honda de cinco cilindros, enquanto os V4 de Suzuki e Ducati e os quatro cilindros em linha de Yamaha e Kawasaki também estavam lutando. Novas soluções técnicas eram testadas e utilizadas a cada corrida, porque muito dinheiro estava sendo investido em desenvolvimento na época.

Em relação aos fabricantes de pneu, Michelin estava dominando, mas a novata Bridgestone estava crescendo, e até a pequena Dunlop tinha uma presença menor.

Em oposição, apenas oito anos depois, o cenário tinha mudado completamente. Apenas quatro fabricantes estavam presentes no Mundial de MotoGP em 2011 (Honda, Yamaha, Suzuki e Ducati) e algumas corridas começaram com apenas quinze pilotos no grid.

A única coisa que nunca diminuiu foi o nível dos pilotos top.

Assim como dois samurais

Yamato Damashii

As pessoas que trabalham ou apenas interagem regularmente com a cultura japonesa, entendem que os samurais nunca deixaram realmente de existir e Masao Furusawa é um grande exemplo disso: "Por meio das artes marciais, quis chegar ao espírito samurai", disse.

A ética samurai foi desenvolvida ao redor de princípios e valores que empresários e gestores adotaram como uma conexão com suas origens e sua cultura. Esta é uma tradição tipicamente japonesa.

"A indústria japonesa é muito forte", explicou Furusawa. "E sua força deriva da mentalidade média japonesa, que é bastante singular. Os japoneses são, de uma forma ou de outra, inspirados pela filosofia dos samurais. Na nossa cultura existe esse conceito único, que está sendo criado para conquistar algo que está acima da própria vida. É um legado do passado, inspirado nos ensinamentos dos samurais. Eles eram altamente civilizados, mas também muito fortes. Eram treinados para lutar, para suportar qualquer coisa. A palavra *samurai* significa "aquele que serve" e a missão deles era servir e defender seu senhor. Essa missão era perseguida não importa a dificuldade que tivessem de enfrentar."

Os samurais estavam dispostos a sacrificar suas vidas por seu *daimyo* (senhor) e estavam preparados para morrer para reparar um crime ou por terem agido de maneira desonesta. Quando cometiam um ritual de suicídio para amenizar sua culpa, o faziam de uma maneira horrível, para demonstrar sua superioridade em relação às pessoas comuns e sua habilidade de suportar a dor e o medo.

Seppuku (cortes no estômago, literalmente), conhecido nos países ocidentais como *hara-kiri*, é um ritual de autoestripação que utiliza um punhal especial. Era uma punição pela vergonha extrema: o fracasso em uma missão, uma conspiração, desonra, mas também por falta de respeito ao senhor ou ao próprio código. Era também usado como forma de morrer com honra em vez de cair nas mãos do inimigo.

A técnica do ritual de suicídio dos samurais foi aperfeiçoada ao longo do tempo, como uma cerimônia que deve ser realizada com cuidado e inspiração, como muitos outros rituais japoneses. O Sepuku também era uma maneira de mostrar a prontidão dos samurais para enfrentar os inimigos e seu desejo de lutar até a morte.

O samurai vivia se preparando para morrer caso fosse necessário, se importando apenas com o cumprimento da missão e com nada da sua própria vida. Um dos passos básicos do *Hagakure* é claro em um ponto: "Descobri que o caminho do samurai é a morte".

Espírito, disciplina, agressividade, dedicação e obstinação são as características-chave de uma marca genética que percorreu gerações de homens que formaram umas das raças de guerreiros mais poderosas e temidas do mundo. Este código de comportamento, no entanto, é permeado por espiritualidade.

Os descendentes dos samurais, os japoneses modernos, ainda vivem e pensam de forma diferente de qualquer outra pessoa, porque continuam a respeitar um código moral que sobreviveu durante séculos, preservando história, tradições e estilo – em resumo, as singularidades do Japão. Desde a descoberta do código *Hagakure* até agora, os japoneses sempre apoiaram o *Yamato Damasii* (o espírito do Japão), cuidando para preservar o caráter único do país, do qual todos os cidadãos da Terra do Sol Nascente deveriam se orgulhar.

Assim como os samurais eram guerreiros orgulhosos servindo seu senhor e lutando por ele e por sua honra, hoje os japoneses trabalham e lutam por suas empresas e chefes e, em última análise, pela honra de seu país. Apesar de essa interpretação não ser mais completamente adequada à realidade, devemos admitir que as hierarquias sociais e profissionais do Japão moderno ainda são muito fortes e os japoneses são geralmente muito ansiosos em se comprometer para alcançar metas comuns, respeitar as autoridades e se sacrificarem quando for preciso.

Não devemos nos enganar, entretanto, olhando para as histórias românticas dos industriais pioneiros e empresários japoneses, porque eles não hesitaram em utilizar todo sistema legal – incluindo um amplo apoio governamental em diversas formas – e até mesmo o último recurso admissível para conquistar participação de mercado e derrotar competidores estrangeiros. No fim das contas, os empresários japoneses perseguem uma meta que nunca mudou: a supremacia internacional do Japão.

O impressionante aumento da indústria do Japão começou no fim dos anos 1800, justamente como resposta a uma determinação para saldar uma dívida e mudar o equilíbrio econômico mundial a seu favor, produzindo um método novo, ambicioso e muito eficaz: extraindo o melhor do Ocidente (aprendendo e copiando, é claro) e adaptando-o de acordo com as tradições e o espírito japonês. Desta forma, a produção japonesa ficou marcada pela boa qualidade e uma forte identidade nacional.

Isso é apenas o que o General MacArthur sugeriu uma vez durante a ocupação norte-americana ao país (de 1945 e 1951), que coincidiu com a reconstrução e o período de recuperação da economia. Ele incitou o Japão a não abandonar as tradições, mas, em vez disso, encontrar "o equilíbrio correto entre suas melhores qualidades e as do Ocidente".

No fim, foi exatamente o que Masao Furusawa fez, dedicando sua vida à sua obra-prima: o time dos sonhos que durou de 2004 a 2010.

Controle da mente

"Eu fortaleci o meu corpo por meio do caratê, mas, sobretudo, treinei a minha mente", revela Furusawa. "É uma coisa que você faz com o *kendô* e com o *judô* também."

Para entender este conceito, devemos superar o conceito comum de esporte. *Karate-do* implica busca da vitória na vida por meio da fusão da mente e do corpo, que se tornam um elemento único. Caratê é um caminho que leva ao autoaperfeiçoamento, visando à perfeição; é um caminho para a autodeterminação.

"Não atingi o controle total da mente, mas sou habilidoso o suficiente para ter um bom controle de mim, mesmo nas situações mais delicadas." Por essas palavras, podemos entender como um japonês obtém inspiração, força e habilidade para resolver problemas, mas a história de Furusawa também mostra que nada é tão simples.

"Acredito que me tornei forte o suficiente para superar qualquer obstáculo, assim como um samurai", disse. "Na verdade, não podia lidar com o estresse quando ele se tornou muito forte. A tensão que senti em 1980 resultou em um desconforto estomacal, mas, quando a tensão aumentou em 2003, se tornou um câncer. Na realidade, eu parei com o caratê em 2004, quando tive de curar a minha doença."

Os ensinamentos, no entanto, permaneceram.

"Eu comecei a praticar essas artes marciais quando estava no colegial, apesar de que, naquela época, o esporte ao qual mais me dedicava era a natação. Foi na universidade que levei o caratê realmente a sério, já que trabalhei com muita tenacidade e perseverança durante quatro anos. Tornei-me faixa preta em meu segundo ano. Lembro-me que a melhor luta que tive foi a que consegui derrotar o mestre que tinha atingido o quarto nível, quando eu ainda estava no primeiro. Tive muito orgulho disso por um longo tempo. Tornei-me um bom praticante de caratê, mas, infelizmente, nunca atingi um nível que pudesse ser comparado ao de Valentino pilotando. Venci o campeonato local, mas, apesar de ser muito forte, perdi o nacional em 1968. Pensei muito sobre isso. Encarei da forma errada, até o ponto em que parei de lutar e comecei a ensinar crianças, o que continuei fazendo por vinte anos, mesmo durante o meu trabalho na Yamaha. Aquela derrota, no entanto, foi uma lição muito importante e me ajudou muito durante os meus anos de trabalho. Com o tempo, percebi o motivo de ter perdido: estava com medo do meu adversário que, aparentemente, era muito mais forte do que eu. Mas, na verdade, ele não era. Este foi o meu maior medo antes da luta e essa foi uma lição que me lembrei perfeitamente quando estava planejando a temporada de 2004."

Tão diferentes, e ainda assim tão similares

Valentino Rossi nunca leu o *Bushido*, nem mesmo o *Hagakure*, ainda assim, quando assinou seu próprio "Pacto de Aço" com o professor de caratê Furusawa ele falou como um samurai. Estabeleceu que o fracasso da missão seria considerado uma desgraça e que desistir da luta seria um pecado imperdoável; o medo dos adversários deveria ser superado com preparação, concentração e determinação.

Nada disso era novo para Furusawa – um homem que cresceu com o rígido sistema de educação japonês e que foi forjado com a dureza das artes marciais. Ainda assim, ouvir Valentino Rossi, um jovem artista latino, discursar com a racionalidade típica de um guerreiro japonês – bom, isso foi uma surpresa.

Valentino seguia os mesmos princípios de Furusawa e – sem sequer conhecer a história deles – estava respeitando as regras dos samurais.

Pessoas de pouca visão cometeram um erro no fim da temporada de 2003: elas consideraram o desafio de Valentino Rossi e Furusawa uma aventura improvável, aceito com entusiasmo irresponsável e organizado com uma coragem imprudente. Detratores, assim como muitos rivais, pensaram que um piloto tão talentoso nunca deveria ter assinado com uma equipe que parecia esvaziada de conhecimentos. Ao mesmo tempo, eles acreditavam que um sábio executivo nunca deveria ter aceitado uma posição tão arriscada. A Yamaha não parecia ser capaz de atender às necessidades e exigências do melhor piloto do mundo.

Estavam errados, todos eles, porque não consideraram o valor e as qualidades daqueles homens e ignoraram a regra de que *fortuna audaces juvat*, o ditado em latim que significa: a fortuna ajuda os que arriscam. No entanto, Valentino e Furusawa – cuja curiosidade e mente atenta eram familiares com a cultura latina – firmemente acreditava neste antigo provérbio.

Masao Furusawa e Valentino Rossi permitiram a mistura de duas culturas que eram diferentes e distantes, mas também extraordinariamente férteis. Quando Rossi e Furusawa decidiram confiar um no outro, o fizeram sem nenhuma hesitação ou reconsideração. Eles puseram seus exércitos à disposição um do outro – os recursos da Yamaha de um lado e a criatividade da equipe de Rossi do outro. Misturaram talento e experiência, inteligência e astúcia, pragmatismo e força, frescor e paixão, gerando uma das mais poderosas máquinas de vencer jamais vistas nas pistas de corrida.

Furusawa quem?

Em um caminho sem volta

No começo de abril de 2003, as pessoas na região de Mie estavam preocupadas, apesar do tempo leve, já que as flores de cerejeira ainda estavam por abrir. Essa preocupação faz todo o sentido, em uma região onde a previsão do tempo pelo florescimento das cerejeiras é levada tão a sério que, se os prazos não são cumpridos precisamente, os turistas esperam desculpas públicas e reembolso, já que organizaram suas férias para comparecerem a este extraordinário espetáculo da natureza.

Em 6 de abril, Masao Furusawa se dirigiu ao oeste, em direção às montanhas de Suzuka, deixando sua casa em Fukuroi e pegando a rodovia. Para a viagem, escolheu seu novo Subaru Legacy prateado, que tinha sido comprado quatro meses antes e tinha apenas mil quilômetros no hodômetro. Seu Mazda Miata branco conversível era, pensou, menos adequado para tal viagem e foi deixado no jardim, coberto por uma capa protetora.

Ele cruzou a região de Aichi, guiou por Nagoya, cruzou a região de Kansai – dominada por sua esplêndida capital antiga, Kyoto, e seu poder moderno, Osaka – e finalmente chegou à região de Mie pouco entusiasmado. Guiou 150 km entre Fukuroi e Suzuka sem nenhum interesse em especial no evento que estava indo – o GP do Japão, primeira etapa do Mundial de 2003 – apesar do fato de esta ser a primeira vez que ia a uma corrida de motos.

Furusawa estava viajando para o circuito de Suzuka, porque sua equipe do Departamento de Desenvolvimento de Tecnologia, o departamento do qual ele era encarregado, forneceu ao Departamento de Esporte a Motor um sistema de injeção eletrônica para a OWN3 (o código para a YZR-M1 de 2003).

Suzuka é internacionalmente conhecido por sua pista impressionantemente espetacular. A cidade mais próxima tem uma população de 200 mil habitantes e fica a menos de uma hora de Iwata, de trem bala. O circuito de Suzuka está situado em um território entre Nagoya e Osaka, um lugar cercado por colinas cobertas por cerejeiras, e foi construído pela Honda Motor Company em 1962, durante o boom industrial. Hoje, esta área, localizada entre águas termais e trilhas naturais, é conhecida pela concentração de centros de pesquisa farmacêuticos, enquanto nos tempos do Império era basicamente rural, fornecendo comida para a capital. A proximidade com o Oceano Pacífico e sua paisagem de tirar o fôlego, que pode ser vista dos picos de Suzuka, completam o perfil desta incrível região.

Sem credenciais

Naquele dia, a presença de Furusawa no pit era considerada desnecessária, porque ele não tinha nenhum cargo executivo na época. Ele tinha um ingresso normal para a corrida, mas não tinha acesso ao paddock ou ao pit-lane; por isso ele saiu de casa no domingo de manhã a tempo do início do show.

"Comecei a olhar ao meu redor", disse. "Todos estavam super-animados e eu não entendia o porquê. Quando vi a largada, ainda estava convencido de que o show não era divertido. Era até um pouco chato, na verdade. Eu não gostava tanto do esporte e não sabia muito sobre motos de corrida, pilotos ou estratégias de equipe. Na verdade, estava esperando para saber se a diversão chegaria ou não. Do meu lugar, estava vendo uma parte difícil da pista, e de lá vi Alex Barros cair durante o warm-up. Foi um grande acidente e Barros machucou seu joelho esquerdo. A partir daquele momento, a minha vida mudou. Aquela queda foi realmente impressionante e me perguntei se havia alguma coisa que poderia ser feita para tornar as motos de corrida menos perigosas."

Mais tarde, após a terceira volta da corrida da MotoGP, aconteceu algo que realmente mostrou a importância da pergunta de Furusawa. Daijiro Kato perdeu o controle de sua Honda em um ponto onde o muro era quase paralelo à pista, em um ponto não coberto pelos sistemas de proteção. O acidente, que aconteceu a uma velocidade de 190 km/h, foi horrível e as consequências para o piloto japonês foram devastadoras: a equipe de resgate conseguiu reanimá-lo no local, mas as condições do piloto japonês eram desesperadoras, por causa da fratura de duas vértebras cervicais. Kato morreu 42 minutos após a meia-noite daquele domingo, 20 de abril, no Hospital Yokkaichi, a 11 km do circuito, sem ter recobrado a consciência. Ele tinha 26 anos e deixou sua jovem esposa e dois filhos.

Fãs, pilotos, mecânicos e todos envolvidos com a MotoGP estavam em choque, especialmente na Honda. Um ano depois deste acidente, a equipe sediada em Tóquio interveio para reduzir a capacidade dos motores da MotoGP de 1000cc para 800cc.

Este acidente, definitivamente, despertou o interesse de Furusawa em motos de corrida. "Eu queria aprender mais sobre o comportamento delas, o porquê fazem certas coisas", falou. Todavia, Furusawa, que recentemente tinha sido promovido a diretor do Departamento de Desenvolvimento de Tecnologia, não esperava que o GP de Suzuka seria o início de uma longa série de corridas das quais participaria. Ninguém da equipe estava esperando por ele na pista, apesar do fato de os principais executivos europeus da Yamaha na MotoGP saberem da mudança na direção do Desenvolvimento de Tecnologia. Eles estavam, entretanto, esperando a abertura da Caixa de Pandora de Iwata, revelando todos os problemas que estavam se escondendo lá dentro por tanto tempo. Ainda não era hora de uma revolução, mas todos estavam ansiosos para saber os planos do novo presidente, especialmente em relação ao setor de competição.

Vergonha e honra

Naquela manhã de domingo, quase todos os dirigentes de Iwata apareceram – presidente, vice-presidente, diretores-gerais, diretores e um grande grupo de outros líderes. Todos testemunharam a derrota da Yamaha em seu GP de casa, ressaltando as grandes dificuldades do time. Os pilotos não conseguiam pilotar de modo efetivo, e aqueles que forçavam, acabavam caindo ou, pior, se machucando seriamente.

Exceto pelo esperado triunfo da Honda, com Valentino Rossi dominando o GP (Biaggi foi o segundo, com outra Honda), aquele dia também marcou uma estreia positiva para a Ducati. Loris Capirossi terminou no terceiro lugar, e a performance da fabricante italiana lançou uma sombra ainda maior sobre os resultados dos pilotos da Yamaha. Tornando a performance da Yamaha ainda mais humilhante, o piloto satélite Sete Gibernau e o novato Nicky Hayden terminaram em quarto e sétimo, respectivamente, a bordo de suas Honda RC211V, com os estreantes Troy Bayliss e Colin Edwards em quinto e sexto com a Ducati Desmosedici e Aprilia, respectivamente. A melhor Yamaha M1 ficou em oitava, com Alex Barros, que terminou com uma embaraçosa diferença de 30s50 para o vencedor. O piloto brasileiro correu com os dentes cerrados, e um ligamento do joelho esquerdo lesionado pelo acidente da manhã. Com o resto de seus resultados, a Yamaha não tinha nada para comemorar: Shinya Nakano foi nono, Carlos Checa, décimo, Norifumi Abe – substituindo Marco Melandri, que saiu na sexta-feira após uma dupla fratura no tornozelo direito sofrida durante o primeiro treino livre – em 11º, e Olivier Jacque em 15º. Para a Yamaha, era uma grande derrota e uma vergonha para todos seus executivos.

Em 2002, a estreia da Yamaha na era da MotoGP, com uma nova geração de quatro tempos (até 2001, a classe principal tinha sido o reino das 500cc dois tempos), já tinha sido bastante desapontadora. Agora, a primeira corrida da temporada de 2003 tinha confirmado que a M1 não era competitiva. A sensação de fracasso era tão grande que os dirigentes da Yamaha decidiram que a única solução seria um ato de revolução. Eles perceberam que era preciso modificar a organização e que um novo homem deveria assumir o comando, trazendo ideias diferentes e mudando a identidade de todo o departamento. Esta pessoa, obviamente, tinha de ser encontrada dentro da companhia e, como é comum nas grandes empresas japonesas, Iwata escolheu o sistema militar – o mais alto dirigente pediu a seu subordinado imediato para aceitar a missão. A pessoa colocada como responsável por encontrar o "novo homem" era o então chefe de Furusawa. No clássico jeito supereducado, mas firme japonês, que implica uma resposta afirmativa, ele disse "Por favor, também aceite a responsabilidade pela gestão esportiva".

"Eu aceito", Furusawa respondeu, empregando a simplicidade que sempre caracterizou seu discurso.

O solucionador de problemas

Os dirigentes tinham decidido fundir as divisões de Esporte a Motor e de Desenvolvimento de Tecnologia, percebendo que um dos maiores problemas era a falta de comunicação e colaboração entre essas duas importantes áreas. Agora, Masao Furusawa estava no comando dos dois. No geral, foi uma medida inteligente, porque um único homem no comando forçaria os empregados dos dois departamentos a coordenar. Isso ocorreu no começo de maio de 2003 e o que tornou esse evento ainda mais importante foi a escolha de um homem que havia tentado todas as desculpas para ficar longe das corridas e que o único título de corrida era de um campeonato de snowmobile muitos anos antes. A pergunta recorrente em Iwata, entretanto, era: Por quê? Masao Furusawa tinha 53 anos e a sua carreira tinha seguido todos os passos clássicos de um executivo japonês. Depois de se formar, foi recrutado pela companhia e começou a galgar uma escala social – trabalhando duro e sem reclamar – completando uma variedade de tarefas diferentes sempre mostrando sua usual iniciativa, criatividade, inteligência e determinação. Masao Furusawa possuía todas as qualidades necessárias para se tornar um líder e algo mais também.

Por conta dos inúmeros problemas que teve de enfrentar durante sua carreira, Furusawa estava acostumado a superar situações difíceis e a trabalhar em estado de emergência. Como tinha passado por muitas revoluções, sabia como lidar com a mudança, e era por isso que era chamado sempre que um departamento tinha problemas sérios. Furusawa sempre conseguiu encontrar uma solução.

A primeira vez que sua qualidade emergiu foi nos anos 1980. "Quando comecei a trabalhar para a Yamaha, minha primeira tarefa era resolver problemas de vibrações em motos e outros produtos. Depois de estudar bastante, criei um novo software e publiquei vários artigos técnicos. As pessoas se interessaram pelo meu projeto, e então pude começar a vendê-lo. Eu não era muito bom em gerenciar as vendas, mas em 1989 decidi viajar para o exterior para vender o meu software, especialmente na indústria automotiva. Saí-me melhor que o esperado: fiz um bom negócio, especialmente nos Estados Unidos. Comecei com US$ 10 mil por cada pacote de software e, como venci 150 deles, ganhei US$ 1,5 milhão no final."

Furusawa foi capaz de tirar vantagem pessoal deste sucesso, apesar de o dinheiro ter terminado na conta da Yamaha. "Não fiquei com um iene para mim, mas consegui usar aquele dinheiro para o P&D, que era o meu departamento na época. Eu tinha vários projetos em mente e sempre precisava de dinheiro para desenvolvê-los. No fim dos anos 80, US$ 1,5 milhão era uma quantia enorme de dinheiro e isso me ajudou muito, porque o orçamento não era alto na época."

A filosofia de trabalho de Furusawa consistia em buscar prazer no processo de criação. O dinheiro que conseguiu com as patentes foi um meio de continuar a pesquisa e o desenvolvimento de novas ideias e projetos. Ele gostava muito do processo de projeto, mas enquanto provava ser um empresário incrível e de mente aberta, foi designado no início dos anos 1990 para reorganizar a divisão de snowmobile, uma área de mercado que não tinha importância pequena para a Yamaha. "Fui informado do meu novo trabalho quando voltei de minha jornada no exterior para vender o meu software", contou Furusawa. "Entrei no meu escritório e notei, sem uma pequena surpresa, que todas as minhas coisas não estavam mais lá. O meu escritório tinha se tornado de outra pessoa. Quando pedi por uma explicação, me disseram que tinha sido transferido para outro departamento."

De acordo com os executivos de Iwata, este era um papel importante, e Furusawa não tinha do que reclamar. De fato, ele aceitou sua nova missão sem dizer uma palavra e se viu nas montanhas de Sapporo, na região de Hokkaido, cercado por bosques e, é claro, neve, pronto para iniciar uma nova e muito importante fase de sua carreira.

Você gosta da neve?

"Este foi o início do período em que me dediquei ao projeto e ao teste de produtos para venda. Antes, apenas tinha sido um consultor ou desenvolvia protótipos, como a RD250LC dois tempos. Também estudei um dispositivo para isolar o veículo das vibrações, e sempre me inspirava na engenharia das aeronaves da Segunda Guerra Mundial."

Quando Furusawa começou a trabalhar com snowmobile, ele já era um especialista em desenvolvimento de novas tecnologias (computadores, eletrônica e *design* avançado). Agora era o momento certo de aplicar seu conhecimento e sua experiência neste novo propósito. "Em 1992, mudei o habitual projeto de design do snowmobile ao introduzir a simulação por computador. O desenvolvimento tinha sido praticamente paralisado no departamento, os veículos não estavam sendo atualizados. Os sistemas de suspensão eram terríveis e o motor não funcionava de uma maneira lógica."

Masao Furusawa agiu da mesma maneira que agia sempre que era designado para uma importante tarefa. Ele decidiu planejar uma silenciosa, mas importante mudança. Estudou a situação, definiu as prioridades, desenvolveu a estratégia e, finalmente, revitalizou a indústria do snowmobile. Foi durante este período que ele aprendeu o mecanismo que iria aplicar a cada desafio seguinte, incluindo aquele da MotoGP. Aquela divisão de snowmobile era afetada por dois problemas – organização ineficiente e falta de comunicação entre os departamentos – que, depois, também afetariam as corridas de moto, então a experiência de Furusawa no departamento de snowmobile foi a preparação perfeita para desenvolver o talento dele como líder e organizador, tanto do trabalhão técnico como dos recursos humanos. Ele atuou em dois caminhos paralelos: mudando o design do veículo e testando os procedimentos, e reativando a comunicação entre as várias pessoas envolvidas no projeto.

Internet e celulares ainda não eram onipresentes no início dos anos 1990, mas especialistas em tecnologia de ponta já tinham começado a usá-los. Furusawa, um entusiasta da computação, começou a explorá-los em sua divisão.

"Na época, os funcionários ficavam distantes por três meses e se comunicar com eles era sempre complicado", recordou. "Os técnicos tinham muitas desculpas: infraestrutura ruim, linhas de telefone ruins, viagens difíceis. Era, na verdade, uma desculpa para não se comunicarem com seus chefes. Eles podiam tomar cerveja ou se divertir, e, de vez em quando, trabalhar nos snowmobile. Ninguém podia controlar isso: então eu mudei as regras. A permanência máxima em Shibetsu (no norte de Sapporo) se tornou de duas semanas, e os forcei a escrever um relatório a cada sete dias. Na América, comprei minha primeira câmera digital e, em algum momento, a coloquei junto com um computador e um modem nos contêineres enviados a Hokkaido ou ao Alasca. Desta forma, aqueles que estavam fora podiam tirar fotos para mandar para Iwata, primeiro pela linha telefônica, depois por e-mail."

Reorganizar é uma arte

"Em 1994, depois de mudar a Divisão de Projeto e Desenvolvimento de Snowmobile, percebi que havia chegado a hora de projetar um novo snowmobile. Já que ninguém me apoiava, decidi fazer sozinho. Redesenhei o chassi e o motor. Isso me rendeu uma promoção, mas me custou perder o contato com o design, uma atividade que gostava muito. Em 1995, me tornei gerente-geral e, naquele ponto, tinha de usar a maior parte do meu tempo para programar o trabalho de outras pessoas."

Conforme as habilidades de Furusawa como coordenador emergiram, suas obrigações se tornaram mais importantes. Em 1998, conseguiu a unificação do departamento de snowmobile e ATV (All-terrain vehicle, no inglês, um veículo para todos os tipos de terreno), fundindo-os em uma única unidade. No ano seguinte, coordenou pessoalmente um projeto chamado Grizzly (que se tornaria um grande sucesso), também iniciando o design de um novo snowmobile quatro tempos.

Quanto mais Furusawa tentava ficar com os designers, mais a direção o forçava a cuidar de outras áreas. Sua experiência em fundir departamentos tinha se tornado tão renomada que o levou a outro marco em 2001, quando se tornou diretor-geral sênior de operação de veículos recreativos.

Os executivos continuaram encorajando sua estratégia de fundir divisões: então a Divisão de Operações de Veículos Recreativos foi absorvida em 2002 pela Divisão de Motocicletas, que era a mais importante da companhia.

Masao Furusawa tinha completado sua longa jornada. Estava de volta à Divisão de Motocicletas, mas em uma posição muito mais alta do que a anterior, e com uma missão muito importante. Desta vez, ele se devotou completamente a planejar um novo departamento, que seria chamado de Divisão de Desenvolvimento de Tecnologia – o novo setor de Pesquisa e Desenvolvimento das novas motos de produção da Yamaha – tudo isso no mesmo ano em que Valentino se tornou campeão mundial das 500cc com a Honda.

Surpresas desagradáveis

Em 2002, Furusawa era um especialista em fusões, mas também em otimização de trabalho e recursos. Ele não fez um único movimento errado, resolveu problemas, revitalizou áreas que passavam por dificuldades – em resumo, sempre cumpriu a missão a que foi designado. Em síntese, era natural que os altos executivos o contatassem para o estabelecimento da Divisão de Desenvolvimento de Tecnologia, a nova arma de Iwata no desenvolvimento de motos de produção – um departamento de pesquisa que era o núcleo do conhecimento da companhia. Logo que começou a trabalhar neste setor, no entanto, Furusawa descobriu que a situação era pior do que ele pensava.

"Não havia relação entre os departamentos de Corridas e de Pesquisa e Desenvolvimento, este último trabalhando quase exclusivamente em motos de produção. Uma vez que estes dois departamentos não se comunicavam, eles não trocavam informações e não compartilhavam seu conhecimento e experiência. Cada um seguia seu próprio caminho."

"O que era engraçado, e chocante ao mesmo tempo, é que o Departamento de Corridas estava muito atrás do grupo de produção. Normalmente, é o Departamento de Corridas que desenvolve a tecnologia que é então aplicada para a gama de produtos. Na Yamaha, era o contrário, e o que é pior é que o grupo encarregado da produção não só tinha desenvolvido uma tecnologia superior, mas não queria compartilhar – talvez porque, para ser honesto, provavelmente nem pediram para eles. Para mim, isso era inacreditável, mas era verdade. Havia ciúmes e todos queriam preservar um tipo de equilíbrio, já que todos haviam encontrado seu próprio espaço para sobreviver."

Essa situação paradoxal levou à decisão de atribuir o projeto da M1 – a primeira moto de corridas da Yamaha com o moderno motor quatro tempos – para o mesmo grupo que tinha projetado a dois tempos 500, e não ao grupo de Superbike, que tinha experiência com os motores quatro tempos. De fato, o primeiro erro da Yamaha na era da MotoGP foi entregar o design da M1 para um grupo que tinha pouco conhecimento dos assuntos relacionados ao quatro tempos, incluindo os sistemas de injeção eletrônica.

Esta é uma das razões para a primeira versão da moto, em 2002, – chamada OWM – ser alimentada por carburadores. Similarmente, seu chassi derivava daquele das 500. O grupo da Superbike não podia compartilhar sua experiência, mesmo quando, em 2001, Noriyuki Haga testou o primeiro protótipo da M1 na pista italiana de Mugello. Davide Brivio, que na época era chefe de equipe da Superbike, recorda o episódio: "Durante o briefing técnico, Noriyuki disse 'esta moto poderia ser mais rápida se você colocasse esse motor no chassi da Superbike que é projetado para um quatro tempos', mas ninguém o ouviu".

Os engenheiros de Iwata permaneceram firmes com seus planos não só para o chassi, mas também para o motor, e cometeram outro grande erro. A primeira M1 estava tecnologicamente atrás de seus rivais porque não era resultado de um novo projeto e não era baseada nas novas regras, que estabeleceu muitos poucos limites, já que haviam sido escritas para os protótipos de última geração. Inicialmente, o motor da M1 era 890cc, enquanto os outros fabricantes tinham imediatamente saltado para 990cc, já que as novas regras permitiam até 1000cc. A forma de pensar de Iwata era diferente do que os engenheiros da Ducati fizeram quando desenharam a Desmosedici. Os italianos basearam seu projeto em sua experiência na Superbike, em particular nos sistemas de injeção eletrônica. Os engenheiros de Iwata não só interpretaram erroneamente as novas regras técnicas; eles também cometeram um erro escolhendo o nome de sua nova moto de GP: na verdade, M1 significa Primeira Missão, mas a moto não venceu em sua primeira tentativa.

Não é um estudante modelo

Homens de aço

No *Hagakure* está escrito que "falta algo importante para as pessoas de Kyushu: elas não têm medo." O *código dos samurais* contém os princípios de Yamamoto Tsunetomo, um monge e antigo samurai, reunidos em onze volumes por seus discípulos, Tashiro Tsuramoto. O *Hagakure* (título que significa "escondido pelas folhas") começou a circular no século XVII no clã do mais poderoso samurai, o *Nabeshima*, que o considerava um texto sagrado. O clã *Nabeshima* vivia em Saga, na região de Kyushu, onde Masao Furusawa nasceu e foi criado.

A maior e mais industrializada área das ilhas japonesas é Hoshu, apesar de as proximidades de Kyusu serem, provavelmente, mais interessantes do ponto de vista intelectual. Kyushu é o local de nascença não só de guerreiros e líderes, mas também de filósofos, estudantes e empreendedores ansiosos para explorar novos horizontes. Kyushu pode ter mantido sua prosperidade intelectual porque era a única área aberta ao mundo durante o *Sokoku,* o isolamento desejado por Tokugawa shogun, que durou de 1639 a 1854. No século XVII, o Porto de Nagasaki era a única porta pela qual o Japão importava novidades do exterior.

Masao Furusawa deve ter herdado a curiosidade sobre novas culturas de seus antepassados. Ele nasceu em 17 de fevereiro de 1951 (quase exatos 28 anos antes de Valentino Rossi, que nasceu em 16 de fevereiro de 1979) em Kytakyushu. Esta cidade não é tão representativa da vitalidade intelectual da região, começando por seu nome sem imaginação, que significa Kyushu do norte, estando situada na parte norte da ilha, ligada a Hoshu. Poucos meses após o nascimento de Furusawa, o Japão recuperou a independência que havia perdido com a derrota na Segunda Guerra Mundial. A ocupação dos Estados Unidos, que começou em setembro de 1945, havia terminado. A Terra do Sol Nascente, que ao longo da história nunca tinha sido invadida, se viu livre novamente.

A sorte existe

Kitakyushu é um centro industrial de considerável importância na região de Fukuoka. Se tornou a quinta maior cidade do Japão em tamanho e tem a 12ª maior população, e se desenvolveu de acordo com a abordagem urbanística moderna do Japão, com pequenas cidades e vilas lentamente se fundindo para se tornarem pequenas cidades.

Kitakyushu foi oficialmente fundada em 1º de abril de 1963, como uma consolidação de Moji, Tabata, Yahata, Wakamatsu e Kokura, local de nascença de Furusawa. "Cresci em um ambiente urbano, talvez um pouco pobre, mas existiam dois aeroportos e cinco estações de trem em Kokura. Portanto, uma boa base para viajar."

Mesmo sem atrativos para turistas, Kokura tem seu lugar na história do Japão no verão de 1945. Masao Furusawa nasceu apenas seis anos após o bombardeio de Hiroshima e Nagasaki. O Japão ainda estava em choque, mas Kokura tinha sido, essencialmente, abençoada por um milagre. A cidade, na verdade, tinha sido escolhida como alvo para a segunda bomba atômica, três dias depois de Hiroshima (6 de agosto de 1945). Em 9 de agosto, o B29 americano deixou sua base no sul do Pacífico, se dirigindo a Kokura, mas alterou sua rota quando o piloto viu que havia muitas nuvens na área. Essas nuvens, espalhadas pelo céu em uma manhã de meados do verão, salvou Kokura e condenou Nagasaki. Masao Furusawa aprendeu a brincar a respeito disso: "Se o céu estive ensolarado naquele dia, talvez meus futuros pais tivessem morrido, eu não teria nascido e Valentino não teria um amigo tão poderoso na Yamaha".

Depois do colegial, Masao foi para a universidade em sua cidade natal, indo para o Instituto de Tecnologia de Kyushu, e se formando em engenharia mecânica. Kyushu não era seu sonho. Ele queria estudar na Universidade de Tóquio – a melhor do país –, mas estava fechada em 1969, por conta do *Zengakuren* (protestos estudantis), que eram especialmente violentos na capital. Protestos estudantis sacudiram o mundo naqueles anos, saindo da América, passando pela Europa e chegando ao Japão.

"Quando vi que não tinha lugar para mim em Tóquio, senti a urgência de tomar uma decisão. As universidades do Japão têm um número limitado de estudantes e se havia oitenta lugares disponíveis em Tóquio, só tinham vinte em Osaka, Kyoto e Kyushu. Tinha de decidir rapidamente, decidi que preferia ficar em casa, estudando na Universidade de Kyushu."

Vida no quartel

A eficiência da educação japonesa deve-se, certamente, à sua organização e métodos bem estruturados. Estudantes levam a educação extremamente a sério, sendo particularmente – quase de uma forma maníaca – interessados em ciência e tecnologia. A constante necessidade do país por engenheiros, técnicos e cientistas, alimentou um sistema industrial que, pelo menos até 2009, era o segundo mais poderoso do mundo. Seu lugar, atrás dos Estados Unidos, foi tomado pela China, mas isso, é claro, não tira nada do Japão em seu importante papel no desenvolvimento industrial.

Conhecimento, estudo, pensamento racional, uso da lógica e um método de trabalho que é baseado na evolução constante são os elementos-chave na vida de um japonês que percorre um sistema escolar de alto nível. A educação japonesa atingiu a excelência, tornando o país um exemplo para o mundo. O governo investe mais dinheiro em educação do qualquer outro país do mundo. Em 1850, só as classes mais altas, incluindo os samurais, poderiam pagar uma educação adequada e, ainda assim, apenas vinte anos depois, as escolas se tornaram acessíveis para todos. De fato, em 1872, uma reforma governamental tornou a educação compulsória para todas as crianças, sendo indiferente seu sexo ou classe social, e 25 mil novas escolas primárias foram criadas, com muitos samurais sendo contratados como professores.

Os samurais eram pessoas com grande conhecimento e, além disso, eram treinados com disciplina e respeito por autoridade, o que ajuda a explicar porque o sistema escolar japonês sempre foi baseado em uma educação no estilo militar.

Depois do início do Século XX, 99% da população japonesa era alfabetizada e 95% das crianças iam para a escola por, pelo menos, seis anos. Era um recorde, e sequer a Europa – que liderava o mundo na época – podia obter resultados semelhantes. "Estudar é extremamente importante no Japão, mas eu não era um estudante modelo", reconheceu.

Apesar de se distrair com seus muitos hobbies, Furusawa completou sua educação com sucesso, ao contrário de Soichiro Honda, que fez cursos para aprender como desenvolver suas invenções, mas nunca se formou, já que não se interessava pelos testes.

Soichiro Honda dizia que "um diploma é menos útil do que um ingresso para o teatro", e depois de seu sucesso econômico, ninguém jamais se atreveu a questionar seus estudos – assim como aconteceu com Enzo Ferrari, cujo único diploma era honorário.

Eu quero ser pintor

"Na escola, estava mais disposto a me divertir do que estudar", contou Furusawa sorrindo. "Além disso, tinha outros interesses além da escola, incluindo as motos, e sempre tentei descobrir um novo hobby. Como resultado, meu limite era a falta de tempo. Depois da universidade, me dediquei ao trabalho e à companhia, e aceitei muitos desafios: engenharia, estudos científicos e computação foram os mais importantes para a minha vida profissional. Se, entretanto, tivesse de escolher uma profissão hoje, gostaria de ser pintor ou escultor, uma forma de arte que me fascina muito. Eu desenho e pinto sempre que posso, e sempre tentei encontrar oportunidades para melhorar e refletir, mesmo nas viagens de negócios. Sempre procurei novos lugares para visitar durante a temporada de corridas, e se não pudesse ir antes da corrida, sempre encontrei um tempo para mim depois. Visitei museus ao redor de todo o mundo."

"Amo a arte, escultura e pintura italiana, e muitos protótipos de Leonardo da Vinci me impressionam. Uma vez, tive de ir a Boston para visitar uma companhia que trabalhava com dinâmica de fluídos. Tirei algumas horas para visitar uma mostra de arte e design histórico japonês. Finalmente, pude admirar o *Ukiyo-e*, um antigo estilo japonês de pintura em madeira. Foi incrível, porque eles só podiam ser encontrados no exterior, já que quase todas essas pinturas tinham sido exportadas para os Estados Unidos ou outros países após a Segunda Guerra Mundial. Eu não esperava, porém, ficar tão impressionado com as pinturas do Renascimento italiano e europeu. Elas eram impressionantes e continuo a me sentir maravilhado sempre que penso sobre elas. Aquelas pinturas pareciam muito mais modernas do que os trabalhos japoneses da época. Elas já eram tridimensionais, tão diferentes das nossas, que eram chapadas. As pinturas italianas, especialmente aquelas do Renascimento, são incríveis."

Não há dúvidas de que o trabalho dele também se beneficiou de outra de suas grandes paixões: as motos. "Eu amava guiar quando era garoto, assim como agora. Alguns anos antes de me aposentar, soube de alguém que tinha uma Yamaha RD250LC, uma moto que eu tinha projetado. Comprei dele e guiei até em casa. Minha esposa tinha me levado até lá de carro, porque ela não confiava nas minhas habilidades de pilotagem e insistiu em me seguir até em casa. Eu tive de aceitar. Afinal, todo homem tem seu chefe."

"De qualquer forma, entre esses interesses, que foram úteis para ajudar Valentino, também está a psicologia, que me ajudou muito na reorganização do departamento e na gestão dos recursos humanos. Tudo que estudei depois de me formar, por conta do meu próprio interesse pessoal, foi essencial para o projeto da M1. Graças ao meu conhecimento e habilidades técnicas, primeiro remover as falhas e, a partir daí, melhorar a moto ao longo dos anos."

Só depois de se formar, em seus primeiros dias na Yamaha, Furusawa descobriu a real importância da matemática.

"Meu professor de matemática sempre disse que a matemática não tem nada a ver com o mundo real; é só uma maneira fantástica de treinar o cérebro de alguém. No entanto, quando tive de lidar com as vibrações da moto em 1973, percebi imediatamente que a matemática era a base da todos os projetos. Tive de rever a minha abordagem e, depois de dois anos estudando, me tornei um especialista."

Promover o papel da matemática na Yamaha não era uma prioridade para Furusawa, mas ele introduziu um tipo de engenharia mais complexa do que era uma forma inicial de simulação por computadores.

"A engenharia mecânica não me satisfazia mais; então, depois de me formar, comecei a ler dobre engenharia eletrônica, explorando meu trabalho na Yamaha. Lentamente consegui fundir os dois assuntos. Esta tecnologia é chamada CAE (Computer Aided Engineering), em português, Engenharia Assistida por Computador) e foi apresentada em 1975 em Cincinnati. Imediatamente, me interessei pelo assunto, porque naquela época eu era realmente inovador. Eu até considerei a possibilidade de fazer um curso nos Estados Unidos, mas durava dois anos e meu chefe não me deixou ir. Entretanto, me deram quatro meses para implementar um projeto de CAE com o orçamento que queria, então eu basicamente condensei dois anos em quatro meses. No início de 1981, passei cinco meses em Cincinnati, no Centro de Pesquisa de Dinâmica Estrutural (Structural Dynamics Research Corporation – SDRC) para melhorar meu projeto e eliminar as vibrações da RD250LC. Na época, o SDRC, era o mais avançado centro de pesquisa nesse campo de interesses no mundo. O líder do projeto era Jerry Nieb. Jerry e eu nos sentamos para estudar o problema das vibrações com uma grande paixão. Esse assunto é muito importante na engenharia e no *design*, porque quase todas as máquinas produzem vibrações. Nossa amizade cresceu ao longo dos anos e continua até hoje."

Aviões, uma atração irresistível

O jovem Furusawa também tinha paixão por aviões, e ele sonhava em se tornar engenheiro para poder projetá-los. Depois de se formar em engenharia mecânica, e se especializar em Capacidade e combustão interna do motor, começou a procurar emprego na indústria da aviação.

"Logo percebi que isso era quase impossível, porque a indústria de aviação japonesa tinha muito poucas oportunidades, devido aos resultados da Segunda Guerra Mundial. No início da guerra, nossos aviões eram horríveis, enquanto os dos americanos eram perfeitos. Instantaneamente, nossos engenheiros conseguiram superar a diferença técnica e eles se tornaram mais velozes e mais capazes. No fim do conflito, nossos engenheiros fizeram o impossível: os aviões japoneses eram melhores do que os americanos."

"Se o Japão tivesse começado a produzir uma nova aeronave no fim da guerra, isso teria sido um problema para os Estados Unidos e a Europa, o que é a razão de os vencedores terem imposto uma drástica paralisação na indústria de aviação japonesa."

"Quando terminei a universidade, a única forma de trabalhar nessa área era se candidatando para a Kawasaki ou para a Fuji Heavy Industry, que produziam aeronaves antes da guerra e tiveram de mudar e produzir componentes para Boeing e Airbus. Foi por isso que decidi não trabalhar nessa área, porque o Japão dependia completamente dos outros. Além disso, não queria trabalhar para uma companhia estrangeira; então, mudei meu pensamento e desviei meu interesse para outros veículos e motores, e foi assim que pensei na Yamaha."

"O Japão já era um forte concorrente entre as motos de produção, esse tipo de engenharia parecia muito interessante para mim. A Honda já era mais forte que a Yamaha, mas a Yamaha ainda era a número dois. Pensei que seria interessante tentar bater a Honda. Fui contratado imediatamente após a graduação. Deixei Kyushu e fui para Honshu, e me mudei de Kytakyushu para Iwata. Me vi na área industrial de Hamamatsu."

Solo exuberante, mentes férteis

Os números um

A maioria das esplêndidas e belas fotos usadas para retratar os encantos do Japão são imagens da região de Shizuoka. Nesta região é possível encontrar belos rios, lagos, florestas e colinas, entre os quais pode ser admirado o cume sagrado do Monte Fuji.

A área de Hamamatsu é localizada na região de Shizuoka. Originalmente, um conjunto de vilas de pescadores com vista para o Oceano Pacífico, foi transformado em uma área industrial de considerável importância, se tornando uma das regiões mais importantes do país do ponto de vista econômico.

Os habitantes de Hamamatsu eram famosos por suas habilidades como artesãos de madeira e, depois, metal, e desde então expandiram sua atividade industrial. É por isso que a área é conhecida como a capital da precisão manufatureira, com quatro das líderes mundiais em modelismo – Tamya, Hasegawa, Fujimi e Aoshima – instaladas em Shizuoka.

De acordo com as estatísticas governamentais, a região de Shizuoka é líder no Japão em duzentas categorias, produzindo tudo, desde frutas a chá verde, e fabricando tudo desde tecnologia até a indústria. A região ostenta a mais poderosa hidroelétrica e o maior número de fontes termais, onde as pessoas podem encontrar uma impressionante variedade de libélulas e flores. Por fim, a região é abençoada por contrastes extraordinários, desde o ponto mais alto do país – o Monte Fuji, com 3.776 m – até o mais baixo – o abismo da Baía de Suruga, com 2.500 m.

Este é um local de justaposições e grandes paixões, proveniente de uma população cujos ancestrais tiveram de lutar muito por seu futuro.

A região de Hamamatsu faz fronteira com Aichi, uma área de importância histórica dominada por sua rica e poderosa capital, Nagoya, e por sua famosa e influente superestrela, a Toyota. Este local foi o cenário das batalhas decisivas para a unificação do Japão, que até 1600 era dividido em uma multidão de reinos, que constantemente lutavam um com o outro. Mais tarde, foi liderada pelos empresários da indústria têxtil e, por fim, monopolizada pelos magnatas da indústria pesada que criaram modernos impérios.

Hoje, Nagoya, onde o popular *Pachinko* nasceu, é o terceiro maior centro industrial do Japão, depois de Tóquio-Yokohama e Osaka; mas, no início no século XX, era apenas uma área têxtil.

A zona norte de Hamamatsu é cercada por uma cordilheira ao sul e é delimitada pelos picos de Mikatahara, que se estende até o fim da costa. O lado oeste é banhado pelo lago Hamana, enquanto o leste é atravessado pelo rio Tenryu, já em sua foz, que deságua no Pacífico. O Tenryu deságua nesta área vindo do norte, onde está sua nascente, no lago Suwa, em Okaya, na região de Nagano. Este rio, com 213 km de comprimento, é o nono maior do país, e flui para o Oceano Pacífico, separando Hamamatsu de Iwata, onde a Yamaha Corporation e a Yamaha Motors têm suas sedes. Alguém pode questionar como ninguém nunca pensou em analisar a água do rio, já que deve conter elementos capazes de estimular as células cerebrais – esta água alimentou os habitantes de Hamamatsu com genialidade e imaginação, já que eles se tornaram empresários, filósofos e inventores. Sua atmosfera combina com aqueles que querem ser inspirados a sonhar, a criar, que é o motivo para ser uma terra de pioneiros, inventores e construtores. Além disso, esta pode ser considerada a casa da indústria automotiva e, em particular, das motocicletas.

Jovens talentosos

No início do século XX, o rio Tenryu viu a maturação de muitos jovens talentosos. Um exemplo foi Soichiro Honda, que nasceu em 1906 em Komyo, uma pequena vila situada na sua margem do rio. Komyo, onde a eletricidade chegou apenas alguns anos antes do nascimento de Soichiro, ficava a cerca de 20 km de Hamamatsu, mas não existe mais, tendo sido absorvida pela cidade de Tenryu, que, em troca, se tornou um distrito da região metropolitana de Hamamatsu. Hoje, esta cidade tem uma população de quase 800 mil habitantes e, se incluirmos a adjacente Iwata, a população da área ultrapassa 1 milhão de pessoas.

Soichiro Honda passou a maior parte de sua vida em Tóquio, onde fundou a gigantesca indústria que carrega seu nome. Ele havia se juntado a um programa governamental que oferecia suporte financeiro a empresários que transferissem suas atividades para a capital, para que o governo pudesse controlar melhor suas atividades. Entretanto, muitas das "visões" deste autêntico gênio tinham acontecido quando ele ainda vivia e brincava ao lado do rio Tenryu, passando o dia com seu pai (um mecânico de bicicletas) e sua mãe (uma tecelã, como muitas mulheres da região).

Foi ali que o jovem Soichiro (com oito anos) viu pela primeira vez um Ford T. O carro passou por uma estrada de terra e, depois que a poeira baixou, o garoto viu algumas gotas de óleo deixadas pelo motor. Ele tocou o líquido com os dedos e cheirou, enquanto seus olhos seguiram o barulhento veículo, rodando com o auxílio de cavalos. Foi aí que

Soichiro jurou para si mesmo que um dia iria construir uma daquelas estranhas e autopropulsionadas máquinas. Seu avô disse que aquilo que ele tinha acabado de ver se chamava *automóvel*.

Michio Suzuki era outro "virtuoso" jovem de Hamamatsu. Nascido em 1887, cresceu vendo sua mãe tecer seda e algodão, e, quando decidiu se tornar um empresário, começou construindo seus próprios teares. Assim como o fundador da Toyota Inc., um gênio chamado Sakichi Toyoda, Michio Suzuki fundou sua empresa a poucos passos de sua casa e hoje muitas das instalações da Suzuki Corporation ocupam uma área bastante ampla em Hamamatsu.

O Sr. Suzuki era muito conhecido e respeitado no Japão por inventar coisas que contribuíam para deixar o trabalho e a vida mais fáceis. Ele registrou mais de cem patentes, muitas das quais estavam relacionadas a maquinários da indústria têxtil. Sua grande imaginação permitiu que inventasse com constante criatividade, mas também trabalhou duro no *Monozukuri*, a sublime arte japonesa de construir coisas. Ele, então, transmitiu seu talento nos negócios e sua visão para seu filho, Shunzo, o fundador da Suzuki Motor.

O desenvolvimento de iniciativas empreendedoras por muitos jovens cidadãos japoneses deveu-se, parcialmente, à progressiva crise na indústria têxtil, que levou as pessoas a investirem sua energia em outras áreas de produção – a indústria do transporte, por exemplo. Ainda assim, projetar, construir e, em especial, vender motocicletas, continuava a ser muito difícil, mesmo durante aquele período de crescimento econômico. De fato, muitas fábricas não sobreviveram. Por exemplo, a Lilac e a Liner, de Hamamatsu, foram à falência após a Segunda Guerra Mundial, por conta da competição feroz. A Liner tinha produzido motos muito boas, mas os custos de sua produção eram muito altos. Como a Yamaha estava muito interessada no avançado maquinário da Liner, e absorveram a companhia em março de 1959.

A Showa tem seu Centro de Pesquisa e Desenvolvimento de Motocicletas em Fukuroi. A fabricante de sistemas de suspensão nasceu em 1938, em Itabashi, Tóquio, e era originalmente uma fabricante de aviões (uma paixão e uma obsessão para os japoneses).

Em 1946, outra companhia que carregava o mesmo nome – Showa – começou a produzir motocicletas. A empresa era tecnicamente muito avançada, mas de início teve dificuldades para crescer, pois seus chefes estavam mais interessados em investir em tecnologia do que em marketing. As vendas eram ruins e, como consequência, eles tinham problemas de liquidez. Em 1959, a Showa tinha 130 engenheiros, o que se mostrou excessivo quando o boom das motocicletas começou a declinar. Em 1960, a Showa foi comprada pela Yamaha, que, na época, incorporou muitas pequenas empresas que tinham um alto nível de tecnologia.

Música para todos os ouvidos

As matas e florestas de pinheiros ao lado do Tenryu sempre produziram madeira de alta qualidade que, alguns anos atrás, eram particularmente adequadas para a produção de instrumentos musicais, como pianos e órgãos, o que é, provavelmente, a razão da Yamaha Organs e Kawai Musical Instruments terem nascido nessa região. A última foi fundada em 1927 por Koichi Kawai, que tinha sido aprendiz de Torakusu Yamaha quando tinha 11 anos. "Koichi, o inventor" (que se tornaria seu apelido muitos anos depois) possuía muitas patentes e criou a companhia que primeiro produziu órgãos e pianos (sem nunca atingir a produção ou a reputação da Yamaha) e, depois, teclados e sintetizadores.

Outra empresa de instrumentos musicais de Hamamatsu, fundada em 1947, era a Tokai Gakki, depois conhecida como Tokai Guitars, que primeiro se dedicou aos violões e depois aos baixos. Finalmente, em 2005, Roland (fundada em 1972 em Osaka) transferiu sua sede para Hamamatsu, para produzir instrumentos musicais eletrônicos.

Como resultado de toda essa atividade, o local se tornou uma região de muito interesse para dois tipos de fãs: os amantes da músicas por um lado, e os fãs dos carros e motos, por outro. Tanto instrumentos como motores produzem música, apesar de terem melodias e sensibilidades diferentes, e a Yamaha faz a ponte entre essas duas áreas que têm o som como denominador comum.

Devemos isso a outro grande homem de Hamamatsu: Genichi Kawakami, que transformou a Nippon Gakki Yamaha Corporation (líder mundial na fabricação de instrumentos musicais) e adicionou outra divisão, a Yamaha Motor (fabricante de motocicletas, motores náuticos, maquinário para as indústrias automotivas e agrícolas etc.) Ele nasceu na vila de Hamakita (mais tarde absorvida pela cidade) e, portanto, testemunhou o desenvolvimento urbano e industrial da região, de onde nunca saiu, pois morreu em Hamamatsu, onde viveu desde seu nascimento.

O pai da televisão

Entre os homens talentosos que cresceram em Hamamatsu, também estavam aqueles que não se interessavam por motores ou música, e nem pela indústria têxtil. Na verdade, Kenjiro Takayanagi estava interessado na transmissão de imagens. Ele estudou os experimentos realizados na Europa e nos Estados Unidos e se tornou o pai da televisão no Japão. Nascido em 1899 e falecido 91 anos depois, teve tempo de ver o desenvolvimento da eletrônica.

Foi uma paixão descoberta em 1925, quando ele tinha 26 anos, já que soube sobre a nova tecnologia ao traduzir um artigo de um jornal francês. Ele foi o primeiro a descobrir uma forma de receber e transmitir imagens por um tubo de raios catódicos e, anos depois, graças aos seus estudos e experiência, foi chamado para trabalhar na JVC para desenvolver o sistema de gravação VHS. Mais tarde, a Toshiba também se beneficiou de seu talento. A pesquisa de Kenjiro Takayanagi era tão importante que contribuiu para a criação do primeiro sistema de televisão completamente eletrônico.

A companhia que nasceu duas vezes

Pioneiros e visionários

Os samurais foram os homens mais valentes e espertos nos anos de 1800, mas foram substituídos pelos magnatas industriais. Os últimos são os novos heróis da Terra do Sol Nascente, porque resgataram o país da crise econômica no fim do século XIX. Todo executivo japonês, engenheiro ou homem de negócio, é obrigado a ter em mente o país glorioso e sua incrível história econômica, e este foi o caso de Masao Furusawa. Hoje, Furusawa conhece bem os homens que construíram a história industrial do Japão, mas, no início dos anos 1970, ele não sabia nada sobre Torakusu Yamaha. "Quando me juntei à companhia, nem ao menos sabia que Yamaha era um nome de família", admite. "Só mais tarde descobri que o fundador tinha nascido no século XIX e que se tornou um habilidoso fabricante de órgãos e pianos."

Todo país tem suas próprias histórias sobre vidas e carreiras extraordinárias, mas no Japão a lista é interminável. Elas quase sempre começam com o nascimento de empresas que tinham saldos precários e futuros incertos, mas que mais tarde se tornaram uma bem-sucedida gigante multinacional. Isso é impressionante considerando o tamanho e a população do país. O Japão é menor que os Estados Unidos, China e Rússia, e seus 120 milhões de habitantes são demograficamente irrelevantes.

Na segunda metade do século XIX, quando o Japão emergiu de dois séculos e meio de isolamento, todos nas ilhas começaram a sentir curiosidade sobre o que o resto do mundo estava fazendo. O Japão tinha virtualmente perdido o século das grandes invenções – o século XIX –, então os japoneses decidiram iniciar o século XX com a meta de preencher a lacuna tecnológica o máximo possível.

A era industrial dourada do Japão era uma aventura sem limites, apoiada e financiada por um governo que planejava e implantava uma forte competição interna para fortalecer um sistema industrial intimado a criar empregos e representar o Japão no mercado mundial. Assim, a prioridade era dada à exportação e à diversificação da produção, a apoiar aqueles com ideias novas, oferecendo a esses habilidade de trabalhar e expandir para novas áreas de negócios. Isso foi exatamente o que o fundador da Yamaha Motor, Genichi Kawakami, fez. Em 1955, ele era o presidente da companhia fundada por Torakusu Yamaha, produzindo pianos e instrumentos musicais. E, certamente, tinha responsabilidade suficiente para viver uma vida plena mas sentiu o impulso compartilhado por centenas de empresários japoneses: a diversificação.

Kawakami era um homem de negócios muito inteligente, mais moderno do que Torakusu Yamaha, em parte devido à enorme diferença entre os períodos em que os dois homens mais importantes na história da Yamaha viveram. Seu pai era um samurai e não conseguiu ajudar seu filho porque, no fim do século XIX, o Japão estava apenas emergindo da Idade Média. Torakusu nasceu em 20 de abril de 1851, testemunhou a era em que o Japão se abriu para o mundo, abolindo o *Sakoku* em 1853, descobrindo as invenções ocidentais e sentindo o impulso de reproduzi-las.

Torakusu pertencia a uma geração que trouxe a transformação da sociedade japonesa. Quando ele fundou sua companhia, produzindo instrumentos musicais, já tinha muita experiência profissional e até mesmo alguns fracassos, como seu primeiro projeto envolvendo relógios. Torakusu nunca ouviu o som de uma moto carregando seu nome, já que morreu aos 64 anos, em 1916, mas sua história inspirou outros "guerreiros" – homens que permitiram que a marca global da Yamaha crescesse significativamente.

Genichi era agressivo e autoritário. Seu único interesse era o crescimento de sua companhia por meio de suas ideias e a qualquer risco. Sua carreira foi facilitada por seu pai – um dos maiores presidentes da história da Yamaha – e ele viveu quando todo mundo, não apenas o Japão, estava confiante e sonhando alto sobre desenvolvimento sem limites. Durante o período pós-guerra, a reconstrução gerou um crescimento vertical espetacular e emocionante. Kawakami conseguiu viver durante um século inteiro. Ele nasceu em 30 de janeiro de 1912 e pôde, pelo menos, dar uma olhada no novo milênio antes de morrer em 25 de maio de 2002, aos 90 anos.

Um mundo cheio de oportunidades

Genichi Kawakami fundou a Yamaha Motor usando o nome de Torakusu Yamaha em 1º de julho de 1955. Na época, a população mundial era de 2, 7 bilhões (50 anos depois, se tornaria 6,7 bilhões), dos quais 1, 5 bilhão estava na Ásia, comparado com os 500 milhões do Europa. A tragédia da Segunda Guerra Mundial já era apenas uma memória para a população e, em 1955, o governo japonês tinha orgulho de registrar um enorme crescimento no consumo de todos os tipos de mercadorias, incluindo motocicletas. O boom do consumo foi seguido pela propagação da publicidade e a criação de slogans. Muitos eram questionáveis, mas outros eram bastante eficientes. Por exemplo, o slogan dos "três tesouros", que se tornou muito famoso. Nos anos 1950, os tesouros eram "rádios, motos e máquinas de costura". Nos anos 1960, eram os "refrigeradores, tevês em preto e branco e máquinas de lavar", e nos anos 1970 eram os "carros, tevês coloridas e ar-condicionado", os chamados 3C.

Ao longo dessas três décadas, o Japão se tornou o maior produtor do mundo de navios, carros, motos, rádios, televisões e eletrônicos em geral. Todos os aspectos da sociedade japonesa eram dominados por um imperativo: "Crescimento!" As autoridades políticas e sociais estavam trabalhando duro para atingir essa meta, financiando e apoiando essa corrida e, apesar de Genichi Kawakami não ter recebido nenhuma ajuda do governo (como Torakusu, quando fundou sua fábrica), ele lucrou com uma condição extremamente favorável. A Yamaha Motor foi fundada quando os agricultores deixaram a zona rural em massa para buscar oportunidades de trabalho na cidade. O início do consumismo estava intimamente relacionado com o aumento da produção industrial. Este período, a segunda metade do século XX, era extremamente favorável ao crescimento do Japão, como ilustrado pelas informações do PIB do Japão: + 8.7% entre 1950 e 1955; + 8.6% entre 1956 e 1960; + 10.0% entre 1961 e 1965; + 11.2% entre 1966 e 1970; + 6.8% entre 1971 e 1973. Estes números se tornaram ainda mais significantes quando considerado que, durante os mesmos anos, o PIB dos Estados Unidos cresceu em uma média de 4% ao ano, enquanto Europa e Alemanha ocasionalmente atingiam + 6%.

As paixões de Genichi Kawakami eram a música e a boa vida. Ele desenvolveu a primeira criando uma empresa de sucesso, escrevendo livros e fundando a maior comunidade de música do mundo, chamada Yamaha Music Foundation, mas provavelmente trabalhou ainda mais para desenvolver sua segunda paixão.

"Ele era um bom presidente", disse Furusawa. "Talvez porque tenha se divertido muito em sua juventude. Quando garoto, não era um exemplo de retidão moral. Estava sempre se divertindo e não queria estudar. Era muito agressivo e cheio de energia e, talvez, por isso, teve a ideia de construir motocicletas, barcos e snowmobiles. Foi ele que decidiu a maioria dos produtos agora fabricados pela Yamaha. Era apaixonado e determinado. E tomava as decisões rapidamente e queria ver os resultados imediatamente. Ele não ouvia ninguém, mas suas ideias estavam quase sempre certas e sua maneira de fazer as coisas era a mais eficiente para fazer a companhia crescer. Depois das motos, passou para os snowmobiles, depois motores de carros, de barcos e navios. Ele olhava para a Europa e para a América como lugares onde as pessoas aproveitavam a prosperidade e queria que os japoneses fizessem o mesmo."

Genichi Kawakami foi pego pela busca da felicidade da América em 1953, durante uma viagem de três meses para o Ocidente. O ex--presidente da Nippon Gakki (que se tornaria Yamaha Corporation) sentiu o vento da mudança soprar no Ocidente e percebeu o que seus antepassados tinham entendido um século antes: fora do Japão, o mundo mudava rapidamente. Naquela viagem, percebeu o que Soichiro Honda tinha aprendido durante uma experiência similar na Inglaterra e na Alemanha. Os países ocidentais eram tecnologicamente avançados e tinham um sistema industrial mais sofisticado e produtivo, o que explicava a melhor qualidade de vida. Era isso que Genichi Kawakami estava procurando. Ele voltou para Hamamatsu sabendo que os transportes estavam evoluindo rapidamente e decidiu investir tempo, dinheiro e ideias em uma fábrica de motocicletas.

Era o ano de 1955

No ano do nascimento da Yamaha Motor, algumas mentes extraordinárias nos Estados Unidos ajudaram a mudar a vida das pessoas, não só em seu próprio país, mas também no resto do planeta. Em 1955, a General Motors se tornou a primeira companhia norte-americana a atingir US$ 1 bilhão em vendas (lembre-se, isso nos anos 1950). Além disso, este ano viu o nascimento de duas das mentes mais importantes dos séculos XX e XXI, na mesma nação.

Steven Paul Jobs nasceu em fevereiro, em São Francisco, Califórnia. Jobs era um visionário que, em 1976, aos 21 anos, se tornou o cofundador de uma companhia cujo logo era uma maçã mordida. Mais tarde, em outubro, em Seattle, Washington, William Henry Gates Jr. e Mary Maxwell celebravam o nascimento de seu filho, William Henry Gates III. Seus pais planejavam uma carreira de advogado para ele, mas Bill era extremamente fascinado pela ciência. Alguns anos depois, ele fundou a Microsoft Inc.

Também em 1955, a primeira Disneylândia foi aberta perto de Los Angeles, mas, naquele mesmo ano, uma batalha muito mais importante pelos direitos humanos aconteceu. No Alabama, uma afrodescendente de 42 anos se recusou a ceder seu assento em um ônibus público para um passageiro branco, e essa fagulha iria inflamar um país inteiro, causando uma grande transformação. Um ano depois, a

Suprema Corte declarou a segregação em ônibus públicos inconstitucional, e Rosa Parks se tornou uma heroína.

Outra incrível aventura de negócios começou também em 1955. Ray Kroc, nascido de uma família tcheca em Chicago, se tornou o dono do nono restaurante de uma inovadora rede de fast-food fundada na Califórnia por Richard e Maurice McDonald. Kroc logo comprou a empresa e desenvolveu uma marca que se tornaria um símbolo da globalização. Também em 1955, Albert Einstein, o mais famoso cientista da história, morreu em Nova Jersey.

Amin japonês

"O pai de Genichi Kawakami, Kaichi, era incrivelmente inteligente", falou Furusawa. "Ele era um excelente estudante na Universidade de Tóquio. Durante o segundo mandato do presidente, a Yamaha não estava indo muito bem e quase faliu, mas Kaichi Kawakami, que foi o seu terceiro presidente, resgatou a empresa e a tornou mais rica. Infelizmente, ele ficou doente quando ainda era muito jovem e, quando morreu, tudo passou para o seu filho, Genichi, que tinha 38 anos quando se tornou o quarto presidente. Quando cheguei na Yamaha, ele era o presidente das duas divisões, e todos nós tínhamos medo dele. Outros colegas criaram um vazio em torno dele. Ninguém se aproximava a menos de um metro, porque ele poderia ficar bravo sem aviso – um pouco como Enzo Ferrari. Kawakami demitiria funcionários sem piedade ou os transferia para subsidiárias em outros países. Seu apelido era 'Amin japonês', por conta do ditador de Uganda, Idi Amin Dada, que decapitou pessoas sem pestanejar. Nunca falei com Kawakami, mas ele me deixou uma impressão em uma festa de Ano Novo, quando estava bebendo com meus colegas. Quando ele chegou, imediatamente formamos um círculo ao seu redor. Na presença dele, as dificuldades eram duplas: não podíamos ficar muito longe, porque ele poderia de repente perguntar: 'O que vocês estão fazendo aí?', mas também não muito perto, porque ele poderia explodir de repente, gritando: 'O que estão fazendo aí?!', 'Qual é o seu trabalho?'; então, todos olhavam para ele a uma distância que não era nem muito longe nem muito perto. De qualquer forma, apesar de sua estranha personalidade, Genichi Kawakami foi um elemento-chave para o crescimento da Yamaha. Depois dele, houve um caos total na cúpula, provando como tinha sido realmente importante."

Libélula vermelha

A razão de Genichi Kawakami querer construir motocicletas não é tão interessante quanto a forma com que ele realmente fez isso. Genichi tinha experimentado diretamente a tragédia e a catástrofe da derrota japonesa na Segunda Guerra Mundial. Durante a guerra, alguns armazéns em Iwata foram reconvertidos para a fabricação de tanques, componentes para asas de aviões e, mais importante, hélices para aviões de guerra – os Zeros – que foram incumbidas à Yamaha pelo governo, que forçava todas as indústrias japonesas a apoiar o esforço de guerra. Na Yamaha, todas as atividades relativas à produção de instrumentos musicais foram congeladas, e os fundos do governo salvaram a companhia da bancarrota.

"Para a produção de armamento, Kawakami explorou a tecnologia da Yamaha em processar madeira", disse Furusawa. "Ele era um especialista nisso, porque, por muitos anos, a Yamaha construiu órgãos e pianos. Depois de terem iniciado com hélices comuns, o exército pediu por um tipo diferente, cuja eficiência poderia variar de acordo com o nível de potência necessário, para a decolagem ou durante o voo. Novos componentes mecânicos foram, portanto, necessários e eles tiveram de ser precisos e exatos; então Kawakami tinha de projetar máquinas perfeitas para poder construir aquele tipo de hélice. No fim da guerra, converteu aquele maquinário de alta precisão, que a Yamaha tinha usado para as hélices, para fabricar motocicletas."

Nas primeiras horas da manhã de 29 de agosto de 1954, em um canto da seção de equipamentos de metalurgia da sede da fábrica da

Nippon Gakki, ecoou o som de um motor dois tempos. O motor do primeiro protótipo da companhia tinha sido acionado pela primeira vez. Nos meses seguintes ao acionamento do primeiro motor, engenheiros continuaram a trabalhar para completar a produção da primeira motocicleta, que foi para a produção em janeiro em 1955. As vendas em todo o país começaram em fevereiro e, em 1º de julho do mesmo ano, a Divisão de Motocicletas foi separada da Nippon Gakki e uma nova companhia, a Yamaha Motor Co., foi fundada (tinha 150 trabalhadores).

A primeira moto foi chamada YA-1 125 e era um apelido para Akatombo (libélula vermelha), porque o inseto era um símbolo da cidade de Iwata. A primeira Yamaha não era uma bicicleta motorizada, como as primeiras Suzuki e Honda, mas sim uma moto de verdade. Permitir apenas que as pessoas andassem por aí em uma velocidade maior não era o suficiente: ele também queria que suas motos fossem competitivas, algo que rapidamente levou ao fortalecimento da reputação da fábrica.

Sr. Yamaha

Torakusu Yamaha fundou a Nippon Gakki em 1897, quando tinha 46 anos (um número que, anos mais tarde, se tornaria muito importante para a história da companhia que carrega seu nome). Suas condições de vida e de trabalho eram muito diferentes daquelas de Genichi Kawakami, e o mundo também era bem diferente: o planeta tinha 1,6 bilhão de pessoas e o Império Britânico governava indiscutivelmente cerca de 500 milhões de pessoas espalhadas por aproximadamente 25% do globo. O Japão estava vivendo um período de grandes mudanças. Os samurais estavam desaparecendo, porque não havia mais guerras internas para lutar. Os japoneses estavam se tornando amantes de uma nova forma de desafio, que era econômico, industrial e financeiro.

Entre o fim da era Edo, também conhecida como Tokugawa shogunato – o período entre 1866 e 1869 – e o início da era Meiji, considerada a era Moderna, Torakusu fundou sua primeira companhia, produzindo órgãos em Hamamatsu em 1889. Ela se chamava Yamaha Organ Manufacturing Company. Em 1897, fundou outra, que absorveu a primeira, e desta vez escolheu o nome Nippon Gakki (que significa Instrumentos Musicais do Japão), que se tornaria Yamaha Corporation, e que teria um papel-chave na difusão da clássica música ocidental no Japão.

Torakusu nasceu em 20 de abril de 1851, em Nagasaki. Seu pai, um samurai que pertencia ao clã Kii, vivia na atual região de Wakayama, e era muito autoritário, embora tenha permitido que seu filho recebesse uma boa educação. Ser filho de um samurai garantiu a Torakusu o acesso a um estudo de alto nível e ele foi, portanto, capaz de desencadear sua curiosidade inata. Ele podia ler livros importados do Ocidente que chegavam ao Japão pelo porto de Nagasaki, e estava fascinado pela forma de medir o tempo. Dessa forma, tornou-se um habilidoso relojoeiro e, quando tinha 20 anos, decidiu abrir sua própria relojoaria.

A companhia estava enfrentando dificuldades em adotar o sistema ocidental de medição de tempo, mas, em 1873, quando Torakusu tinha 22, o governo finalmente decidiu adotar aquele método. O dia japonês havia sido dividido em duas partes desiguais: dia (que incluía madrugada e crepúsculo) e noite. A duração do dia variava de acordo com a estação, e o relógio era ajustado quando necessário (em média, essa correção era feita a cada 15 dias). Os relógios já existiam no Japão – os portugueses compraram as primeiras amostras no século XVI –, mas eles eram, em sua maioria, carrilhões e eram fixados ao chão. As casas japonesas eram extremamente simples e não tinham paredes de tijolos ou de madeira; assim os poucos relógios de parede eram pendurados em pilares.

Apesar de seu comprometimento e boas intenções, a primeira tentativa de Torakusu Yamaha com uma relojoaria falhou, já que faltou liquidez para a pequena companhia. Ele começou a viajar pelo país a procura de um emprego, deixando Nagasaki e Kyushu e chegou a Osaka, na região de Kansai, onde começou a estudar medicina. Foi então contratado como reparador de maquinário cirúrgico, que era feito em países ocidentais. Começou a trabalhar de forma regular e se tornou bastante conhecido por sua habilidade. Devido à sua fama, em 1884, ele se viu em uma pequena vila pesqueira na costa leste. O diretor médico do Hospital de Hamamatsu o tinha chamado, pois estava procurando alguém capaz de consertar um dispositivo complicado. Torakusu consertou a máquina quebrada e, encantado pela beleza da paisagem, decidiu ficar por lá. Durante quatro anos, Torakusu fez muitas coisas, e nunca explorou ideias convincentes sobre seu futuro, até que lhe ofereceram um difícil, mas desafiador trabalho. O órgão da escola primária de Hamamatsu estava quebrado, eliminando a principal fonte de entretenimento não só das crianças da vila, mas também da maior parte da população adulta.

Brincar com o órgão sempre tinha sido incluso no currículo escolar, e sua música começou a atrair tantas pessoas que o diretor tinha decidido abrir as portas para recitais públicos uma vez por mês. O diretor do hospital recomendou Torakusu, que o tinha impressionado com sua habilidade de consertar máquinas. O problema era sério e todos os outros tinham falhado.

Fabricado nos Estados Unidos por Mason & Hamlin, o instrumento era complicado e construído com componentes que eram praticamente impossíveis de se encontrar em Hamamatsu e na maior parte do país. Apesar de não ter experiência específica com esse tipo de instrumento, Torakusu aceitou o desafio, contratando um jovem, Kisaburo Kawai, que era muito habilidoso para trabalhar com metais e que o ajudou a produzir engrenagens para o órgão. Logo o órgão estava de novo em boas condições, entretendo o público.

Esta experiência ofereceu a Torakusu um vislumbre de seu futuro, levando-o a pensar na necessidade de construir esse instrumento de uma maneira mais simples. Tendo estudado e viajado, se interessado por astronomia e relógios, tendo aprendido os princípios da medicina e consertado todos os tipos de dispositivos, Torakusu Yamaha finalmente foi bem-sucedido em se tornar um empresário, fabricando instrumentos musicais no estilo ocidental, uma arte que era completamente desconhecida no Japão.

Diversão no estilo italiano

Entre os séculos XVII e XVIII, os primeiros compositores italianos e outros europeus desenvolveram um novo conceito de música que era aceito como uma forma moderna de entretenimento. Esta era a era da Ópera e seu grande sucesso. Um compositor italiano chamado Jacopo Peri foi o primeiro músico a compor uma ópera – Euridice – e a levá-la ao palco. Isso aconteceu em 6 de outubro de 1600, em Florença, e pode ser visto como a primeira semente do entretenimento moderno.

A invenção que mudou a vida de Torakusu Yamaha também foi feita na Itália: a inspiração de Bartolomeo Cristofori, um artesão de Pádua que construía clavicórdios. Ele trabalhava para a família Medici em Florença e, em 1700, completou um instrumento com que começou a trabalhar em 1698: o "fortepiano", que é um cravo com "piano" e "forte" que, depois de anos de estudo e atualizações, se tornou o pianoforte.

O órgão – instrumento que mudou a vida de Torakusu – foi criado ainda mais cedo. O primeiro foi chamado de *órgão hidráulico*, porque funcionava por meio de um sistema hidráulico. Construído no século III antes de Cristo por Ctesibus, em Alexandria, foi o primeiro instrumento musical de teclado da história.

Depois de construir seu primeiro órgão aos 36 anos, Torakusu tinha submetido seu produto à aprovação do governo antes de começar a produzi-lo, especialmente porque o governo – assim como de quase todos os jovens empresários da época – era seu principal cliente.

Tudo isso aconteceu em 1887, e levar um órgão aos escritórios de certificação de Tóquio no Japão Medieval foi uma jornada realmente difícil, especialmente para Torakusu, que não tinha meios de transporte disponível. Ele queria que sua criação fosse oficialmente reconhecida, e por isso, decidiu que chegaria a Tóquio com seu órgão a qualquer custo. Ele pediu ajuda a seu leal assistente, Kisaburu Kawai, e os dois partiram. Andaram por Tokaido, a estrada de terra de 250 km ligando Hamamatsu à capital, carregando o órgão. Quando chegaram a Tóquio, a criação de Yamaha foi examinada pelo comitê e rejeitada, já que não estava adequadamente afinada. Torakusu não podia esconder seu grande desapontamento, mas sua determinação impressionou o diretor, Shuji Izawa, que o convidou para assistir aulas na universidade para poder aprender como melhorar suas habilidades de fabricação.

Torakusu voltou para Hamamatsu um mês depois e imediatamente começou a trabalhar em um novo instrumento, que concluiu em março de 1888. Mais uma vez, ele seguiu para Tóquio, onde encarou os mesmos oficiais no mesmo escritório. Ele tinha aprendido a lição e sua determinação cuidou do resto. Desta vez, o órgão passou no teste e Izawa disse que o instrumento de Torakusu Yamaha era "exatamente idêntico àqueles feitos no exterior". Tal declaração hoje seria um insulto, mas, na época, era um elogio: tudo o que os japoneses produziam na época era reconhecidamente copiado do Ocidente.

Cinquenta e três anos depois, Genichi Kawakami decidiu começar a produzir motocicletas, copiando os modelos europeus. O projeto da YA-1 era claramente inspirado na germânica DKW RT 125, que tinha sido colocada no mercado em 1949 e tido tanto sucesso que se referiam a ela como a "moto mais copiada do mundo". De novo, em vez de ser criticada, a decisão de Kawakami, de copiar este modelo para a construção da primeira moto da Yamaha, foi bem-vinda.

Genichi se importava com detalhes e entendeu que a Yamaha deveria atrair a atenção dos clientes focando no produto. Ele estava certo. Forçou alguns funcionários do Departamento de Piano da Nippon Gakki a usar sua notória habilidade de polimento de madeira para polir os quadros e tanques de todas as 300 YA-1 que eram produzidas em Iwata todo mês.

Mas a melhor forma de vender uma moto nos anos 1950 era anunciá-la nas corridas. O Japão estava se acostumando rapidamente com a ideia de que havia uma forte correlação entre os rankings de corrida e a performance de vendas. Os clientes estavam se tornando muito habilidosos em avaliar a performance dos veículos que compravam e Genichi Kawakami entendeu isso de uma só vez. Seu espírito forte e sua agressividade natural fizeram com que ele imediatamente se sentisse à vontade no mundo das corridas.

Eles o chamam de TT

A primeira corrida após a Segunda Guerra Mundial foi realizada em Nagoya em março de 1953. Era conhecida como "Corrida Nagoya TT", já que era baseada na mais famosa corrida de motos, o Troféu Turista da Ilha de Man. A primeira corrida subindo o Monte Fuji aconteceu em julho do mesmo ano, e depois as corridas floresceram com um número crescente de fãs de motos e o esporte a motor começou a criar raízes no Japão.

A primeira corrida na qual Kawakami decidiu competir era a terceira edição da Corrida de Subida ao Monte Fuji, em 10 de julho de 1955, no momento em que a YA-1 estava à venda há apenas cinco meses. As regras não permitem nenhuma alteração nas motos nem no chassi nem no motor. Naquela época, a Yamaha já tinha começado a desenvolver a YC-1 (com um motor de 175cc) e a equipe técnica trabalhava dia e noite para ajustar o motor da YA-1 para a corrida. Eles descobriram que o novo escapamento da DKW dava meio cavalo de potência ao motor, abastecido com combustível de aviação na esperança de que, com mais octanagem, ele teria um melhor desempenho. Mas, no fim, perceberam que isso fez com que o cabeçote e as velas ficassem incandescentes, e não foi usado na corrida. Os técnicos trabalharam noite e dia durante três dias e conseguiram dar para a equipe dezesseis motores, incluindo cinco reservas. Com a ajuda das concessionárias, doze pilotos foram encontrados.

O percurso tinha 24 km, com 1400 metros de mudança de altitude. A classe 125cc, na qual a Yamaha estava inscrita, tinha 49 motocicletas de 16 fabricantes. Como a corrida foi realizada nas ruas, eles utilizaram o formato contra o relógio, e a YA-1 venceu em 29 minutos e 7 segundos. Tinham sete YA-1 no top-10.

Quatro meses mais tarde, em novembro de 1955, a Yamaha participou de uma corrida nas encostas do vulcão Asama. Apesar de ter sido realizada em uma pista de terra de um vulcão 200 km ao norte de Tóquio, contam que foi assim que as corridas no asfalto começaram no Japão, e se tornaram o evento mais importante da época.

Em seu esforço para ganhar a supremacia comercial dos fabricantes, os pioneiros japoneses das corridas no asfalto arriscaram suas vidas para andar nas muito instáveis motos da época, já que o circuito de 20 km tinha uma traiçoeira cinza vulcânica negra.

Graças à experiência anterior na Subida do Monte Fuji, Genichi Kawakami não perdeu tempo e imediatamente inscreveu um time mais profissional. Ele era muito determinado e sua estrutura era perfeitamente organizada. Genichi não deixou nada a cargo da sorte. Ele percebeu a importância de um líder habilidoso e contratou Zenzaburo Watase, que foi o primeiro chefe de equipe da Yamaha (e que também tinha dirigido a corrida no Monte Fuji). Watase era astuto e implacável. Mandou seus técnicos para o circuito – que tinha de ser percorrido quatro vezes – forçando-os a examinar o terreno metro por metro em um esforço para coletar informações necessárias para encontrar a melhor estratégia para a corrida. Quanto aos pilotos, foram mandados para a pista – isto é, uma via de terra que era idêntica à pista – às 5h30 da manhã para treinar. Como as outras equipes chegavam depois das 8h, a vantagem era dupla – os pilotos tinham menos tempo para acertar suas motos e não conseguiram reconhecer a força da equipe da Yamaha. Graças, em parte, a esta organização, a Yamaha também ganhou a corrida de Asama e a YA-1, imediatamente, se tornou a moto favorita de muitos jovens fãs de motos.

Genichi Kawakami deu a todos outra grande lição na arte de negócio e do esporte também ao vencer em sua estreia na indústria do motociclismo. Seu interesse pelas motos cresceu rapidamente. Ele mesmo queria testar os protótipos, e ele logo se tornou um verdadeiro líder do Departamento de Corridas, se juntando aos times e pilotos, planejando estratégias e fazendo discursos motivacionais, como um general antes da batalha.

Descobrindo o Ocidente

Jornada para o centro da Terra

Masao Furusawa assumiu seu posto em 1º de maio de 2003 e poucos dias depois estava envolvido em um típico ritual dos executivos e dirigentes japoneses: uma jornada para o mundo ocidental.

A viagem para a América e para a Europa, que na época eram os lugares mais desenvolvidos do mundo, é uma tradição que começou na segunda metade do século XIX, depois do fim do isolamento. Na verdade, para um pequeno grupo de oficiais do governo, essa tradição já existia. Quando o Japão estava fechado para os estrangeiros e os japoneses eram proibidos de viajar para o exterior, esses oficiais e ministros eram às vezes mandados para o exterior com várias tarefas para estudar o Ocidente e sua organização.

A mais famosa dessas viagens foi, é claro, a que iniciou esse costume. Em dezembro de 1871, Okubo Toshimichi, o culto ministro que liderou o Japão para era Moderna (ele introduziu do iene como moeda e criou o primeiro sistema de impostos da história do Japão), organizou uma expedição que durou um ano e meio. A principal meta era conhecer os líderes ocidentais. Ele levou com ele vários oficiais do governo selecionados e deixou a administração do país com outros executivos que tiveram de assinar um acordo no qual eles prometeram não decretar novas leis durante sua ausência. Ele também selecionou 59 dos estudantes mais promissores do país para participar da experiência.

A delegação navegou para a costa oeste dos Estados Unidos em janeiro de 1872, se dirigindo a São Francisco. De lá, cruzaram o país de trem até Washington D.C. para conhecer o presidente Ulysses S. Grant. No outono, chegaram ao Reino Unido, onde permaneceram por quatro meses. A jornada continuou pela Europa. Durante esta viagem, Okubo conheceu reis e rainhas, generais, ministros e empresários, registrando uma quantidade enorme de informações que permitiram que entendesse a importância do desenvolvimento econômico e industrial.

Okubo e seus colegas ficaram muito impressionados com o que viram. Eles perceberam que a nação deles estava muito atrasada e, ao retornar, Okubo começou uma reforma econômica que virou o país do avesso. Ele criou o escritório de Desenvolvimento Industrial do Japão, que lidava com todos os aspectos da indústria, e começou a selecionar seus funcionários de forma diferente, privilegiando a inteligência em vez do *status* social. Este foi o início de uma nova organização, baseada no valor intelectual das pessoas. Ele também apoiou cursos nos quais fazendeiros podiam aprender a trabalhar com metal, madeira e seda, e tornou o inglês uma segunda língua obrigatória nas escolas. Somente neste ponto a ressurreição do Japão poderia começar.

Essas viagens de "treinamento" eram organizadas e financiadas pelo governo, que formava grupos e selecionava destinos de acordo com a atividade que precisavam observar e estudar cuidadosamente. Todos os setores eram levados em conta, até mesmo a música, e é por isso que o Ministério da Educação financiou uma viagem para os Estados Unidos em 1899 para Torakusu Yamaha, que já tinha construído sua reputação como fabricante de órgãos. O objetivo do governo era permitir que ele estudasse os métodos de construção do piano e encontrar fornecedores que o ajudassem a produzi-los no Japão. Um ano depois, a Nippon Gakki colocou no mercado seu primeiro piano.

Mais tarde, o governo desenvolveu um programa, chamado de Centro de Produtividade do Japão, e entre 1954 e 1958, cerca de 2 mil empresários japoneses, donos de fábricas e executivos seniores foram para os Estados Unidos. A informação e a experiência que eles levaram de volta – assim como livros científicos britânicos e norte-americanos que importaram – foram a base na qual o Japão construiu sua notável recuperação econômica e industrial depois de 80% de suas cidades terem sido destruídas na Segunda Guerra Mundial.

O propósito principal dessas viagens educativas tinha mudado, já que não eram mais apenas viagens de aprendizado, mas, sim, oportunidades para comprar equipamentos e tecnologia que não existiam no Japão, e para buscar tecnologia avançada, principalmente na Inglaterra e na Alemanha. Foi em uma dessas viagens, no fim dos anos 1950, que Soichiro Honda trouxe maquinário para melhorar e aumentar a produção de motocicletas, apesar da despesa tê-lo levado à beira da falência.

Os japoneses estavam interessados em ver o quanto o Ocidente estava avançado em relação ao país deles e o que os empresários estavam usando para melhorar a produção industrial e, acima de tudo, o estilo de vida.

Destino Colônia, via Le Mans

Masao Furusawa já tinha feito muitas viagens para a América quando, em maio de 2003, voou para a Europa para conhecer o time, os pilotos, os técnicos e os dirigentes no GP da França. Ele estava no Velho Continente não para buscar tecnologia, mas, sim, para reunir informações que poderiam ser utilizadas durante a reorganização de vários departamentos em Iwata. Sua programação incluía uma visita à sede da equipe Toyota da F1, que foi construída em Colônia, na Alemanha, no entanto ele ainda estava falando com seus conterrâneos, e não com estrangeiros. Toyota e Yamaha têm uma relação próxima, sobretudo porque a gigante automotiva investiu significativamente na Yamaha Motor.

"A Yamaha vende motores para a Toyota e negocia em nome da Toyota em alguns projetos avançados, como novos tipos de motores ou componentes especiais para melhorar o chassi", explicou Furusawa. "A Toyota é maior que a Yamaha, então às vezes é difícil para a companhia se mover rapidamente. É por isso que a Toyota conta com a Yamaha, que pode desenvolver alguns projetos mais facilmente. É um pouco como as pessoas: algumas são poderosas, mas muito grandes e, por isso, têm dificuldades para se mover, enquanto outras têm menor força física, mas se movem mais rapidamente. Cada tipo tem suas vantagens, e assim a combinação das duas categorias funciona bem. Deve ser dito, entretanto, que muitas vezes a Yamaha é que foi útil para a Toyota, mais do que a situação contrária: pode parecer estranho, mas a Yamaha também projetou e construiu motores para carros e supercarros que eram produzidos pela Toyota. Muitos anos atrás, a Yamaha até mesmo construiu um motor de F1 para a Tyrrell, mas a Toyota nunca esteve envolvida nos nossos projetos para a MotoGP."

A filosofia da Toyota, no entanto, continua a ter uma influência significativa na Yamaha e também em Masao Furusawa. "Meu método, em geral, é baseado na lógica e no conhecimento, mas não me oponho a nada que não tenha uma evidência que sugira que não vai funcionar. Eu estudo e testo o novo protótipo e aí, se funcionar bem, uso – sem exceção. Fiz isso com a M1 e, em geral, em todos os aspectos da minha missão, mas basicamente você pode dizer que apliquei o Kaizen ao motociclismo."

Mudança para o melhor

O *Kaizen* é internacionalmente conhecido no mundo das indústrias, em parte porque é associado ao toyotismo. A palavra deriva da composição de duas palavras: *kai* (mudança) e *zen* (melhor) e indica um método de melhora contínua que nunca é interrompido.

"Nos meus 37 anos com a Yamaha, projetei motores, chassis e suspensões, desenvolvi tecnologia de *software* e reorganizei departamentos", enumerou Furusawa. "Tive de encontrar formas de financiar meus departamentos, incluindo o P&D. Quando assumi o grande desafio em 2004, decidi colocar toda minha experiência em uso. Você pode dizer que eu apliquei o *Kaizen* a tudo: na organização e no projeto da M1."

Um conceito filosófico transformado em realidade, o *Kaisen* é baseado no princípio de que o resultado de uma empresa é atingido não só por meio da gestão, mas também trabalhando diretamente no produto. A gestão não deve apenas administrar o processo de produção; ela também precisa do apoio ativo daqueles diretamente envolvidos na produção. Isso era exatamente o que Masao Furusawa pensava quando começou a estudar e projetar o que se tornou sua obra-prima: a fusão do P&D e do Departamento de Corridas.

O *Kaisen* da Toyota – a Bíblia para a indústria japonesa – está intimamente ligado a alguns conceitos muito conhecidos: Gestão de Qualidade Total, *Just in Time* (produzindo sob demanda, minimizando estoques) e *Kanban* (reintegração constante de matérias-primas e produtos semiacabados). Estas são as bases para o Sistema de Produção da Toyota (TPS, na sigla em inglês), também conhecido como Toyotismo, como oposição do Fordismo, que surgiu com a invenção norte-americana das montadoras de Henry Ford.

Imediatamente após a guerra, a Toyota – assim como muitas outras fábricas – não tinha recursos, e é por isso que a criação do TPS é a ideia do "fazer mais com menos", o que significa usar os recursos disponíveis da maneira mais eficiente. Os japoneses são obcecados por recursos, porque sua terra produz muito pouco. O imperativo, assim, foi e sempre é o mesmo: eliminar o desperdício. Se, de acordo com o Fordismo, a meta era maximizar o trabalho feito no produto, com o Toyotismo a meta é eliminar tudo que não é necessário. Para atingir esta meta, utiliza uma abordagem baseada na melhora contínua e em um processo passo a passo: precisamente, o *Kaizen*.

O TPS também é chamado de "Sistema 5S", porque é baseado em cinco princípios: *Seiri* (separação), ou a eliminação de tudo que não é útil ao processo e que, portanto, cria confusão e desperdiça recursos; *Seiton* (reordenação), ou substituição do que é útil; *Seiso* (limpeza), porque um ambiente ordenado é um ambiente que não esconde ineficiências; *Seiketsu* (uniformização), ou definir métodos repetitivos para serem utilizados para continuar a racionalização de recursos e de espaço; e *Shitsuke* (espalhar), para garantir que esta maneira de pensar ou agir seja penetrante em todas as atividades comerciais.

O Sistema de Produção da Toyota foi inventado no fim dos anos 1940 e 1950, pelo herdeiro de Sakichi Toyota, Kiichiro.

No Japão, Sakichi Toyota é chamado de "rei das invenções de japonesas" e, como fundador da Toyota Industries, é considerado o pai da Revolução Industrial do Japão. Sakichi Toyota fundou a Toyota Automatic Loom, uma companhia que produzia teares para a indústria têxtil, e a instalou em Koromo, um importante centro de produção de seda. Entretanto, com a queda na demanda por seda crua no Japão e no exterior, a cidade entrou em uma fase de declínio gradual, o que encorajou a família Toyota a procurar uma atividade alternativa e eles decidiram focar na produção de veículos a motor. Em 1937, fundaram o que se tornaria a Toyota Motor Corporation.

O nome da família é Toyoda, mas, quando a empresa entrou na indústria automotiva, eles mudaram um pouco o sobrenome "para distinguir entre a vida privada e o trabalho dos fundadores", para uma pronúncia mais fácil e, finalmente, para iniciar o negócio com um bom presságio: oito é um número de sorte no Japão e com o kitakana (um dos três tipos de escrita japonesa, junto com o kanji e o hiragana), Toyota é escrita com oito traços, enquanto Toyoda não é.

Se o inventor do Sistema de Produção Toyota era filho do fundador, Taiichi Ohno foi o homem que, efetivamente, deu um grande impulso, o transformando em uma real filosofia de negócios que iria revolucionar a organização de muitas empresas. Quando era um jovem engenheiro, Ohno foi contratado para cuidar da produção dos teares, mas em 1943 mudou para o Departamento Automotivo e ajudou a revolucioná-lo.

A companhia, que se tornou a maior fabricante de carros do mundo no fim de 2008, em 1959 dominou a cidade, a qual deu seu nome – Koromo, de fato, se tornou Toyota.

Apesar de a cidade de Toyota não ser especialmente longe de Iwata, Furusawa teve de viajar para a Europa para visitar a Divisão de Corridas de F1.

"Em 2003, existia a possibilidade de adquirirmos tecnologia para nossa moto da MotoGP, que tinha de ser projetada de uma maneira mais moderna, então meu supervisor me disse que valia a pena ver como a Toyota se organizava para a F1", contou Furusawa. "Na Europa, consegui coletar informações sobre logística e organização de trabalho. Em resumo, foi possível aprender algo. A Toyota tinha investido uma quantia enorme de dinheiro em um projeto que empregava 600 pessoas. Fiquei impressionado com a organização e com os prédios, que eram maravilhosos, e eles também tinham um bom túnel de vento. Mas, de um ponto de vista técnico, não obtive nenhuma informação relevante para aplicar no projeto de uma moto de corrida: conversar com os engenheiros não resultou em nada útil para ser transferido para o nosso projeto da MotoGP. Voltei ao Japão convencido de que nós poderíamos procurar a ajuda da Toyota para algumas coisas, mas que seria, essencialmente, por nossa conta."

Coração de mãe

Furusawa encontrou a sinergia perfeita com a companhia, de uma maneira incomum. Alguém pode pensar que a Yamaha é uma entidade enorme sem barreiras internas, mas este realmente não é o caso. Mesmo que cada acionista seja relevante para o outro, as duas entidades que fazem parte da corporação, Yamaha Motor e Yamaha Instruments, continuam independentes. A Yamaha Instruments encontrou uma maneira de destacar isso por meio de seus logotipos.

Cada um representa três diapasões, mas têm fundos diferentes e a maior diferença está na fonte do nome – para a Yamaha Motor, a parte do meio da letra M atinge a linha que delimita a base, enquanto com a Yamaha Instruments, isto não acontece. Além disso, a cor das marcas também é diferente: vermelho para a Yamaha Motors e roxo para a Yamaha Instruments.

Então existe a Yamaha Instruments, que produz instrumentos musicais (e também lida com escolas de música), e a Yamaha Motor, que produz motos e produtos relacionados.

Na realidade, elas não são gêmeas, já que sua relação é mais de mãe e filha. Este é um detalhe de não pouca importância. Os funcionários de Iwata se referem à companhia do outro lado do rio Tenryu, em Hamamatsu, usando o termo "empresa matriz" ou, simplesmente, "Instruments". Do outro lado do rio, simplesmente dizem "Motors".

Masao Furusawa esclarece perfeitamente esta relação entre as duas empresas:

"Às vezes existe uma tensão entre os dois grupos, porque as duas companhias têm uma relação que se inverteu ao longo do tempo. A Instruments é a mãe da Motors, mas, ao longo dos anos, a filha se tornou o dobro do tamanho da mãe. A Instruments perdeu poder e tem menos dinheiro disponível. Um dos maiores problemas, por exemplo, diz respeito ao uso dos logotipos dos três diapasões. A Instruments nos deu muitos belos presentes, tal como nosso logo e nome, mas a Motors não pode usá-los livremente. Nós devemos sempre pedir permissão – que frequentemente é negada –, para merchandising e roupas. A razão é que a Instruments tem de dar permissão aos revendedores. É por isso que não pudemos usar o logo no boné de Valentino em 2004. Eu falei com o Gibo, que sempre pediu uma grande soma de dinheiro para tudo, mas disse que nós poderíamos colocar o logo da Yamaha no boné que Valentino usava nos circuitos sem pagar nada. Quando disse isso para os meus colegas na Instruments, eles simplesmente disseram que nós não poderíamos usá-lo.

Então, nós chegamos em um paradoxo: no paddock, alguns vendedores comercializavam merchandising não autorizado com o logo da Yamaha e, ainda assim, nós não podíamos colocar o nosso logo no boné de Valentino, o nosso próprio piloto. Incidentes deste tipo acontecem continuamente."

Mais música do que motores

Graças ao nível de tecnologia que atingiram no desenvolvimento de instrumentos musicais, a Yamaha Corporation era, definitivamente, mais útil para Masao Furusawa, e para Valentino Rossi também, do que um *Golias* como a Toyota. Isso pode ser difícil de acreditar, dada a força e a competência da Toyota, mas Masao Furusawa explica:

"Quando me juntei à Yamaha Motor, ninguém tinha competência o suficiente para resolver os problemas relativos às vibrações, mas percebi que, do outro lado do rio, em Hamamatsu, estava a Yamaha Instruments. Aquela companhia que era, obviamente, muito competente no campo do som, e pensei que eles também poderiam nos ajudar com as vibrações. Eu pedi para ir vê-los, para poder estudar o som. Além do mais, entre 1973 e 1975, a Yamaha Motor era muito pequena, e não tinha instalações, enquanto a Instruments tinha uma boa infraestrutura e acesso a tecnologia de ponta."

"Sons e vibrações são muito relacionados, já que o som produz vibrações que se espalham pelo ar, e estudar o som também pode ser muito útil para entender o fenômeno associado com as vibrações produzidas por um motor ou uma moto. Partindo dessas considerações, experimentei algo incomum e muito interessante. Eles me mostraram salas especiais, como a Sala de Medição, onde o som é isolado, e a Câmara Anecoica, projetada para conter o som e as ondas eletromagnéticas, e onde há silêncio absoluto e não existe eco. Nessas salas, você pode medir o som puro produzido pelos instrumentos musicais, mas também por qualquer outro objeto."

"Depois de alguns anos, me tornei especialista no campo das vibrações, e em matemática também. Quanto mais estudava, mais conseguia resolver problemas. Desenvolvi um *software* para controlar as vibrações e foi nesse momento que o relacionamento entre o pupilo e o tutor se inverteu: muitos engenheiros da Instruments vinham a Motor para aprender como usar o meu *software*, que era útil também para problemas relacionados aos instrumentos musicais. Ao longo do tempo, a relação se intensificou. Por exemplo, sempre houve cooperação para o design de silenciadores e sistemas de exaustão, e nós começamos a usar a mesma tecnologia necessária para criar difusores de som que eram de tamanho pequeno."

A Yamaha Instruments também teve um papel importante em 2003, quando Furasawa começou a projetar a M1 de 2004 para Valentino:

"Como a moto tinha problemas enormes com ruídos mecânicos e vibrações, decidi explorar meus estudos naquele campo. E, consequentemente, comecei a ir para Hamamatsu e usar a Sala de medições e a Câmara anecoica outra vez. Graças a essa colaboração com a Instruments, consegui eliminar esses problemas que tinham sido um pesadelo para os pilotos em 2003."

MotoGP-DO

Orçamento recorde

O verão de 2003 estava se aproximando e Masao Furusawa começava a planejar sua "revolução", mas começava a sentir que as corridas estavam absorvendo muito de seu tempo. Algo estava claramente mudando. Ele ainda não amava as corridas, mas seu interesse e envolvimento estavam começando a crescer. Os dias em que ele tinha feito todo o possível para evitar as corridas estavam muito distantes!

"Eu nunca me interessei pelas corridas, porque as pessoas que trabalhavam naquela área não me convenciam", disse. "Eles faziam coisas estranhas e gastavam uma quantidade enorme de dinheiro, enquanto eu estava sempre precisando de fundos para pesquisa e desenvolvimento. O orçamento deles era mais alto, e a maior parte daquele dinheiro era desperdiçado, enquanto eu lutava para fazer o meu departamento sobreviver. Também tinha alguma coisa errada com a organização e, na verdade, quando comecei a prestar atenção nos vários departamentos, percebi que o caos reinava. Tudo era feito por acaso, não tinha uma abordagem científica e as decisões eram tomadas sem um sentido lógico. É por isso que a M1 era um desastre e nós não vencíamos."

Desta vez, entretanto, Masao Furusawa não tinha limites. A Yamaha precisava começar a vencer o mais rápido possível e, assim, ele podia ousar. O orçamento que agora tinha à sua disposição não era racionado como no passado, já que os custos não eram mais uma preocupação ou um limite. Pedir mais dinheiro aos executivos se tornou quase uma missão diária e, semana após semana, mês após mês, Furusawa conseguiu o que nenhum outro dirigente em sua posição jamais conseguiu. Mais e mais dinheiro era investido em seu projeto e finalmente seu orçamento se tornou o maior jamais investido por uma fabricante de motocicletas em uma única temporada: "O montante atingiu 60 milhões de euros", revelou Furusawa, indicando uma quantia que, naquela época – no final de 2003 – era de aproximadamente US$ 90 milhões ou 7,5 bilhões de ienes. Na história das corridas de moto, nenhuma montadora jamais tinha investido tamanho orçamento em uma única missão.

Um risco enorme

Furasawa sabia desde o início que estavam pedindo para ele jogar um jogo difícil e até mesmo arriscado, porque os riscos eram muito altos. Ele jurou para si mesmo que jamais seria desencorajado pelo medo do fracasso, mas não era sempre fácil para ignorar uma enorme pressão. Era inevitável, porque quando você obtém certos favores e recebe um poder quase absoluto, as consequências do fracasso são grandes.

Furusawa sabia que teria de recorrer a toda sua experiência, suas crenças e habilidades. Imediatamente pensou no samurai e nos anos que devotou ao aprendizado das artes marciais, como o caratê, por meio do qual ele, assim como os guerreiros antigos, adquiriu um bom controle da mente.

Ele também lembrou que, em seus 30 anos trabalhando na Yamaha, tinha resolvido todo tipo de problemas, em parte devido à sua formação cultural.

"Sempre estive convencido, e durante os meus anos na MotoGP essa convicção se reforçou, de que posso resolver quase todos os problemas de engenharia, porque adquiri tanto o conhecimento como o método de trabalho", afirmou Furusawa, sem falsa modéstia.

A curiosidade e o interesse de Furusawa em arte, história e culturas diferentes da sua, o levaram a adquirir conhecimento e a continuar alimentando sua habilidade de chegar à raiz do problema, separá-lo e, finalmente, eliminá-lo. Encarando sua nova aventura, Furusawa estava animado em pensar que, para se dar a melhor chance de sucesso, só precisava agir da forma como sempre agiu.

Ele continuaria seguindo o seu *do*, o seu método.

"No Japão nós temos muitas atividades culturais e cada uma delas tem o seu código. Para cada uma dessas atividades existe um cerimonial. Por exemplo: na cerimônia do chá existe uma maneira especial de provar, com gestos precisos realizados em uma atmosfera que ajuda a manter a mente relaxada. Na nossa linguagem, nós identificamos esta maneira de fazer as coisas pelo sufixo 'do', que adicionamos às palavras. É o equivalente ao chinês 'tao'. Por exemplo, para o caratê, é carate-do, assim como há o ju-do; o ka-do (também conhecido como ikebana), a arte de criar decorações florais, enquanto sho-do é a arte da caligrafia, que é muito importante para a nossa cultura. Não tem a ver apenas com escrever, mas também com ensinar sobre como segurar um pincel e muitas outras regras."

"Na Yamaha, tentei o meu próprio *do* para atingir as metas que tinha em mente. Posso dizer que inventei um MotoGP-do, onde a meta era agir de acordo com a lógica e prioridades programadas. Como me foi dada soberania, decidi que tinha de cuidar de tudo. Eu comecei com problemas internos – a organização dos departamentos e a seleção dos recursos humanos. Depois, tinha de redesenhar a moto e, finalmente, tínhamos de redefinir o time e a modernização técnica da nossa subsidiária italiana."

"Para o projeto da M1, tentei permanecer compatível com o Yamaha-do, ou o nosso conceito da moto. Mais tarde, apliquei o mais alto padrão ao nosso chassi enquanto desenvolvia o motor, porque queria ser coerente com a excelente qualidade das tradições da Yamaha; engenheiros devotam uma grande atenção ao chassi e à suspensão, e seria uma pena desperdiçar tão útil conhecimento."

"Dentro do Departamento de Design, eu queria que jovens engenheiros trabalhassem com os mais velhos, porque o que realmente importa é a continuidade. Procurei o equilíbrio certo entre as forças. Escolhi pessoas que se interessavam pelas novas tecnologias e eletrônica, mas também mantive os veteranos, porque nós precisávamos de força combinada com experiência."

"Como chefe do Departamento de Corridas, escolhi pessoas que tinham crescido dentro da Yamaha, pessoas em que podia confiar para me ajudar a reduzir o tempo e a energia desperdiçados. A meta era sempre a mesma: melhorar o produto." Mais uma vez, vemos *Kaizen* em ação: melhoria contínua, sem distorção.

Entrevistas exclusivas

Uma das características singulares de Masao Furusawa era seu método de entrevistas, que ele usava tanto nas reuniões no Japão como na Europa.

Ele começou em Iwata, ligando para todos os funcionários de departamentos potencialmente úteis. Cada um deles tinha uma entrevista de cerca de 15 minutos e, depois destas conversas, Furusawa selecionou sua equipe, sem compromissos.

"Alguns disseram que 15 minutos não eram o suficiente para entender um indivíduo, mas eu tinha de encontrar mais de cem pessoas, e não tinha escolha. Algumas pessoas que excluí do grupo reclamaram: 'Eu tenho de mudar de divisão depois de uma conversa de apenas 15 minutos?' Então aceitei a minha responsabilidade e disse a eles que não estava 100% certo, mas que achava que a MotoGP não era o lugar para eles. Em minha opinião, poderiam fazer melhor em outro departamento. Selecionei aqueles que considerava que eram necessários e removi os que achava que eram prejudiciais para o departamento. Excluí muitos engenheiros e técnicos com grande experiência em corridas – queria pessoas com um pensamento mais moderno, mais lógico."

Furusawa selecionou muitos engenheiros eletrônicos, gerentes de tecnologia da informação e engenheiros interessados em projetos de alta tecnologia. Ele esperava mudar a mentalidade da Divisão de Corridas que, na época, não atendia às expectativas da companhia. Isso marcou o início de uma guerra implacável contra Furusawa, travada com ataques diretos e por meio da diplomacia corporativa.

"Eu rapidamente percebi que muitos engenheiros não me respeitavam: senti que não podia fazê-los confiar em mim e tinha certeza que isso acontecia porque eu não tinha experiência com corridas. De acordo com meus detratores, a companhia tinha cometido um erro enorme ao me escolher para uma missão tão importante, porque eu só tinha uma abordagem teórica das corridas, sem nenhuma experiência em competição ou com problemas relacionados a ela."

Existia outra razão para Furusawa ser inicialmente tão impopular:

"As pessoas não gostavam de mim porque eu expressava as minhas opiniões livremente, até o ponto de dizer para vários engenheiros que seu método de trabalho estava errado e que havia sido por isso que eles tinham desperdiçado tempo e dinheiro por mais de dez anos."

Em suma, ambição e orgulho levaram Furusawa a destruir um equilíbrio preestabelecido e desestabilizar uma divisão inteira. Ele era visto como uma pessoa intrometida, um idealista que tinha decidido mudar tudo, como se tivesse sido atingido por uma súbita iluminação, vindo de uma terra de sabedoria para espalhar uma nova verdade.

Furusawa, sem dúvida, era um revolucionário, mas, acima de tudo, ele queria cumprir seu dever: tinha de reorganizar os setores técnico e de competição e fazer a Yamaha vencer o Mundial de 2005 da MotoGP. No entanto, seu entusiasmo e seus slogans inspiradores surpreenderam a todos – durante as reuniões, ele repetia constantemente que "o único lugar que importa nas corridas é o meio do pódio, qualquer outro lugar não faz sentido!".

"Muitas pessoas se ofendiam com as minhas palavras. Sabia que elas podiam ser irritantes para alguns, mas eu pensava e, mais do que tudo, esperava, que as minhas palavras pudessem ao menos ajudar a motivar alguns novatos. Minha missão era mostrar o caminho certo e vencer. Enfrentamos oponentes fortes, principalmente a Honda, e não podíamos mais nos dar ao luxo de nos atrasar. O resultado? Alguns engenheiros me seguiram, muitos foram na direção oposta e outros passaram seu tempo reclamando de mim. Durante 2003, era fácil para os meus oponentes me atacarem, porque os nossos resultados não chegavam nem perto. Mas não era minha culpa, pois aquelas derrotas eram resultado de decisões tomadas por outras pessoas, antes de eu chegar." Os oponentes de Furusawa não podiam combatê-lo, e decidiram isolá-lo. Esperavam que ele caísse com o peso da responsabilidade que tinha assumido, condenado por sua própria mania de sucesso.

Durante a fase inicial, Furusawa formulou um cronograma de longo prazo, estabelecendo metas para as futuras temporadas também.

"Ao longo dos anos, não aumentei o número de pessoas, mas dei a elas diferentes funções conforme melhorava o processo de trabalho. Na primavera de 2003, depois das entrevistas, meu grupo era formado por cem pessoas e gradualmente o reduzi para menos de oitenta até 2010. Cada engenheiro aos poucos adquiriu mais poder e, então, o número de engenheiros necessários diminuiu. Eu mostrei a eles como proceder, e eles continuaram seu caminho. É outro princípio do *Kaizen*: aumente a eficiência eliminando defeitos. É claro, consegui aplicar esse sistema porque os engenheiros de Iwata – dos engenheiros de motor aos de chassi – eram muito habilidosos. Foi a mistura de suas consideráveis habilidades e as minhas próprias ideias que levaram à criação da M1 de 2004."

A gestão interna do projeto da MotoGP começou a funcionar depois que Furusawa selecionou os supervisores em 2003. Ele imediatamente nomeou Shigeto Kitagawa e Masahiko Nakajima como líder do grupo e líder do projeto da M1, respectivamente, por causa da experiência deles em competição.

Furusawa manteve a direção do P&D (a divisão de Pesquisa e Desenvolvimento), trabalhando em projetos avançados do design da moto, sistemas de computação e controle eletrônico, especialmente relacionado à pesquisa de consumo de combustível. Este último iria, eventualmente, ter uma importância crucial.

A história se repete

Todos atentos

Durante as 12 horas de voo para a Europa e depois de carro para completar sua longa jornada até Le Mans, Masao Furusawa definiu os detalhes finais de seu plano.

Agora que tinha todas as informações de que precisava para poder começar a seleção das novas pessoas para seu departamento em Iwata, tinha chegado a hora de entender exatamente o que se passava na Europa, na subsidiária responsável pelas corridas e, é claro, o que estava acontecendo com o time.

Se ir para a corrida de Suzuka tinha sido uma viagem prazerosa, só algumas horas de carro desde sua casa em Fukuroi, desta vez Furusawa ia participar de seu primeiro GP como chefe do Departamento de Corridas de Iwata. Agora tinha uma credencial com acesso total, e acompanharia a corrida do pit-wall, depois de checar diretamente o trabalho dos engenheiros.

A partir desse momento, ele estaria no comando de todas as decisões importantes, enquanto questões simples foram deixadas para outras pessoas. Ele sabia disso antes de deixar a Europa e recebeu a confirmação assim que chegou no paddock em Le Mans.

Sua presença não foi apenas anunciada, foi completamente organizada – o homem que em 1º de maio tinha se tornado chefe do projeto da MotoGP e da Divisão de Desenvolvimento de Tecnologia estava indo para a pista de corrida para melhor entender a situação. O time trabalhou para recebê-lo da melhor forma possível e Masao Furusawa imediatamente pareceu amigável, mas sério, poderoso e bastante determinado a mudar as coisas. Ele tinha se tornado responsável por todas as decisões relativas ao time, e se portava como tal.

Ele queria entender o que estava errado com a moto, mas também os que os membros e dirigentes do time vinham fazendo até o momento. Não queria fazer rodeios; e deixou perfeitamente claro desde o início o que estava tentando alcançar, apesar de estar encarando os mais difíceis desafios.

Então exportou seu *do* – isto é, seu método, no qual entrevistas individuais tinham um papel central – fora de Iwata. Estas reuniões sempre aconteciam de forma privada, porque sua abordagem exigia entrevistas cara a cara, sem a influência de outras pessoas. Piloto por piloto, dirigente por dirigente, ele selecionou e gravou informações. Algumas eram interessantes, outras triviais e muitas entrevistas eram importantes, porque o ajudaram a definir como teria de manobrar.

Ele buscava entender o que teria de mudar imediatamente, e ao que poderia se dar ao luxo de recorrer durante períodos menos desafiadores. Estava ciente de que para uma revolução daquele tamanho, também teria de encontrar outros pilotos – precisava de pelo menos um que estivesse ansioso para pilotar a M1 com motivação nova –, mas essa não era sua principal prioridade. O "piloto" ocupava o último lugar em sua lista de prioridades, aparecendo atrás de "nova organização" e "moto".

O que você não espera

Durante suas entrevistas com o pessoal-chave da equipe, Furusawa também encontrou o diretor do time, de quem esperava obter informações reveladoras sobre a atitude desanimada da equipe.

Sentiu que estava se encontrando com alguém que estava ensaiando para aquela reunião há um longo tempo. Davide Brivio, de fato, não esperou por um convite. "Acredito que temos de contratar Valentino Rossi", disse, com a voz calma, mas com o coração latejando, e Furusawa teve um momento de desânimo.

O novo líder já sabia muito sobre o homem que estava no comando do time nos circuitos, mas esta atitude, definitivamente, o pegou de surpresa. Para ele, Davide Brivio parecia bem-educado e cortês, mas ao mesmo tempo era dinâmico e trabalhador. Certamente, ele estava ansioso pela redenção.

Mantendo uma atitude neutra, Brivio ofereceu evidências de seu forte conhecimento do ambiente das corridas. Ele trabalhava para a Yamaha havia onze anos – tinha sido contratado em 1992 como coordenador do time da Superbike e organizador de eventos, e tinha escalado os degraus para eventualmente atingir o topo do time mais importante da companhia, aquele envolvido na MotoGP.

Davide Brivio é de Brianza. Nasceu em 17 de julho de 1963 e foi criado em Monza, mas não foi atraído pela velocidade por causa da famosa pista de corrida, como você pode esperar.

Quando garoto, começou a se interessar nas categorias off-road, motocross em especial. Quando tinha 12 anos, começou a ler as revistas de seus amigos, e adorava recortar as fotografias dos pilotos e colar em seu caderno. Ele se dedicava aos estudos científicos, se formando em ciência da computação. Durante seus anos de escola, sua paixão pelas motos crescia, ao ponto em que era normal para ele encontrar um trabalho relacionado às corridas de moto.

Em 1993, aos 30 anos, se tornou diretor da equipe da Yamaha que competia no Mundial de Superbike, com Fabrizio Pirovano e Massimo Meregali como pilotos. Quando Meregali desistiu das corridas, refez os passos de Brivio, se tornando primeiro diretor de equipe no Mundial de Superbike e aí, em 2011, chefe da equipe da Yamaha que competia na MotoGP.

Na Superbike, o time de Brivio incluía pilotos como Colin Edwards, Wataru Yoshikawa, Scott Russell, Noriyuki Haga e Vittoriano Guareschi, "Vitto" para os amigos, que, em 2010, se tornou o novo diretor de equipe da Ducati.

Entre as pessoas empregadas na Superbike, Brivio foi o primeiro dirigente a se transferir para o Mundial de GP.

Ele começou em 2001 como conselheiro da equipe Red Bull, com Haga como piloto na classe rainha, que na época era o reino das 500cc dois tempos. No ano seguinte, a Yamaha entrou na nova era da MotoGP, e Brivio se tornou o diretor do time Marlboro Yamaha, com Max Biaggi e Carlos Checa na primeira versão da M1 – a moto que sofreu bastante em 2002 e 2003 com a superioridade técnica da Honda RC211V e os talentos de Valentino Rossi.

Quando Brivio falou com Furusawa pela primeira vez, em Le Mans em 2003, os pilotos da Yamaha eram Marco Melandri e Checa. O time satélite da Tech3 incluía Alex Barros e Olivier Jacque. O time privado D'Antin tinha uma quinta moto para Shinya Nakano.

Havia alguma diferença de idade entre os dois – Brivio tinha 40 anos na época, Furusawa 53 –, mas, depois de alguns minutos, os dois sentiram que tinham coisas em comum. As primeiras impressões foram boas. Furusawa imediatamente sentiu que, por trás de sua atitude cortês e respeitosa, Davide Brivio escondia um temperamento forte e corajoso.

Sua ação imediata diante do superior japonês que ele ainda não conhecia tinha um objetivo específico. Aquele novo líder tinha anunciado anteriormente que estava ansioso para mudar as coisas radicalmente, e então Davide pensou que não haveria momento melhor, e nem uma condição mais favorável para dar vida ao seu projeto, do que no contexto de uma restauração.

"Nós precisamos vencer assim como precisamos respirar", disse Brivio, demonstrando sua concretude. "Desde Wayne Rainey, a Yamaha sempre foi uma pretendente ao título, nunca a vencedora. Já faz onze anos que a Yamaha não vence, e acho que, além de atualizações técnicas, nós agora também devemos pensar na importância do piloto. Precisamos de alguém que seja capaz de melhorar a moto e depois pilotá-la para vencer."

"Bom ponto...", disse Furusawa, mas Brivio não deu a ele a chance de continuar.

"Estou convencido de que esta é a solução. Estou pensando nisso já tem um tempão, e sei que só existe um piloto no mundo capaz de fazer isso. Nós precisamos de Valentino Rossi, porque não tem ninguém como ele."

A chegada de um superdirigente que estava completamente inconsciente de seu projeto, ambicioso a ponto de se aproximar da utopia, deu a Davide a oportunidade de voltar a um jogo que parecia terminado após GP do Japão, no começo de abril. Durante aquele período significativo e esclarecedor para Furusawa e a Yamaha, o conselho executivo da Yamaha, por meio do gestor europeu da MotoGP, Lin Jarvis, expressou a Brivio seu total ceticismo sobre esta operação.

"Sei que estava sonhando acordado sobre Valentino pilotar pela Yamaha", admitiu Brivio, se referindo à sua primeira reunião com Furusawa, "mas foi naquele momento que percebi que, às vezes, o impossível pode acontecer."

O número vencedor

Brivio terminou sua explicação e Furusawa permaneceu calado por alguns segundos. Então, avaliou rapidamente as apaixonadas palavras de Brivio e reagiu de uma maneira imprevisível.

"Você sabia que, em 1997, ganhei o Campeonato Mundial de Snowmobile?"

"Não, não sabia. Quem era o piloto?", perguntou Brivio.

"Um norte-americano."

"Sério? E quem era ele?"

"Chris Vincent."

"Ah, interessante", disse Brivio, tentando não parecer indelicado.

"Então... você não pode sequer imaginar que o piloto tinha o número 46...", concluiu Furusawa com um sorriso bobo. Brivio estremeceu, ficando mais envolvido na história. "Uau, ele gosta da ideia de Vale usar o 46", pensou, com uma explosão de esperança renovada.

Na verdade, Furusawa estava impressionado com a coincidência, e continuou com sua história. "Eu tinha um papel gerencial em 1996, mas como não conseguia evitar projetar alguma coisa, inventei um novo sistema de absorção de impacto para snowmobiles. A Yamaha queria lançar uma nova geração de snowmobiles e foi nesse ano que começamos a competir nas corridas. Contratei um norte-americano que vivia em Nova York e que competia com o número 46. No ano seguinte, em 1997, nós conquistamos o título."

"Você sabia que Valentino ganhou seu primeiro título em 1997, quando estava nas 125cc?", perguntou Brivio. Furusawa sorriu e ficou impressionado com a coincidência, que era realmente incrível.

Durante sua jornada de volta ao Japão, o novo líder começou a pensar nas palavras de Brivio em relação à importância do piloto. Isso é, a singularidade de Valentino Rossi e seu potencial de influenciar no projeto que Furusawa tinha em mente. Ele se viu um pouco intrigado, pois acreditava que poderia adiar ter de enfrentar o problema do piloto. Agora, entretanto, quanto mais pensava sobre isso, mais percebia que o assunto era urgente. Brivio o tinha levado a considerar algo que o japonês frequentemente subestimava: a importância da orientação do piloto em como desenvolver a moto, não apenas em como acertá-la durante a corrida.

"Planejando a minha missão, comecei com os problemas técnicos e logísticos, mas logo percebi que não poderia completar este trabalho sem um piloto. Na realidade, na época, o caos reinava, porque os pilotos tinham opiniões inconsistentes, o que tinha uma influência ruim no trabalho dos engenheiros. Na época, os engenheiros trabalhavam com métodos antigos e também eram privados de qualquer motivação. Percebi que Davide estava certo. Ao falar sobre Valentino, ele, de repente, me permitiu ver um novo horizonte que ainda não tinha explorado."

Um presente de Natal

Uma M1 embaixo da árvore

O fato de o mundo ocidental ter parado todas suas atividades na terça-feira, 25 de dezembro de 2003, por conta de celebrações religiosas, lançou um ar extra de mistério no debute da OWP3 (o código da M1 de 2004).

O dia de Natal no Japão, onde as principais religiões são o xintoísmo e o budismo, é, na verdade, um dia desprovido de significado espiritual. Em 2003, entretanto, o dia era muito importante para Masao Furusawa e seus leais colegas. Depois de um esforço significativo, e de lutar praticamente com todo mundo, inclusive dentro da Yamaha, Masao Furusawa e sua equipe finalmente testemunharam a primeira M1 da nova geração rodando na pista.

Resultado de um projeto revolucionário, a nova M1 seria guiada e desenvolvida por Valentino a partir do próximo mês, na Malásia, e alinharia para o Mundial de 2004. Mas ainda não era o que Furusawa queria que fosse. Em 2003, ele tinha dedicado tanto tempo à reorganização do R&D, da Divisão de Corridas e do time, que a nova moto foi desenvolvida em uma condição de emergência. Ele preferia ter desenvolvido sua primeira moto de GP de uma maneira completamente diferente.

A M1 estreou na pista de Fukuroi, onde todos os principais projetos da Yamaha dão seus primeiros passos, e onde os técnicos têm todos os dados de que precisam para avaliar o progresso da nova M1.

Entre todos os circuitos da Yamaha, Fukuroi é o mais utilizado pela Divisão de Corridas, porque fica a apenas 20 minutos de carro da fábrica, nas colinas acima de Iwata. O circuito foi completado em 1969 e seu conceito é a moda antiga – tem um design rápido e com subidas e descidas técnicas, mas com pouca área de escape. Sua forma em oito (como Suzuka) abre caminho na província de Iwata, por meio de campos de melões e chá verde – produtos que são orgulhosamente distribuídos por todo o país.

O dia de Natal foi abençoado com a temperatura média padrão de Shizuoka, que pode ser agradável mesmo no fim de dezembro, quando a temperatura média durante o dia é por volta de 13°C, mas atingir 20°C. Dezembro é também o mês menos chuvoso do ano.

Porém, em caso de clima ruim, mesmo com o *Enshu Karakkaze*, o frio vento do inverno na região costeira, o primeiro teste da M1 não poderia ser adiado. De um jeito ou de outro, ela teria de ir para a pista.

Incrível, mas verdadeiro

Masao Furusawa estava perto de concluir um 2003 muito desafiador. O ano tinha sido exaustivo para ele, física e psicologicamente, mas a missão que tinha aceitado oito meses antes nunca saiu de sua mente, nem por um dia.

Apesar de ele ter se cercado por homens que acreditavam em sua causa, Furusawa sempre teve de confiar basicamente em si mesmo. Desde julho, esteve lutando por suas ideias e, enquanto se preparava para o maior desafio, estava ciente de que todas aquelas pessoas que havia ignorado ou substituído, poderiam potencialmente feri-lo ou tirar vantagem de seus momentos de fraqueza. De fato, perto do fim de 2003, apenas um mês antes de Valentino Rossi estrear com a M1, os poucos amigos de Furusawa e os muitos inimigos estavam sentados no muro esperando. Aqueles que esperavam pelo fracasso da estreia, no entanto, estavam decepcionados. "Os pilotos de teste saíram da moto e disseram que estavam chocados", disse Furusawa. "Balançando suas cabeças, não podiam entender como uma moto que não tinha lhes dado a sensação de velocidade podia, na verdade, melhorar seu tempo de volta."

A combinação de um novo chassi com um novo motor deixou a M1 muito melhor do que ela jamais havia sido e todos, imediatamente, perceberam algo que Valentino também notaria mais tarde. Quer você estivesse pilotando ou assistindo, a nova moto não parecia ter uma performance excepcional, mas o cronômetro mostrava que era o contrário.

"A OWP3, a nova M1, baixou seu tempo de volta em 1s graças ao novo motor, e quando aquele novo quatro cilindros em linha foi montado no chassi que já havia sido testado na corrida de Valência, em novembro, os pilotos de teste baixaram seu tempo de volta em mais 1s. Isso porque o novo chassi melhorou significativamente a estabilidade durante a inclinação prolongada. A M1 havia dado um passo gigantesco à frente. Tamanha melhora é sempre baseada em algum detalhe técnico. Ao longo dos anos, aprendi que melhoras de meio segundo, cabem ao piloto, mas melhoras acima de 1s, são graças à moto."

Claro, um engenheiro tão esperto como Masao Furusawa entendeu que não deveria ficar tão animado.

"Eu sabia que se a moto competisse naquele momento, nós não iríamos vencer. Entretanto, criamos uma boa base para Valentino começar a desenvolver. Ainda assim, naquele dia, tive minha própria satisfação contra meus oponentes, que tinham críticado as escolhas que fiz no fim de abril. Minha ideia, o virabrequim de plano cruzado, permitiu aquele passo adiante. Aquela escolha levou a outras escolhas que também melhoraram o chassi. Aquela moto era resultado das minhas batalhas com os departamentos de design. A decisão de avançar com o quatro cilindros em linha com o novo virabrequim de plano cruzado foi minha. Lutei para manter o cabeçote de quatro válvulas e tive de me comprometer a introduzir uma nova geração de controle eletrônico e, também, por redesenhar o sistema de injeção."

Corrida contra o tempo

Aquela moto era resultado de uma coleção de informações que Furusawa tinha começado a reunir no início de maio, durante as conversas com os pilotos e técnicos em Le Mans, quando o design da M1 de 2004 tinha acabado de começar.

"Fiquei impressionado de que os nossos pilotos caiam frequentemente porque perdiam a frente, mas quando comecei a conversar com eles, descobri que reclamavam principalmente sobre a entrega de potência, que era muito ruim, principalmente das mais baixas para as mais altas rotações. Isso deixava a M1 muito difícil de controlar e, além disso, os pneus se desgastavam muito rápido e inexplicavelmente. Além disso, os pilotos reclamavam de uma falta de aderência crônica, que normalmente fazia a moto escorregar, em detrimento da aceleração. Falei com Barros, Checa, Melandri, Jacque, Abe e Nakano. Eles me disseram mais ou menos a mesma coisa: chassi ruim e motor ruim também. Praticamente nada estava certo... De acordo com eles, a moto tinha de ser completamente redesenhada."

Antes de impor uma mudança, entretanto, Furusawa tinha de entender se o projeto em si estava errado ou se apenas tinha sido desenvolvida da maneira errada. E a resposta veio assim que Furusawa começou a observar a M1 na pista.

"Os pilotos estavam certos: o chassi tinha de ser redesenhado e o motor também. Em resumo, a M1 tinha de ser praticamente redesenhada. Estimei que tinha menos de um ano a minha disposição, enquanto desenhar e construir uma moto de corrida completamente diferente levaria dois anos, pelo menos. Então imediatamente percebi que a M1 de 2004 teria de ser comprometida. Outros detalhes, como o trem válvula movido por engrenagem, viriam depois, com a M1 de 2005. Esta seria a moto que não podia falhar na missão de vencer para celebrar o 50º aniversário da companhia. O CEO deixou isso perfeitamente claro."

Furusawa logo percebeu que não seria possível criar uma moto vencedora para 2005 sem resolver todos os problemas que estariam na moto que iria disputar o campeonato de 2004.

"Como não havia muito tempo disponível, decidi que o novo chassi estaria pronto antes do fim da temporada de 2003, enquanto o motor viria no fim do ano. Consegui cumprir esses prazos. Para a última corrida, em Valência, na Espanha, entregamos o novo chassi ao time de fábrica. Queria confirmar o potencial dele o mais cedo possível. Foi usado na moto do Checa (que ficou em quinto), porque nós já tínhamos decidido que seria o companheiro de Valentino. O novo chassi foi completamente redesenhado: foi o primeiro pedaço da M1 de 2004. O motor foi concluído um mês e meio mais tarde. Por isso, em 25 de dezembro, colocamos a primeira versão da nova moto na pista."

A primeira satisfação de Furusawa chegou na hora, como um lindo presente de Natal, mesmo para alguém que não é ligado na religião ou na cultura católica.

A coragem de mudar

A árvore da discórdia

Quando Furusawa começou a trabalhar no projeto da M1 de 2004, descobriu uma situação que era uma espécie de caixa chinesa

– um problema escondendo outro – então, no fim, ele não sabia por onde começar.

"Quando eu intervia na suspensão, o chassi mostrava todos os seus limites, e quando começava a melhorá-lo, o motor parecia pior do que antes. De novo, com o design do motor, eu trabalhei de acordo com prioridades. Primeiro, foquei no virabrequim de plano cruzado, depois no controle eletrônico, aí em aumentar a potência e, finalmente, no trem de válvulas movido por engrenagem. Em 2004 isso não era essencial, já que as RPM (rotações por minuto) ainda não tinham atingido um nível alto o suficiente para enfraquecer o trem de válvulas movido por corrente. Pela mesma razão, ainda não estava pensando em usar a distribuição com válvulas pneumáticas; molas eram o suficiente na época."

"Desenvolvendo a primeira versão do motor da M1 em 2001, um grupo de engenheiros tinha tentado usar o trem de válvulas movido por engrenagem, combinando com um virabrequim convencional, mas foi uma ideia ruim, porque as flutuações provocadas pela rotação de sentido único fazia com que as engrenagens produzissem um grande ruído e criava muitos outros problemas. Foi por isso que pensei em um virabrequim de plano cruzado para uma rotação mais suave, e só aí, nos motores construídos a partir de 2005, considerei substituir o trem de válvulas movido por corrente por um movido por engrenagem, e o coloquei no centro. O virabrequim ocasionalmente torce, mas se você o coloca no centro, isso não acontece."

Nem todos os pilotos eram muito precisos em fornecer detalhes dos problemas da M1 e, acima de tudo, nunca concordavam nas coisas a serem modificadas. Entretanto, quando Barros apontou a frente como a maior fonte de problemas, Furusawa encontrou, ao menos, um ponto de partida.

"De acordo com ele, a frente não tinha aderência. Esta era a única sugestão específica e, graças a isso, descobri que o limite estava na distribuição de peso. Esta é uma das razões que me levou a usar o virabrequim de plano cruzado. Nós precisávamos aumentar o peso na frente, mas o virabrequim convencional estava fazendo com que a roda traseira perdesse aderência. Entretanto, se você colocasse o peso para trás, para ter uma melhor tração, aí você perdia aderência na frente. Era um círculo vicioso. Nós não conseguíamos superar isso. Os técnicos ficavam loucos tentando encontrar um equilíbrio, e só encontravam isso de vez em quando, com condições especiais de pista."

"Eu percebi que tinha de melhorar a tração sem aumentar a porcentagem de peso na frente. Com o piloto a bordo, a moto deve ficar próximo do neutro, 50-50, mas nós mudamos para 52-53% na frente com pneus Michelin, para 50-49% com os Bridgestone. Em 2003, ninguém pensou em alterar as percentagens de peso, e isso parecia uma coisa estranha. O fato é que tudo foi feito de acordo com estimativas. Nós ajustamos o acerto e foi isso. E os pilotos caiam – geralmente perdendo a frente."

A solução perfeita

Furusawa não tinha dúvidas: "O virabrequim de plano cruzado é a tecnologia-chave para um quatro cilindros em linha alcançar uma performance próxima a de um V4, com uma distribuição de peso mais eficiente." Também conhecido como eixo cruzado, o virabrequim de plano cruzado minimiza o torque inercial e otimiza o torque composto (a combinação do torque produzido pela combustão com o torque inercial).

"A vantagem de um quatro cilindros em linha é a possibilidade de usar um chassi mais compacto (assegurando uma melhor posição para a caixa de ar) e mover o centro de gravidade para frente, porque todos os cilindros estão inclinados para frente. Se nós tivéssemos construído um V4, a localização do centro de gravidade seria no meio: isso significa que uma moto V4 tem uma distância maior entre os eixos. Nós já tínhamos uma distância menor entre os eixos, mas não tirávamos vantagem disso. O virabrequim de plano cruzado nos permitiu usar uma distância entre eixos menor do que um V4, melhorando a tração. O V4 garante potência e maior desempenho. De fato, para 2004, buscava criar uma moto melhor para manusear, com um motor menos agressivo, uma moto que fosse mais fácil de pilotar. Só com o motor de 2005, eu buscaria potência. Essa abordagem funcionou realmente bem. Para 2004 foquei na velocidade de curva, e isso se mostrou ser uma boa escolha para Valentino, que é um piloto extraordinário, capaz de adaptar rapidamente sua forma de pilotar e explorar este novo recurso. Durante aquele campeonato, o manuseio da moto compensava sua falta de performance, no que diz respeito à velocidade máxima. Honda e Ducati eram mais rápidas, e seus pilotos normalmente ultrapassavam Valentino nas retas, mas ele recuperava nas curvas. Ficou claro, desde o início, que nós precisávamos modificar o motor para melhorar o manuseio, e foi durante essas discussões que tive a ideia de instalar um virabrequim que girava na direção oposta. Esta solução também derivou da necessidade de compensar o limite de potência com a manobrabilidade."

Furusawa estava inspirado por sua determinação em cumprir sua missão e isso, junto com sua independência e força, não facilitaram as coisas para ele. No Japão, as decisões são normalmente submetidas ao consentimento prévio e aprovação do grupo de trabalho. É a maneira de evitar que alguém se sinta totalmente responsável por qualquer fracasso. É por isso que o conceito de grupo é tão valioso. Furusawa respeitava isso. Ele não usava sua influência de uma maneira autoritária; ao contrário, só agia dessa forma depois de comprovar que não tinha outra possibilidade. Na maioria dos casos, usava algo diferente, mas talvez ainda mais poderoso – sua habilidade de persuadir por meio da força de sua coerente e correta lógica.

Ele estava perfeitamente ciente dos limites do método de trabalho japonês. Sabia quantos procedimentos poderiam ser atrasados, por exemplo, por causa de uma discussão de grupo ou uma avaliação. No início do verão de 2003, Furusawa tinha ideias e dinheiro, mas não tinha tempo, existiram ocasiões em que ele teve de decidir sozinho, apesar da orientação do grupo, e suas decisões não foram sempre bem-vindas.

Enquanto monitorava o grupo de engenheiros trabalhando no projeto do virabrequim de plano cruzado, também teve de brigar repetidamente com aqueles que achavam que o quatro cilindros em linha era um erro.

"O layout do motor foi intensamente debatido no P&D. Muitos engenheiros queriam projetar um motor em V completamente novo, porque queriam criar uma moto potente para finalmente vencer corridas. Esse grupo se apressou em fazer um para a M1 de 2004, mas eu pensava o oposto e insisti em um quatro em linha. Apesar de eu não ter puramente me imposto, estudei o assunto profundamente, porque não queria cometer erros por presunção. Quanto mais estudava, mais ficava convencido de que a minha opinião estava correta: o quatro em linha era melhor e oferecia inegáveis vantagens."

"A Yamaha 500 tinha um bom motor quatro cilindros em V (V4), mas aquele tipo de motor tinha uma razão para existir: os dois tempos. Para a MotoGP nós podíamos fazer algo diferente, e foi por isso que decidi que continuaríamos com o quatro em linha, em vez de realmente desenvolver um novo motor. O motor tinha sido construído em 2003, isto era óbvio, mas era um V4. Eu tinha dois fortes argumentos para apoiar as minhas escolhas: primeiro, minha base teórica, e segundo, mesmo que tivéssemos projetado um V4, não teríamos conseguido terminá-lo a tempo, por conta dos nossos prazos apertados – de apenas alguns meses. Expliquei claramente: 'Se construirmos um V4, não conseguiremos alcançar nossos concorrentes simplesmente copiando o design deles. Se tivéssemos criado uma versão do motor deles, o melhor que poderíamos aspirar era atingir a sua velocidade quando começássemos a desenvolver o motor. Enquanto isso, entretanto, eles melhorariam seu projeto, se tornando mais rápidos, e nós nos veríamos como os eternos rivais, sempre fracassando em superá-los'."

"Considero as motos da MotoGP como um trabalho em andamento. A performance das motos melhora a cada temporada, ganhando em média um segundo ou um segundo e meio; então, calculei que, em 2003, nossa moto parecia ter um atraso de um ou dois anos em relação aos nossos mais perigosos competidores, o que significava que tinha de encontrar algo para me dar uma vantagem de três anos: dois anos para atingir o nível deles, e mais um para ultrapassá-los. É por isso que nós não podíamos começar redesenhando completamente o motor, já que era tarde demais para tal manobra. Mais tarde, quando me vi outra vez nessa discussão, usei o exemplo da Kawasaki, que tinha copiado o nosso quatro cilindros e estava sempre atrás de nós."

Isso não é um videogame

A descoberta dos problemas no projeto da M1 de 2003 continuou com a eletrônica.

"A eletrônica do motor parecia um jogo da Nintendo. Teoricamente, era perfeita, mas não considerava o contexto de corrida ou condições climáticas, o que mudava continuamente. Além disso, todos os diferentes parâmetros eram independentes uns dos outros."

"Todos os pilotos com quem falei disseram que estavam perdendo muito tempo nos pits por causa do acerto eletrônico, e quanto mais eu tentava entender o sistema, mais entendia que era impreciso e ilógico. Era complicado demais, e eu soube imediatamente que seria melhor projetar um novo, algo um pouco mais fácil. Desta forma, resolvi um dos maiores problemas descobertos durante a temporada 2003."

"No inverno anterior eu já tinha lidado com o sistema de injeção eletrônica, apesar de não ter responsabilidade nenhuma pelo projeto da moto. Na verdade, aquele trabalho que organizei na minha nova Divisão de Desenvolvimento de Tecnologia, representava o primeiro estágio de evolução do projeto da M1. Foi quando a M1 fez sua estreia em 2002, conhecida como OWL09M1, alimentada por carburadores, mesmo que não fosse uma escolha muito racional. De fato, em 2003, eu tinha recomendado fortemente a injeção, que na verdade foi usada, mas no início essa tecnologia foi aplicada incorretamente, o que causou confusão e problemas intermináveis."

"De novo, começamos com o pé errado. Os engenheiros que trabalhavam no projeto da M1 inicialmente pensaram que o sistema de carburadores era melhor que a injeção eletrônica, porque o carburador é muito mais preciso na preparação da mistura. Mas os carburadores não podem lidar com as mudanças nas condições externas. A injeção eletrônica de combustível permite isso, graças ao controle do computador."

"O grupo que projetou a primeira M1 tinha tido uma experiência negativa com a R7, uma moto de rua que teve muitos problemas com esta área; então pensaram que a injeção de combustível não era uma boa ideia, ignorando que o problema real era culpa dos designers da R7. Eles trabalhavam sem muita atenção aos detalhes, um sistema que não era sofisticado o bastante. O grupo que projetou o motor quatro em linha para a nossa moto da MotoGP tinha a bastante simples ideia de que os carburadores seriam melhores do que um sistema de injeção eletrônica ineficiente. Isso me surpreendeu: nas corridas, uma atitude assim é de um perdedor."

Precisa de quatro

Este não foi o único prejuízo que Furusawa teve de erradicar.

"Entre as mudanças feitas nos motores que testamos, estava a cabeça do cilindro. Decidi voltar para uma cabeça de quatro válvulas, e isso me levou a colidir outra vez com a antiga mentalidade, e com o departamento de marketing também. Eles acreditavam que o motor de cinco válvulas era a marca registrada da Yamaha, e tive de lutar para superar a desconfiança e a resistência deles."

"Os engenheiros que construíram a moto que tinha vencido no passado com este tipo de cabeça, não a mudariam. Tentei me colocar no lugar deles, considerando como é difícil mudar algo que funciona adequadamente, mas é errado para um *designer* se manter na mesma posição, porque os oponentes seguem em frente e o risco é de repente perceber que você está lá parado, sozinho. Apesar de ter de me deparar com muitas ideias e preconceitos que são muito difíceis de erradicar, decidi seguir em frente porque nós estávamos criando uma nova moto de corrida. Nós tínhamos de conseguir uma performance de alta qualidade, não estratégias de marketing."

"Eu estava fortemente convencido de que um motor com cabeça de cinco válvulas resultaria em uma entrega de potência muito agressiva. Para minimizar este problema, decidimos também mudar a ordem de ignição: escolhemos o sistema de queima irregular, que permite uma entrega de potência mais linear e uma resposta mais rápida do acelerador, especialmente de média para alta RPM. O screamer quatro em linha tinha uma entrega efetiva, especialmente em alta RPM, mas precisávamos de uma melhor curva de torque em média-alta RPM, o que você pode conseguir com um big-bang. O efeito colateral é o aumento nas vibrações, mas, de novo, confiei nos meus estudos, o que foi muito útil. O quatro em linha aumenta as vibrações, porque o design permite o uso de um único eixo que, sendo mais longo, tende a vibrar mais."

"Eu me senti um pouco como o projetista do Shinkansen. Ele era um projetista de aviões, e os aviões norte-americanos da Segunda Guerra Mundial o inspiraram, porque os nossos vibravam tanto que os pilotos costumavam tremer enquanto pilotavam. Este grande engenheiro inventou a suspensão a ar para poder estabilizar os trens que, em alta velocidade, se movem como uma serpente. Graças a isso, a velocidade dos trens aumentou de 100 km/h para 300 km/h. Também tinha um problema na montagem do motor, que foi resolvido utilizando sua experiência no campo de suporte de motor e de vibrações, que ele havia adquirido estudando os aviões da Segunda Guerra Mundial."

Um mal necessário

Para o novo motor quatro cilindros, Furusawa decidiu introduzir um sistema de design mais sofisticado, com simulações baseadas em desenho auxiliado por computador – CAD (sigla em inglês).

"Não era uma inovação absoluta, mas o CAD não era tão comum na Yamaha na época, pelo menos não no Departamento de Corridas, que projetava componentes sem esta tecnologia. Como consequência, era muito fácil cometer erros. Nós também gastamos muita energia e recursos, pois tínhamos que desenhar e produzir muitas peças e depois selecionar a mais adequada."

"Com o novo método, primeiro você introduzia os dados no computador, e aí você faz o protótipo para ver se estava correto. Este sistema dá um bom resultado em pelo menos 50% dos casos."

Em 2003, os pilotos reportavam suas impressões aos mecânicos, dizendo que a moto era incrivelmente barulhenta e tinha muitas vibrações. Ela vibrava tanto que eles frequentemente não podiam controlá-la. Eles alteraram a estrutura para encontrar uma melhor tração, mas a moto se tornou mais e mais difícil de controlar nas curvas. Era impossível atingir bons resultados.

"Normalmente, para carregar a traseira, nós usávamos um braço oscilante mais curto, mas eu queria manter a mesma aderência na frente; então, em vez de diminuir o comprimento, mudei a posição do pivô, movendo-o mais para cima. Pensei em usar a força da chamada "corrente de tração" para empurrar o pneu para o solo, porque esta solução podia ser feita rapidamente", continuou Furusawa.

"Depois, conversando com Jeremy Burgess, senti que ele estava um pouco hesitante neste ponto, mas ficou convencido quando mostrei a simulação no computador. Depois de mudar a posição do pivô, a moto se comportava de acordo com a simulação do computador."

"Acho que esta foi a primeira vez que a Yamaha usou este tipo de tecnologia nas corridas. Minha experiência com vibrações e análise dinâmica foi muito útil. Depois, as simulações que usávamos se tornaram mais complexas, usando um software desenvolvido pela empresa belga LMS. Levou um tempo, mas pouco a pouco meu time de engenheiros e eu fomos capazes de eliminar o máximo de problemas possível. Mas não podia me dar ao luxo de focar apenas nisso. Precisava pensar sobre o time e, especialmente, o piloto para 2004."

Felizmente, já tinha alguém com um plano neste sentido.

A negociação mais maluca do mundo

Contato

16 de junho de 2002. O verão já estava reinando na costa da Catalunha. Na noite após o GP, o ar estava quente e a atmosfera relaxada: o cenário ideal, pensou Davide Brivio, para uma conversa com Valentino Rossi e seu agente, Gibo Badioli.

Muitas pessoas do mundo da MotoGP iriam a uma festa organizada por Sete Gibernau no fim de semana em uma boate em Barcelona. Quando Brivio chegou, foi diretamente para o terraço onde Valentino, animado após sua quinta vitória nas primeiras seis corridas, e seu grupo estavam. Ele se aproximou: "Oi, rapazes. Por que vocês não se decidem e vêm correr conosco?" disse – brincando, mas não completamente. Valentino sorriu, mas não respondeu. Gibo, no entanto, ia dizer alguma coisa quando o celular de Brivio tocou. O irmão dele, Roberto, havia sofrido um acidente de carro na colina de Montjuïc, junto com outros membros do time. Eles estavam bem, mas estavam sem carro, e alguém tinha de se candidatar a ir buscá-los. Momentos depois de conseguir entrar em contato com Badioli e Valentino – o que não era fácil – Brivio teve de sair apressado para ir buscar o irmão, que estava no meio da estrada com um Ford Focus alugado.

Rio de Janeiro, 2002

Três meses depois, em 21 de setembro, início da primavera no hemisfério sul, a cidade do Rio de Janeiro viveu um daqueles bizarros dias de fim do inverno tropical. Valentino conquistou o título da MotoGP cinco provas antes do fim da temporada, derrotando seus rivais durante uma tempestade com vento frio – muito incomum para o local, que é normalmente atingido por uma brisa suave e quente.

Era o primeiro título da era da MotoGP e, é claro, o primeiro de Valentino com quatro tempos. O piloto de Pesaro tinha apenas 23 anos na época, mas esse já era o quarto título de sua carreira, o que o colocava na história das corridas, com quatro títulos em quatro categorias diferentes: 125, 250, 500 e MotoGP.

A sua temporada tinha acabado sendo fácil, por conta da situação de absoluta supremacia – dele como piloto, combinada com uma moto dominante, a Honda RC211V.

Durante a viagem solitária de Valentino ao topo, Davide Brivio, que estava no lado perdedor como diretor da Yamaha, nunca tinha perdido uma oportunidade de brincar com Badioli, com a clara intenção de manter contato, mesmo depois do episódio em Barcelona. Foi, definitivamente, uma boa ideia, pois algumas horas depois de Valentino conquistar o título, Davide recebeu a confirmação de uma reunião com Gibo, no Rio de Janeiro, no dia seguinte: domingo, 22 de setembro.

No Brasil, as corridas eram realizadas no sábado, e o domingo era destinado ao descanso, antes de embarcarmos para voos transoceânicos à noite. Desta vez, no entanto, para alguém, ainda havia trabalho a ser feito.

Às 11h30, Valentino compareceu a uma coletiva de imprensa no hotel que estava recebendo a Honda e os outros times, incluindo a Yamaha.

O plano de Badioli era arriscado, mas esperto: durante a coletiva, ele e Brivio se encontrariam em seu quarto para uma reunião secreta. Era uma boa ação, já que jornalistas e fotógrafos estariam focados somente em Valentino, e os integrantes dos outros times estariam fora para aproveitar o último dia no Brasil, e ninguém pensaria que algo estava acontecendo.

Enquanto Valentino estava falando na entrevista, Gibo e Brivio discutiram rapidamente a possibilidade de uma futura colaboração.

"Vamos deixar as coisas claras", começou Gibo. "Não tem chance para o ano que vem, porque o contrato com a Honda prende Valentino por dois anos e vai acabar em 2003."

"Eu posso esperar", respondeu Brivio imediatamente. "Claro que podemos discutir a temporada de 2004."

Assim que começaram a conversar, o primeiro problema surgiu imediatamente.

"Valentino não quer se tornar porta-voz de uma companhia de tabaco", disse Gibo.

"Bom, então temos um problema", Brivio respondeu.

"Qual?"

"O contrato da Yamaha com a Philip Morris (Marlboro) está prestes a terminar, mas nós vamos assinar com a Altadis (Gauloises). O acordo será válido para 2003 e 2004."

Badioli ficou em silêncio. Brivio temeu que a negociação tivesse sofrido uma interrupção brusca na questão do patrocínio, mas uma coisa inesperada aconteceu: em vez de se virar e dizer adeus, Gibo começou a buscar uma solução, enquanto lá embaixo Valentino continuava explicando aos jornalistas a razão de seu sucesso. Gibo deu muitas ideias criativas. "Certo, nas carenagens, logo abaixo da marca de cigarro, nós vamos escrever: '*Seriamente perigoso para a sua saúde*'", propôs. Era, obviamente, uma piada, mas mostrou que ele pretendia resolver o problema, o que já era um sucesso para Brivio, dada a situação. "O problema é que a imagem de Valentino Rossi nunca foi associada com tabaco", disse Badioli, "e ele tem algumas hesitações. De qualquer forma, estou disposto a seguir em frente com as negociações." O agente do piloto explicou que Valentino estava ansioso para encontrar algo novo para 2004, e ele e Brivio combinaram de manter contato.

De fato, eles não tiveram muitas notícias um do outro nas semanas seguintes, e isso começou a aborrecer Brivio, que ficou ainda mais preocupado depois de ver a reação dos executivos da Yamaha à reunião no Rio.

Shuji Sakurada, que na época era o chefe do projeto da MotoGP, Lin Jarvis, chefe da divisão esportiva europeia, e Ichiro Yoda, um engenheiro veterano nas corridas que era a ligação entre Iwata e a Europa, não estavam particularmente impressionados com as tentativas de Brivio de trazer Valentino.

O episódio que mais preocupou Brivio, no entanto, ocorreu perto do fim da temporada. Badioli ligou para ele enquanto viajava de carro com Sakurada e Hiroshi Osumi, chefe de esporte a motor. Quando Davide desligou, explicou que a ligação era do agente de Valentino Rossi, mas os japoneses não pareceram interessados, nem ao menos curiosos. Para Brivio, isso parecia um mau sinal.

Férias nas Ilhas Baleares

Em fevereiro de 2003, o típico inverno do norte da Itália – ventos frios, céu nublado e uma natureza letárgica com cores desbotadas – já tinha superado sua pior fase. Brivio estava cada vez mais frustrado, trabalhando sem nenhum entusiasmo, enquanto se preparava para a temporada que estava prestes a começar. Na época, estava completamente ciente das limitações da M1 e das habilidades dos pilotos que tinham sido chamados para guiá-la e – especialmente – desenvolvê-la. Seus pensamentos se tornaram negativos, quando, de repente, uma ligação de Badioli iluminou a tela de seu celular. Davide tentou esconder a emoção.

"Em alguns dias, Valentino e eu vamos para Ibiza", disse o agente do campeão mundial. "Nós poderíamos nos encontrar lá se você tiver tempo e quiser conversar." Brivio estava atônito e impressionado com a proposta, e levou um tempo para responder.

"Pensamos que não tem ninguém lá nesta época do ano, e deve ser o lugar ideal para nos encontrarmos", continuou Badioli, mas não precisava de nenhuma explicação extra: Brivio estava convencido desde a primeira frase. Ele aceitou. Embora soubesse que naquele momento seria apenas uma conversa privada entre ele e Gibo, Brivio não tinha a intenção de deixar a oportunidade passar.

Assim que terminou a ligação com Badioli, Davide decidiu ligar para seu chefe, Lin Jarvis, para informá-lo sobre seu plano de ir a Ibiza. Mais uma vez, entretanto, ele pôde perceber a mesma indiferença que havia notado quando falou com os executivos japoneses. Parecia que ninguém acreditava que Valentino pudesse estar interessado na Yamaha. No entanto, não se desencorajou: Jarvis não o impediu de ir à reunião e isso era o bastante. Ele simplesmente comprou uma passagem para as Ilhas Baleares e pousou com uma enorme curiosidade e igual determinação.

"Acontece que eu tenho as cartas certas e vou jogar o jogo", pensou, enquanto embarcava de Milão para Sant Josep, em Ibiza. Ele usava um suéter azul, elegante, mas não chamativo, e uma mochila anônima, sem qualquer logo ou cor que pudesse revelar sua posição. Não havia planejado passar a noite. Voltaria no mesmo dia, já que o voo durava menos de duas horas.

Na época, pensar naquele desafio exigia uma coragem considerável e, acima de tudo, uma forte crença de que Valentino poderia realmente aceitar. O esporte a motor em duas rodas era completamente dominado pela Honda, que venceu todos os títulos – desde off-road até as corridas em pista – com suas motos na MotoGP sempre terminando nos primeiros três ou quatro lugares: um domínio constante, corrida após corrida, ano após ano.

No fim da era das 500cc, a Yamaha conseguiu produzir uma moto bastante competitiva, mas não conseguiam bater a Honda, a rainha, ou a Suzuki, que tinha vencido em 2000. No alvorecer da era quatro tempos, em 2002, a supremacia da Honda se tornou impressionante e a Yamaha – incapaz de competir com sua eterna rival – entrou em uma profunda crise.

Brivio estava faminto por um desafio: queria fazer algo por seu time, pela Yamaha e por ele próprio. A ideia mais maluca, desafiadora, porém sublime de sua vida – propor a Valentino Rossi um desafio com a M1 – surgiu graças ao seu orgulho e ambição.

A cúpula de Eivissa

Em fevereiro de 2003, Valentino tinha acabado de comprar uma casa na ilha espanhola – chamada por seus moradores de *Eivissa*, na língua catalã – e uma inspeção era necessária para ver quais modificações eram necessárias. Seu melhor amigo, Alessio Salucci, o "Uccio", estava com ele e outro amigo, que trabalhava como encanador, se juntou a eles para planejar a reforma.

A reunião mais importante aconteceu em uma mesa de jantar, de acordo com um antigo hábito de Gibo Badioli, que escolheu um restaurante típico na praia. Tinham muitos assuntos a serem discutidos, enquanto jantavam deliciosos frutos do mar, mas ninguém entrou em detalhes. Mesmo assim, Brivio memorizou cada palavra e expressão no rosto dos dois. Ele ficou particularmente impressionando com o seguinte:

"Então, como está indo com a Honda?", perguntou a Valentino.

"A moto é fantástica, mas todo resto está errado", o piloto respondeu, revelando sua frustração pela primeira vez para um estranho – e ele, provavelmente, não poderia encontrar no mundo alguém mais feliz em ouvir aquelas palavras.

Com o fim da noite chegando, Brivio decidiu escolher a estratégia da clareza e honestidade acima de tudo. Ele se dirigiu a Valentino e disse: "Esta é uma iniciativa minha, porque acho que, sem você, nós jamais vamos vencer. Então, se você me disser agora que está interessado, vou falar sobre o assunto com o conselho da companhia. Se você me disser que não, a história termina aqui".

Valentino olhou para ele, mas não disse nada, esperando que concluísse. "Eu acredito que a Yamaha tem potencial para construir uma boa moto, mas agora nós precisamos de um piloto. Acima de tudo, precisamos de alguém como você, alguém que primeiro possa nos dar dicas mecânicas e aí correr."

"Tudo bem, vou pensar sobre isso. Vá em frente", disse Valentino, sem mostrar nenhuma emoção em particular, mas encorajando Brivio a continuar com sua iniciativa.

"Na verdade, naquele momento, Valentino ainda tinha de se decidir", revelou Brivio. "Logo depois, descobri que ele não estava completamente convencido quando me deu o sinal verde. Acho que só quis ser educado."

Mas, ao longo de sua carreira, Brivio se acostumou a desenvolver estratégias em torno de apenas poucas palavras, porque normalmente elas podem representar o centro de uma comunicação para aqueles que são capazes de ler nas entrelinhas. Mais uma vez, tinha o suficiente para se sentir encorajado.

Ele informou a cúpula executiva da Yamaha no Japão e o comando na Europa sobre os resultados de sua viagem à Espanha e, para sua surpresa, viu sinais negativos – mais uma vez.

"Os japoneses não estavam entusiasmados com a ideia de ter Valentino. Me disseram que um piloto como ele colocaria a marca de lado e que falaria só por si e não representaria a Yamaha. Em caso de vitória, seria só graças a ele, e em caso de fracasso, seria culpa da moto."

Brivio, no entanto, estava determinado a não desistir, mesmo que Valentino dissesse a ele pessoalmente para fazer isso.

Sem chance!

Março passou rápido e logo chegou o dia do lançamento da temporada. O GP do Japão estava marcado para o início de abril. Pouco antes da longa viagem até Suzuka, Lin Jarvis disse para Davide que estava viajando um dia antes para se encontrar com Takashi Kajikawa, o homem que se tornaria o novo presidente da Yamaha, e que iria aproveitar a ocasião para perguntar a opinião dele sobre a possibilidade de contratar Valentino.

Takashi Kajikawa sempre escolheu o melhor.

Como a maioria dos executivos corporativos japoneses, Kajikawa tinha assumido muitas posições de alta responsabilidade nas subsidiárias da Yamaha antes de atingir as posições mais altas na fábrica, e tinha sido o presidente da Yamaha Motor Europe, com sede na Holanda, quando contratou Lin Jarvis. Em sua chegada ao Japão, Jarvis, que estava no comando da Divisão de Corridas da Yamaha, foi convidado por Kajikawa para jantar.

Brivio aguardou com alguma preocupação para ouvir o resultado da conversa, mas não estava pronto para aceitar o veredito negativo. Kajikawa não aprovou tal manobra, dizendo que os altos executivos de Iwata nunca aceitariam o risco de contratar um piloto top – não naquele período, pelo menos. "Sem chance", disse Lin Jarvis disse para Davide, repetindo as palavras de Kajikawa. Isso foi, certamente, a confirmação da primeira e terrível sensação de Brivio.

Apesar de tudo, Davide decidiu não revelar a Gibo a opinião da cúpula da Yamaha. Na verdade, ele intensificou as conexões com o agente de Valentino. Foi por isso que, na segunda-feira, 26 de maio, voltando de Le Mans – quando Brivio falou pela primeira vez com Furusawa sobre a possibilidade de contratar Valentino –, Badioli contou que a HRC tinha pedido que eles iniciassem as negociações para a renovação do contrato e, portanto, ele solicitou um encontro com Brivio antes do GP da Itália, que seria em 8 de junho. Badioli queria ser informado sobre o que estava acontecendo antes de negociar com a Honda.

A reunião foi marcada para sexta-feira, 30 de maio, em Gabbice Mare, na costa Adriática. Durante aquele fim de semana (um feriado nacional na Itália), Brivio se viu preso em um engarrafamento sem fim na rodovia de Milão para Gabicce. O que normalmente levava quatro horas de carro, ele fez em seis, chegando ao seu destino às 23 horas.

Ele levou seu irmão, Roberto, mas Roberto não iria ao jantar. Em vez disso, ele circulou por Gabicce enquanto Davide e Gibo falavam de negócios.

Brivio retornou para Milão ao amanhecer, às 6 horas. Ele e seu irmão guiaram em turnos e aquela viagem marcou o início de noites lendárias do verão de 2003. A partir daquele momento, as negociações com Badioli raramente aconteciam de uma maneira comum. Brivio e Gibo quase sempre se encontravam e conversavam no meio da noite e nos locais mais fantásticos: motorhomes, quartos de hotel, vans, casas noturnas – sempre escondidos e sempre fugindo de alguém.

Durante o jantar em Gabicce, conversaram sobre as dificuldades que esta operação poderia trazer. Só uma coisa era certa: a Honda tinha começado a agir e isso gerou certa inquietação em ambos. Quando Gibo disse a Davide que a Honda havia pedido uma renovação de contrato, o chefe de equipe da Yamaha percebeu que só havia uma ação possível, que era envolver o novo diretor de corridas na negociação. Em resumo, era o momento certo para pedir para Masao Furusawa entrar em campo.

Foi um momento muito delicado, Brivio relembra: "Mesmo que o Japão estivesse fortemente contra, eu estava certo de que se Furusawa falasse com Valentino, mesmo que por poucos minutos, ele se envolveria. Em Gabicce, depois do jantar, Gibo e eu concordamos que nos encontraríamos durante a corrida em Barcelona, em meados de junho, para discutir novas questões. Antes do GP de Barcelona, participaríamos do GP da Itália, e não seria uma boa ideia colocar uma reunião tão importante em um fim de semana tão exigente para nós. Pensei que o GP de Barcelona seria um bom momento para organizar um encontro entre Furusawa e Valentino".

Mensagem criptografada

Davide Brivio e Masao Furusawa haviam se encontrado apenas alguns dias antes, em Le Mans, e tinham concordado em manter contato por e-mail. Na verdade, Davide contatou o japonês apenas alguns dias depois.

Após a conversa que tiveram na França, o chefe de equipe enviou para Furusawa um relato detalhado ilustrando o futuro do time. "Se estamos sonhando, vamos sonhar grande", pensou Davide enquanto descreveu um cenário realmente fascinante: colocar o melhor piloto do mundo (Valentino Rossi) em uma M1 completamente nova, sem logos de patrocinadores nas carenagens, pintada nas cores da companhia e com o logo dos três diapasões como a estrela absoluta. Quanto ao time, seria separado do oficial, para evitar problema com o patrocínio da companhia de tabaco que Gibo tinha mencionado durante ao encontro no Rio de Janeiro em 2002. Desta forma, a Yamaha poderia manter o time apoiado pela Altadis (Gauloises e Fortuna) e um esquadrão separado para Valentino.

A resposta de Furusawa veio na véspera do GP da Itália e gelou o sangue de Brivio.

Assim que retornou da França, o novo chefe, que representava a última esperança de Davide, explicou o que aconteceu em Iwata: "A cúpula", escreveu Furusawa, "discutiu duas opções: focar em um time separado ou fazer um investimento econômico para finalizar o projeto da nova moto, e decidiram pela solução número dois. A Yamaha acha que é melhor projetar uma moto mais competitiva para vencer sem Valentino. Eu concordo com esta decisão, mesmo sabendo que isso colocará ainda mais pressão sobre mim".

A ideia era criar dois times com dois pilotos cada, para otimizar os custos. Para a temporada de 2003, a Yamaha tinha seis M1 no grid, distribuídas por quatro times diferentes. A redução no número de pilotos e times permitiria uma organização mais adequada. Para concluir, Furusawa deu uma indicação importante: "Nós ainda precisamos procurar outros pilotos e manter contato com a Altadis". Em resumo: não haveria M1 com as cores corporativas da Yamaha.

Ainda assim, Brivio achou que Furusawa estava deixando a porta aberta. Na verdade, sua carta terminava com uma frase que revelava mais do que parecia: "De qualquer forma, estou disposto a conhecer

Valentino Rossi", escreveu Masao, e essas palavras começaram a rodar na cabeça de Brivio.

Por que Furusawa ainda iria querer conhecer Valentino se ele aceitava a decisão da cúpula? Furusawa não era um homem que amava estar nos holofotes, pensou Davide, e então excluiu a possibilidade de ele querer encontrar Valentino só para conhecer um campeão. Era uma mensagem clara, não havia outra possibilidade de interpretação. Furusawa havia colocado nas entrelinhas, é claro, mas ainda era um pequeno sinal que Davide viu prontamente. Mas, ele não respondeu imediatamente: pensou que seria melhor esperar o GP da Itália.

Brivio chegou na Toscana muito confuso. Por um lado, ele não podia deixar de considerar o "não" da Yamaha. Por outro, não podia aceitar a ideia de deixar esta oportunidade passar. Valentino ainda não tinha assinado um contrato com nenhuma outra companhia e a Yamaha ainda não tinha definido seus pilotos para a temporada seguinte. Não estava acabado.

Tudo em um e-mail

Nas suaves colinas de Mugello, a Yamaha teve de aceitar mais um resultado humilhante, com seus pilotos de fábrica, Checa e Melandri, terminando em oitavo e 11º, respectivamente. Nakano, com uma M1 satélite, foi o quinto. A corrida foi dominada por Valentino, com uma incrível Honda RC211V cinco cilindros. Como de costume, a performance da Ducati – segunda com Capirossi – foi muito mais digna que a da Yamaha.

À noite, durante o jantar com a equipe, havia um ar pesado: a decepção era generalizada e Brivio parecia uma panela cheia de água fervente.

"Voltei para o hotel com um pensamento: tínhamos de parar de terminar em oitavo e 11º. Não queria trabalhar daquela forma. Fui para cama, mas não consegui dormir. Me joguei e me virei na cama, acendendo e apagando a luz, olhando para o teto. Só dormi algumas horas naquela noite. De manhã, quando acordei, disse a mim mesmo: 'vou escrever para Furusawa e dizer o que eu realmente acho desta situação'."

Ele ligou o computador, acessou sua caixa de entrada, abriu o último e-mail de Furusawa, clicou em responder e começou a digitar. Já que o coração tinha tomado o lugar da cabeça, o resultado foi uma carta que era atrevida, mas sincera. Brivio escreveu para seu chefe diretamente, como se ele fosse um mero colega – adotando uma atitude bastante corajosa – e as palavras que escolheu revelavam seu descontentamento com a situação na Yamaha. Além disso, enfatizou sua descrença na atitude submissa de Furusawa, que não era compatível com seu papel de figura revolucionária dentro da empresa.

Falar tão diretamente com um alto executivo requer uma coragem considerável, ainda mais considerando que era um europeu falando com seu chefe japonês. Falar dessa maneira era a última chance de alguém que realmente tinha bons argumentos ou uma esperança desesperada. Brivio tinha os dois e estava convencido que era a hora de focar no orgulho do novo líder.

Entretanto, logo que terminou o e-mail para Furusawa, o dedo de Brivio permaneceu suspenso sobre o botão do enter por algum tempo.

"Esperei até o último minuto antes de enviar", recorda Brivio. "Minha mão estava tremendo e eu estava pensando: 'mandar ou não mandar, essa é uma atitude boa ou ruim?'."

Finalmente, encontrou a coragem para apertar o botão, que parecia tão duro quanto mármore, como se fosse para proteger o autor da carta de um gesto que marcaria um caminho sem volta.

"Conforme apertei o botão, disse para mim mesmo: 'Eu provavelmente serei demitido, mas isso ainda seria melhor do que continuar competindo para chegar em oitavo ou 11º'."

Davide Brivio estava certo em apertar o botão. Fazer isso foi seu movimento vitorioso. Com suas palavras, conseguiu tocar o coração e atrair a atenção do novo comandante, que apreciava a franqueza, orgulho e paixão do chefe de equipe. Acima de tudo, Furusawa reconheceu que Davide havia ressaltado problemas que eram verdadeiros.

Furusawa leu a nota de Brivio: "O que está claro para mim agora é que não temos um líder. Entendo que nossa meta é construir uma ótima moto, mas ainda vamos precisar de um piloto top – e um líder. Só um líder pode guiar o desenvolvimento e conseguir o melhor resultado na pista, porque ele sabe como explorar todo o potencial da moto. Mesmo a Honda, que é considerada a melhor, não pode ficar sem ótimos pilotos, porque apesar de o segundo melhor piloto poder vencer corridas, só os melhores pilotos vencem títulos mundiais. A melhor moto deve ter o melhor piloto. Pensar em vencer o campeonato só com a melhor moto é um sonho, porque a conquista desta meta está ligada à conexão de dois elementos: moto e piloto. Lamento por ser tão rude, mas se a meta da companhia é vencer, uma boa moto não será suficiente. É claro que aprovo o desenvolvimento de uma moto melhor, mas, ao mesmo tempo, recomendo a contratação do melhor piloto".

Ele já havia conquistado o coração de Furusawa, mas sua última frase deu o perfeito toque final: "Lamento se pareço muito direto, mas isso é exatamente o que penso e acho que esperei tempo demais para vencer com a Yamaha. Quero ver a Yamaha vencer e quero agora".

Brivio usou palavras cheias de paixão e orgulho: "Só há um homem que pode fazer isso, e este homem é Valentino Rossi".

E entendeu que tinha acertado, pois recebeu o retorno de Furusawa muito rápido, em algumas horas. Isso era ainda mais impressionante, considerando a diferença de fuso horário.

"Sinto o mesmo que você", Furusawa escreveu, e isso deixou Brivio aturdido. Quanto à possibilidade de organizar um encontro com Valentino em Barcelona, no GP que estava marcado para os próximos dias, Furusawa foi igualmente encorajador: "Tudo bem por mim, quer seja na pista, fora dela, em qualquer lugar na Espanha – onde quer que Valentino queira".

Furusawa desistiu da liderança japonesa e inabalável postura fria, para mostrar sua verdadeira atitude – a de um lutador, preparado para lutar para salvar sua honra.

O que havia mudado? Simples. Brivio tinha mostrado a Furusawa que atendia todas as necessidades de um executivo da Terra do Sol Nascente.

Furusawa percebeu que o chefe de equipe era corajoso e sincero, sensível, mas teimoso, um lutador determinado a não desistir, mesmo quando tudo parecia perdido.

Sendo um homem destemido, Furusawa estava disposto a aceitar desafios e foi conquistado pela mistura de inocência e vulnerabilidade, força e desespero de Brivio. Ele viu um homem que estava disposto a lutar mesmo tendo mais chances de perder do que de vencer. Para concluir, Furusawa viu um reflexo de si em Brivio.

Aquele tímido dirigente italiano, que falava baixinho e calmamente, alimentou uma chama que já queimava em Masao Furusawa, um samurai sempre dividido entre a intemperança de seu coração valente e a racionalidade de seu sofisticado cérebro.

Para ser honesto, Furusawa já sabia tudo aquilo que Brivio tinha escrito, impulsiva, mas respeitosamente, mas precisava de um gesto, uma exortação, para distinguir o cenário todo. "Davide estava certo. Nós precisávamos de um piloto novo; então eu queria conhecer Valentino mesmo sabendo que a cúpula não estava interessada nele", ele agora admite.

O que também o forçou a decidir foi outra notícia que ouviu de Brivio: enquanto esperava para encontrar com executivos da Honda, Valentino também estava em contato com a Ducati e ele sabia que o patrocinador da companhia italiana poderia ser muito agressivo em sua oferta quando queria convencer um piloto. Durante a intensa conversa, Brivio informou Furusawa de que dentro de alguns dias, na véspera do GP da Catalunha, haveria um encontro inicial entre a Ducati e Valentino na sede da fábrica em Bolonha – uma razão a mais para tomar a iniciativa primeiro.

Agora estava claro que Valentino estava realmente considerando a possibilidade de deixar a Honda, seu agente estava ficando mais ativo. Por um lado, Gibo manteve uma relação com a Honda, mas, por outro, estava colhendo informações para escolher um novo parceiro.

Furusawa estava bem informado e falou com Brivio diretamente: "Antes de desistir disso completamente, gostaria de conversar com Valentino, para ter certeza do que ele realmente pretende fazer. Então, se valer a pena, vou voltar ao presidente e tentar fazê-lo mudar de ideia".

Este pronunciamento encheu Brivio de entusiasmo para marcar o encontro para o GP da Catalunha.

Furusawa deixou o Japão sem receber maiores detalhes. Só quando chegou ao circuito é que soube que se encontraria com Valentino no fim da tarde de sábado.

"Notei sua absoluta falta de experiência no paddock quando disse que queria encontrar Valentino no circuito. Isso era impossível", lembra Davide, que havia organizado um encontro longe do paddock, que é um mundo pequeno com olhos e ouvidos por todos os lados.

"Prazer, Valentino. Prazer, Masao"

Masao Furusawa e Valentino Rossi conversaram pela primeira vez às 18h30 do sábado, 14 de junho de 2003, em um hotel localizado na mais alta colina cercando o circuito da Catalunha.

Eles chegaram separadamente e se encontraram no quarto de Badioli. Quando Brivio entrou, logo viu que Valentino ainda estava usando a camiseta da Repsol Honda, já que não tinha tido tempo de se trocar. Furusawa chegou logo depois.

Davide deu um passo para trás e observou a cena, sentindo algo entre esperança e alegria. Depois de meses de preparação, finalmente tinha conseguido apresentar Furusawa e Rossi, os dois homens que, de acordo com sua ambiciosa visão, mudariam a história da Yamaha.

"À tarde, eu havia dito a Furusawa o que esperar", lembra Davide. "Por exemplo, disse a ele que Valentino pediria para personalizar sua moto com sua cor favorita – amarelo –, alguns adesivos, uma multa falsa e cupons de seguro. Estes, na verdade, eram pedidos que, em minha opinião, um executivo japonês sênior acharia bizarros. Furusawa, entretanto, aceitou imediatamente. Quando Valentino mencionou esse tópico, Furusawa respondeu a cada pedido afirmativamente, demonstrando que não dava muita importância para essas coisas. Antes do encontro, eu estava muito confiante, pois achava que, ao conhecer Valentino, Furusawa simplesmente o amaria – e foi exatamente o que aconteceu."

Quando Masao Furusawa e Valentino Rossi se conheceram, eles sabiam muito pouco um do outro, porque viviam situações muito diferentes. Se a reputação de Valentino era bem conhecida por Furusawa, Valentino não sabia nada do homem que estava à sua frente, exceto que poucos meses antes havia assumido os departamentos de P&D e corridas.

Furusawa se mostrou um homem determinado e sério, um espírito quieto, mas dinâmico – e mesmo sendo um chefe com falta de experiência no setor, estava ativamente buscando informações. Além disso, os dois lados simplesmente queriam ver se haveria uma fagulha entre eles, já que não havia tempo para uma longa discussão. O piloto número um da Honda estava em um hotel perto do circuito com o novo chefe de corridas da Yamaha. Em resumo, havia muita tensão.

Mesmo assim, Furusawa foi capaz de se adaptar a uma situação em que não tinha experiência: se vendo diante do melhor piloto do mundo, e um dos melhores de todos os tempos, não perdeu tempo com cerimônias e manteve uma aproximação balanceada, nem autoritária, nem liberal. Ele disse para Valentino exatamente as palavras que Brivio esperava ouvir: "Para vencer, nós precisamos de você".

Isso também era o que Valentino queria ouvir. Era uma atitude que a Honda nunca teria aceitado na época, e esse era um dos principais motivos que o estavam afastando da companhia com que fez seu debute na classe rainha três anos antes.

"Por que você quer trocar a Honda pela Yamaha?", Furusawa perguntou de repente, como um golpe de espada. A pergunta parecia banal, mas era muito inteligente: o engenheiro japonês já estava pensando no que poderia dizer para a cúpula em Iwata e também esperava receber a mesma pergunta do presidente. Ele queria estar pronto.

"Porque eu quero vencer com outra moto antes de ir para a F1", Valentino disse com a mesma franqueza.

E assim, naquela tarde de início de verão, Furusawa percebeu que ele e Valentino simplesmente tinham objetivos em comum.

Valentino não deu detalhes de seu plano em relação à F1, mas de alguma forma, disse mais do que o necessário: "Acho que os próximos dois anos – as temporadas de 2004 e 2005 – serão as minhas últimas no motociclismo, então quero usá-las para conquistar um grande desafio".

Furusawa ficou impressionado com a determinação do jovem de 24 anos, que era muito menos ingênuo do que parecia.

"Fiquei muito surpreso de que um campeão como ele estava disposto a ouvir a nossa proposta. Ninguém queria ir do céu para o inferno e, naquele momento, nós éramos precisamente o inferno para alguém como ele. Além do mais, todos pensavam que era mais lógico Valentino escolher a Ducati, que era mais forte que a Yamaha na época."

No domingo, Furusawa viu a Ducati vencer sua primeira corrida na MotoGP – Loris Capirossi se aproveitou de um pequeno erro de Valentino, que era favorito à vitória – o que representava outra derrota para a Yamaha. Depois de considerar cuidadosamente o que viu e, acima de tudo, o que ouviu ao longo do fim de semana, Furusawa se preparou para voltar ao Japão para lidar sem medo com o presidente. Medo era a palavra certa, pois ele sabia que estaria apresentando um projeto muito ambicioso – e também muito caro.

E agora, quem paga?

Uma das primeiras coisas que Furusawa quis ser informado a respeito era sobre a quantia de dinheiro que estaria envolvida nessa operação. Em sua pesquisa, ele descobriu as ofertas feitas a Valentino pelos concorrentes: Honda estava preparada para atingir um máximo de 8 milhões por temporada, enquanto a Ducati poderia chegar a nove.

Além disso, por meio de Brivio, Furusawa soube que o campeão assinaria um contrato de um ano se fosse ficar com a Honda, mas estava disposto assinar um acordo de dois anos se fosse mudar.

Enquanto voava para casa, Furusawa percebeu que não seria tão fácil convencer os dirigentes a pagar uma quantia tão alta. Sabendo que os dirigentes da Yamaha estavam muito determinados a não investir tanto em um único piloto, ele planejou sua estratégia.

"Naquele momento, o presidente era Toru Hasegawa, mas logo seria substituído por Takashi Kajikawa, que, na época, era diretor, e eu decidi ir falar direto com Kajikawa. Entre outras coisas, Kajikawa era um grande fã das corridas e pensei que isso ajudaria muito."

Uma vez na frente de Takashi Kajikawa, Masao Furusawa introduziu o assunto, explicando que Valentino Rossi tinha dito que estava disposto a deixar a Honda pela Yamaha, sabendo que esta notícia deixaria o próximo presidente muito orgulhoso.

No Japão, qualquer um que trabalhe no mundo das motocicletas sabe que a briga entre Honda e Yamaha é feroz. Sempre foi assim e sempre será. Nos anos 1970, a Yamaha arriscou o fracasso a fim de travar uma séria guerra comercial com a Honda – para poder conquistar uma fatia do mercado, as duas rivais começaram a lançar mais e mais produtos, e as duas se viram enterradas em produtos não vendidos. A Yamaha, que sempre foi a menor das duas, arriscou o colapso. A guerra diminuiu, mas o antagonismo permaneceu, e esta atitude sempre foi clara na pista também.

"Valentino realmente concorda em assinar conosco?", questionou Kajikawa, com uma perplexidade compreensível.

"Sim, falei diretamente com ele há alguns dias na Espanha."

"Isso é ótimo, devemos chegar a um acordo."

"Muito bem, mas tem um detalhe: o piloto é muito caro."

"Defina 'muito'."

"Dez milhões de dólares."

"O quê? Esqueça isso imediatamente."

"Mas você quer vencer, certo?"

"É claro que quero."

"Então você tem que investir."

Takashi Kajikawa ficou em silêncio por alguns segundos. Ele sabia que a quantia de dinheiro podia ser reunida, de alguma forma, e considerando a receita em termos de publicidade para a companhia, seria um grande investimento.

"Ok, vá em frente", declarou, e não tinha necessidade de dizer mais nada. A reunião durou menos de dois minutos.

Furusawa logo retornou para seu escritório para transmitir a boa notícia para a Itália, e assim que o e-mail altamente confidencial chegou até Brivio, Davide agendou um novo encontro para depois da próxima corrida, marcada para 28 de junho, na Holanda.

"Eu estava obviamente entusiasmado com essa notícia, mas também estava surpreso", revela Brivio. "Não esperava que Furusawa precisasse de tão pouco tempo para convencer Kajikawa. Sabia o pedido econômico de Badioli desde fevereiro e temia o momento em que Furusawa soubesse – sem mencionar a reação dos executivos."

Ele não quis falar sobre muitos detalhes em Ibiza, mas uma coisa estava definitivamente clara: o agente de Valentino queria um pagamento top para o piloto.

"Para tal coisa, queremos 10 milhões", tinha dito Badioli.

"A Yamaha nunca vai aceitar", tinha dito Brivio.

"Tem certeza?", o agente respondeu.

"Estou quase certo. Nenhum piloto jamais pediu uma quantia semelhante. Valentino ganharia o dobro de seus oponentes mais bem pagos", afirmou Brivio.

"Você tem alguma ideia da mídia e dos negócios que tudo isso vai gerar? A Yamaha vai recuperar esse dinheiro em pouco tempo", garantiu Badioli.

Câmbio desfavorável

A reunião aconteceu em Assen, na sexta-feira, 27 de junho, de novo um dia antes da corrida que, no caso do GP da Holanda, tradicionalmente acontece no sábado. A Honda começou a exercer uma significativa pressão, ao ponto do presidente da Honda Racing Corporation, Suguru Kanazawa, decidir ir para a Europa para falar com o agente de Valentino. Badioli sabia disso e, claro, foi por isso que solicitou uma reunião com a Yamaha em Barcelona: ele queria ter uma ideia do interesse da Yamaha, antes de falar com a cúpula da Honda.

A segunda reunião com Furusawa aconteceu outra vez em um hotel, o Golden Tulip, perto das 16 horas. Era um encontro operacional, já que falaram sobre assuntos concretos, como dinheiro, direitos de imagem, patrocínio e alguns dos outros pedidos de Valentino.

Os representantes da Yamaha confirmaram que o contrato com a Altadis seria válido por dois anos; Valentino teria de aceitar a ideia de ser patrocinado por uma companhia de tabaco pelo menos em 2004, o que não era mais um problema, já que ele tinha aceitado a situação depois do GP de Barcelona.

Outro obstáculo muito maior surgiu durante o encontro: "Naquela reunião, soube que o pedido econômico era maior do que tinha dito para Kajikawa", disse Furusawa. "Gibo disse que os 10 milhões eram em euros, não em dólares norte-americanos, então a soma era consideravelmente diferente, cerca de 30% a mais... Tive de dar um passo atrás antes de seguir com a negociação. Teria de voltar a falar com Kajikawa, e tinha certeza de que ele não receberia isso de forma positiva."

Quando ele retornou ao escritório de Kajikawa, de volta da Holanda, recebeu a confirmação de que sua preocupação estava bem embasada.

"Eu confundi o valor", disse Furusawa sem rodeios. "Considerando as taxas de câmbio, a soma real é 30% maior do que eu disse antes."

"Então pare de negociar imediatamente", ordenou Kajikawa.

Furusawa estava com problemas de novo e precisava desesperadamente de uma luz. Felizmente, naquele momento, lembrou da tática que tinha funcionado algumas semanas antes, e decidiu usá-la outra vez.

"Mas você realmente quer vencer o título, certo?", perguntou.

"Claro, eu quero vencer!", disse o futuro presidente.

"A única forma de vencer é contratando Valentino; então, acho que temos de aceitar as exigências dele."

De novo, esta segunda reunião durou menos de dois minutos. Kajikawa entendeu a situação e Furusawa recebeu a aprovação para aumentar o orçamento que crescia dia após dia.

Takashi Kajikawa, que ficou no comando entre 2005 e 2009, portanto vivendo os dias de glória do time dos sonhos, teve uma atitude que era consistente com aquele período histórico. Ele era ambicioso e tinha grandes expectativas e, graças a Furusawa, entendeu que Valentino daria uma grande força e prestígio à Yamaha – e para ele também. Imediatamente reconheceu a oportunidade que estava na sua frente: poderia consolidar sua presidência vencendo o título da MotoGP em 2005, celebrando de uma maneira inesquecível o 50º aniversário da companhia. Este também foi o argumento que o ajudou a conseguir a aprovação do conselho diretivo para garantir a Furusawa um orçamento tão elevado.

Com o coração na boca

Tirar Valentino da Honda era um grande desafio, e não apenas do ponto de vista econômico. Era uma situação cheia de altos e baixos, onde não havia um conceito claro do que poderia ser ganho e perdido.

As negociações estavam sujeitas a muitas paradas súbitas e sinais verdes, e o piloto e seu agente sempre pareciam ter dúvidas.

Sexta-feira, 11 de julho, durante o primeiro dia do GP em Donington Park, Badioli gelou Brivio – e, consequentemente, Furusawa.

"Valentino decidiu ficar na Honda, e assinamos um pré-contrato", revelou.

A informação foi transmitida por telefone, pois, por razões óbvias, eles não podiam ser vistos juntos. Davide não se permitiu ser dominado pelo choque e imediatamente respondeu: "Eu não vou desistir. Estou disposto a fazer qualquer coisa para ele mudar de ideia. Isto não pode terminar assim."

Brivio tinha experiência o suficiente para saber que um pré-contrato não é o bastante para colocar fim em uma história como essa. Isso só tem efeito legal quando se torna em um contrato final e isso normalmente acontece alguns meses depois.

Badioli também sabia disso e, na verdade, sua atitude o ajudou a ganhar um tempo necessário. Por um lado, era uma concessão à Honda, cujos executivos queriam começar a ter alguma certeza sobre a renovação do contrato. Por outro, impediu o paddock de fazer muitas perguntas sobre o futuro. As negociações secretas com a Yamaha tinham de ser protegidas, e o pré-contrato com a Honda garantiu a Valentino a melhor posição possível em caso de dúvidas em relação ao novo projeto.

Maquinando enquanto informava Brivio sobre o pré-contrato, Badioli comunicou sua ideia: "Poderíamos levar o Valentino para ver a moto, ele pode se aproximar da Yamaha." Brivio não precisava ouvir duas vezes e imediatamente organizou um encontro para aquela noite, na garagem da Yamaha, a meia-noite em ponto.

"Era um horário normal para eles, mas era muito menos conveniente para o japonês", disse Brivio. "Na verdade, o maior problema para mim foi convencer Furusawa e Yoda (líder de projeto na MotoGP na época) a ficarem acordados até àquela hora. Eles queriam ir para a cama mais cedo, porque não tinham certeza de que Valentino estaria lá. Às 22 horas, nós estávamos em um dos motorhome da Yamaha, esperando sem fazer nada. A tensão começou a aumentar. Às 23h45, liguei para o Gibo e perguntei se tudo estava certo e ele disse que não sabia onde Valentino estava. Pânico! Mas Valentino chegou de repente, usando um moletom branco com o capuz na cabeça. Uns minutos mais tarde, ele subiu na M1."

Esta também foi a primeira vez que Valentino viu Yoda, que estava animado porque Valentino estava fazendo muitas perguntas técnicas. Eles falaram sobre a suspensão Öhlins da M1, já que a Honda usava Showa, e outros temas, incluindo controle de tração e eletrônica. "Senti que Valentino estava pensando em dar esse passo, mas aí descobri que este não era o caso", relembra Brivio. "A moto não tinha dado uma boa impressão, apesar de não termos notado."

A um passo do colapso

Furusawa, entretanto, estava começando a demonstrar preocupação. Brivio tinha suas suspeitas, mas tudo finalmente ficou claro na segunda-feira seguinte, no saguão do aeroporto de Birmingham. Aproveitando o atraso do voo, ele se viu conversando com Jarvis e Furusawa, que comentou sobre outra surpresa feita por Badioli na noite de sexta-feira.

"Este é um mundo estranho", disse Furusawa.

"Sim, e este é um ambiente especial...", Brivio tentou explicar.

"*Monkey business*", declarou Furusawa, usando a gíria norte-americana que indicava um jogo de idiotas.

"Sim, é um mundo estranho, mas no fim não é tão mal", continuou Brivio, em um esforço para justificar o sistema de negociação que não era exatamente o mais tradicional.

No entanto, ele não estava muito convincente, porque era difícil entender o conceito japonês de um piloto que se encontra com pessoas secretamente à noite, representado por um agente como Badioli. Em Assen, para discutir o pagamento de 10 milhões de euros por temporada, Gibo tinha ido até Furusawa de chinelos, calça de couro preta, uma camiseta e uma mochila, com a lista de assuntos que queria discutir rabiscada no verso de uma folha com os resultados das 125cc, cujo treino tinha acabado de terminar. "Naquelas situações", Brivio admitiu, "eu sempre estava preocupado com a possível reação de Furusawa".

Entretanto, Valentino não se comportava como o atleta super-profissional que Furusawa achava que o campeão deveria ser. É claro, ele era de fato um campeão, mas certamente não parecia um. Furusawa o entenderia melhor alguns meses depois – seu brilhantismo de artista e imprevisibilidade –, mas em julho de 2003, Valentino ainda era virtualmente um estranho para ele.

Do ponto de vista de um engenheiro que estava sempre acostumado a dar um significado bem definido para as coisas, a situação era clara: eles tinham discutido tudo, inclusive dinheiro, e Valentino só tinha de decidir pelo sim ou pelo não. Como Badioli podia ter assinado um pré-contrato?

"Este mundo é um circo", disse Furusawa abruptamente. Brivio e Jarvis tiveram de procurar suas palavras mais convincentes e diplomáticas para explicar que a situação era completamente normal. Entre os dois, o imperturbável inglês Lin Jarvis parecia mais alinhado com o estrito código de ética japonês. Foi por isso que o italiano Davide Brivio logo se tornou muito mais adequado para lidar com os dois personagens com os quais a Yamaha estava querendo fazer o acordo mais representativo dos últimos vinte anos.

Levando em conta que todos os elementos cruciais para o acordo já tinham sido discutidos e confirmados, Jarvis queria que Valentino assinasse um pré-contrato com a Yamaha, para mostrar seu real interesse. Se recusando a assinar, Valentino iria demonstrar – e Jarvis temia e estava convencido disso – que estava simplesmente usando a Yamaha para aumentar seu salário na Honda. A difícil missão de Brivio era explicar que Valentino não assinaria nenhum contrato, pois Badioli queria só que ele assinasse o definitivo.

Furusawa tinha poder para determinar o encerramento imediato das negociações, mas escolheu não fazer isso. Ele se permitiu ser guiado pelos instintos, que o aconselharam a aguardar pelos próximos fatos. Desde o primeiro encontro, tinha uma sensação muito positiva de Valentino.

Ele manteve em mente algo que Valentino tinha dito durante o encontro em Barcelona um mês antes: "A história diz que doze anos atrás a Yamaha era a número 1. Eu acho que comigo, você poderia voltar a essa época".

Com algumas simples palavras, Valentino tinha expressado um conceito importante.

Furusawa descobriu que o garoto podia compreender a essência das coisas e isso era muito apreciado. Era uma coisa a mais que eles tinham em comum.

Furusawa não suspendeu as negociações e, anos depois, sorri quando relembra suas preocupações: "Quando começamos a trabalhar juntos, finalmente ficou claro para mim qual tinha sido o dilema durante as negociações. Valentino, um piloto fantástico, estava longe demais do nível da nossa moto, que, na época, era muito baixo. Houve momentos em que ele não parecia muito motivado em vir para a Yamaha. Além disso, eu mesmo não conseguia entender porque alguém como ele iria querer correr conosco".

Na época, Furusawa ainda não sabia muito sobre corridas. Acima de tudo, não conhecia Valentino Rossi, um gênio incapaz de respeitar horários como as pessoas comuns, mas que nunca estava atrasado para um encontro com a história.

Nenhum campeão mundial com bom senso deixaria a melhor condição técnica pela pior, mas Valentino Rossi não era um piloto típico. Ele já tinha vencido tudo, em todas as categorias, com todo tipo de moto, e então vencer não era mais o suficiente. Ele precisava de algo ainda mais animador e importante; um desafio real. Ainda assim, Valentino precisava de tempo para pensar completamente no assunto e, em julho, ainda não tinha concluído a sua reflexão.

Quando Davide – atendendo um pedido de Lin Jarvis – disse a Gibo que, para tranquilizar a Yamaha, seria útil assinar um pré-contrato, pelo menos após o que ele já tinha assinado com a Honda vencer, o agente do piloto não mudou de ideia: "Nós só vamos assinar o contrato final. Quando for a hora, você vai ver que a assinatura virá".

Brivio sabia que precisava de uma ideia para ganhar tempo. Ele decidiu usar o fato de que Furusawa tinha pouca relação com ambiente das corridas, um fato que, na verdade, ajudou Brivio a fazer Furusawa aceitar um comportamento tão bizarro. O negócio continuou vivo.

Fukuroi está livre?

No fim de julho, Valentino parecia um pouco cético sobre o potencial da Yamaha. Os resultados da fábrica continuavam a desapontar e o piloto precisaria de muita autoconfiança para pensar em mudar da RC211V para a M1.

No circuito de Sachsenring, na antiga Alemanha Oriental, Brivio continuou explicando que Furusawa estava em processo de mudar tudo no Japão. Davide continuou procurando por argumentos e soluções e se permitiu se encantar pelo proibido.

"Vamos organizar um teste secreto", sugeriu.

"Mas como?" disse Valentino, cauteloso, mas curioso.

"Vamos para Fukuroi durante as férias de verão. Você pode experimentar a moto e então decidir."

Desta forma, essa ideia parecia possível, porque Fukuroi é na verdade o local perfeito para um teste secreto. Em poucos segundos, no entanto, todos voltaram à realidade. Era impossível manter absoluto segredo sobre qualquer teste feito por Valentino Rossi, a superestrela da Honda e um dos esportistas mais populares do mundo.

Gibo foi o primeiro a falar: "Você não tem ideia da multa por um caso desses. Esqueça, é melhor não discutirmos mais isso", disse, e, de fato, ninguém falou disso novamente.

No entanto, o problema de Brivio continuava: "Eu não sabia o que fazer para convencer Valentino. Estava ficando sem argumentos. Em algum ponto, me ocorreu que ele adorava falar sobre os grandes pilotos do passado e gostava de pensar nos poucos que tinham vencido com a Yamaha. Tinham sido apenas quatro e Valentino poderia ser tornar o quinto integrante de um grupo muito exclusivo. Ele estava sempre olhando para a história, e o argumento criou um novo interesse nele. Ele também estava intrigado com a história do piloto de supercross Jeremy McGrath, que tinha deixado a Honda e conquistado três títulos com a Yamaha. Ele amava aquela história, e tentei destacar isso para convencê-lo de que ele poderia deixar sua marca na história conosco".

As férias de verão entre as corridas passaram tranquilamente, mas era um silêncio ilusório, já que ninguém realmente parou de falar sobre o desafio. O primeiro a tocar no assunto foi Gibo, que ligou para Brivio na segunda-feira, 11 de agosto.

"Onde você está de férias", perguntou Badioli.

"Em Pantelleria. É um ótimo lugar, eu gosto muito."

"No próximo ano você pode passar suas férias em Ibiza, se quiser…"

"O que quer dizer?"

"Quero dizer, que talvez possamos passar as férias juntos", disse Gibo, usando a frase para anunciar que Valentino tinha decidido dar o grande passo.

Brivio não podia acreditar no que ouvia, mas não perdeu tempo fazendo perguntas. Eles tinham organizado pelo menos uma reunião a cada fim de semana de corrida desde o início do campeonato e outra reunião estava marcada para Brno, na República Tcheca, em outro lugar incomum – o hospitality da Clínica Móvel. Foi, portanto, em um local muito peculiar, com uma atmosfera surreal, que no sábado, 16 de agosto de 2003, cerca de 23 horas, Valentino apertou a mão de Brivio em sinal de um acordo – mas só depois de Brivio sair debaixo da mesa, onde havia se escondido no meio da conversa para evitar um inesperado vigia noturno.

"Imediatamente após o aperto de mãos, Valentino olhou para todos e disse: 'agora você tem de trabalhar. Faça a documentação e eu assino'. Aí ele deixou o hospitality, mas, depois de alguns segundos, eu o vi voltar: desta vez, ele me encarou sorrindo e disse: 'Lembre que se derem o prêmio, nós vamos dividir.'

Era uma forma dele aliviar a tensão em momentos delicados e Brivio entendeu isso.

Naquele momento, no entanto, essa oportunidade ainda parecia remota. Na próxima corrida, no dia 7 de setembro, em Portugal, na pista do Estoril, a Yamaha teve outro fiasco.

Rio de Janeiro, um ano depois

O campeonato estava perto de viver outra vez uma longa fase fora da Europa e a primeira parada seria no Brasil.

Como cada corrida nos seis meses anteriores também tinha sido uma oportunidade para continuar o diálogo, ficou definido que, antes de embarcarem, eles tinham de analisar o contrato, para poderem proceder com as negociações assim que chegassem no paddock do Rio de Janeiro.

A reunião foi agendada para quarta-feira, 10 de setembro, no escritório do advogado de Valentino, em Pesaro. Como este grupo é tipicamente atingido pela claridade da tarde e expressa seu melhor potencial quando o sol se põe, a reunião foi marcada para o fim da tarde. Brivio saiu do norte da Itália parando no aeroporto de Bolonha para pegar Lin Jarvis, que vinha de Amsterdã, onde morava na época –, para a região das Marcas. Ele voltou para Milão às 4 horas, e quando embarcou para o voo para o Rio de Janeiro, tinha com ele o primeiro rascunho do contrato, revisado e corrigido de acordo com as condições discutidas na reunião em Pesaro.

No sábado, 20 de setembro, Valentino venceu a corrida e, no paddock do circuito de Jacarepaguá, reuniu seu time e comunicou sua intenção de deixar a Honda. Ele perguntou a Burgess e seus mecânicos se estavam dispostos a acompanhá-lo. Foi a primeira vez que este assunto surgiu entre eles, pois tinha sido acordado antes de eles embarcarem rumo ao Brasil. Gibo tinha explicado a Brivio como era importante para Valentino levar seu time.

"Se você realmente quiser trazer Valentino para a Yamaha, use a carta Burgess", tinha dito o agente, e essas palavras ecoaram na mente de Brivio durante toda a viagem.

Ninguém jamais tinha feito isso. Ninguém jamais tinha conseguido levar seus técnicos e mecânicos de um time para o outro. Na história do esporte, o piloto sempre formou um novo grupo com seu novo time, mas Rossi estava traçando um novo caminho. Ele tinha inteligência, carisma, uma carreira bem-sucedida e uma posição forte contra a Yamaha. Valentino entendeu antes dos outros que o piloto é como um diretor ou um presidente que anda por todos os lados com seu exército, no qual deve confiar. Era desta confiança que Badioli falou com Brivio.

Valentino estava tentando minimizar as variáveis. Na época, de fato, a aventura parecia estar seguindo rumo a um horizonte desconhecido e que, às vezes, parecia escuro e traiçoeiro. Trazer seu grupo, e Burgess em especial, o ajudaria a se sentir mais confortável e confiante.

Doze meses após sua primeira conversa, Brivio e Badioli estavam de volta ao Rio de Janeiro, procurando um lugar para negociar, mas muitas coisas tinham mudado no último ano. Agora, a dupla estava acostumada a dialogar e eles tinham ganhado certa confiança um no outro. Tinham derrubado a barreira do constrangimento e brincavam, e podiam arriscar.

Em tais circunstâncias, se encontrar em um quarto de hotel, como em setembro de 2002, tinha se tornado muito arriscado. Eles precisavam de uma nova ideia e, acima de tudo, de uma ideia eficiente. E foi Badioli quem a encontrou. Em vez de continuar a se esconder, desta vez se encontrariam e conversariam em um lugar lotado, o que aumentaria ainda mais o nível de adrenalina, que já estava nas alturas.

Além disso, desde o início, a possibilidade de circular em um universo paralelo se mostrou uma das grandes emoções desta negociação.

"Se iríamos fazer a jogada do século, trazer Valentino para a Yamaha, precisaríamos nos portar de forma adequada", pensou Brivio, agora em uma versão completamente distorcida de sua personalidade, quando aceitou o convite para uma famosa casa noturna em frente à praia de Ipanema. O local era frequentado por muitas pessoas da MotoGP e, na verdade, tinha sido escolhido justamente por isso. "Se estivermos em um local como aquele, ninguém jamais imaginará que estamos discutindo um contrato", disse Gibo. "Todos vão acreditar que nos encontramos por acaso e estamos apenas papeando."

"Você está certo, quem iria discutir o contrato mais importante da história do esporte a motor em um lugar desses?"

E foi exatamente o que eles fizeram.

"Entrei na boate depois de Gibo. Dobrei o contrato no meio e o coloquei em um envelope", conta Brivio. "Sem saber onde colocá-lo, decidi colocá-lo nas minhas costas, enfiado dentro das minhas calças. Usei uma jaqueta que cobria aquela área, mas, uma vez na boate, precisava tirá-lo de lá, e corri outro risco. Deixei o contrato no bolso interno da jaqueta, que eu, casualmente, dei ao funcionário da chapelaria, e ele cuidadosamente a guardou, sem ter ideia do documento que havia passado por suas mãos. Entrei e encontrei um lugar no bar, a poucos metros de Gibo. Desempenhando meu papel perfeitamente, me aproximei dele e o cumprimentei surpreso, e então pedi uma bebida. Gibo também era muito bom. Ele parecia realmente surpreso em me ver. "O que você está fazendo aqui?", ele disse. "Venha, sente-se. Você finalmente pode passar algum tempo sem ter de falar sobre trabalho."

Como ninguém tinha combinado o assunto da falsa conversa, a imaginação rolou solta. Foi um triunfo da interpretação amadora. O local estava lotado com pessoas do mundo da MotoGP, e a dupla se cumprimentou cordialmente e respondeu a gestos cordiais que recebiam dos outros. Alguns dos clientes eram belezas locais – que era uma das razões para o local ser tão popular – expondo generosamente seu charme e oferecendo sua companhia, e então os dois eram ocasionalmente interrompidos por sorrisos largos – e muitos convites. Isso ajudou a atrapalhar a visão dos que os viram.

Tudo correu de acordo com o esperado. Ninguém deu importância para o fato de Gibo Badioli e Davide Brivio estarem juntos e ninguém suspeitou que era um encontro cuidadosamente planejado.

Eles conversaram sem olhar para o relógio. A questão central era a situação de Burgess, porque Valentino queria que ele continuasse ao seu lado como chefe dos mecânicos.

"De novo, sugeri Fiorenzo Fanali para a função", contou Brivio, "porque ele já era parte do time e porque a nossa moto era muito difícil de acertar. Ela tinha uma quantidade enorme de acertos, e Fiorenzo a conhecia bem. Naquele momento, era muito fácil adaptar a Honda para qualquer pista, mas a Yamaha era complicada, pois era um pouco sofisticada. Fanali estava acostumado a ter problemas com a M1, então pensamos que a experiência dele poderia ser útil para encontrar um bom acerto sem perder tempo."

"Acredite em mim, Valentino se sentirá mais confortável com Burgess ao seu lado", insistiu Gibo. "Vai ser uma situação difícil, com um resultado incerto. Sozinho, Valentino estaria encrencado, mas com seu pequeno exército ao redor, ele se sentiria mais forte e mais confiante."

Mas tinha mais, como Gibo explicou: "Ao mesmo tempo, a Honda se tornaria mais fraca".

Brivio percebeu que ele estava certo e não insistiu mais. Entretanto, não era uma tarefa fácil convencer a Yamaha a aumentar ainda mais o orçamento. No momento, estava claro que a companhia estava ultrapassando os limites financeiros que tinha estabelecido inicialmente, mas também estava claro, até mesmo para os japoneses, que uma vez que você começa, não pode voltar atrás.

No dia seguinte, Brivio conversou com Lin Jarvis por telefone durante uma hora e meia, circulando lentamente a circunferência do heliporto de uma área interna do circuito. Não muito longe, Valentino estava se explicando. Ele tinha começado a falar com Burgess e os rapazes do time sobre sua decisão de deixar a Honda, com quem o grupo trabalhava há muitos anos.

Foi difícil para eles entenderem imediatamente a situação. Na verdade, achavam que era uma piada. Por que Valentino teria uma ideia tão estranha?! Eles estavam considerando simplesmente os números. Na última corrida, a Honda colocou cinco pilotos nas cinco primeiras posições, e Valentino tinha dominado com extrema facilidade. Ninguém na equipe de Valentino podia ver uma única razão para deixar uma moto tão bem-sucedida. Valentino não esperava uma resposta imediata. Ele simplesmente pediu para que eles pensassem a respeito.

O que você acha, Burgess?

A temporada 2003 estava chegando ao fim e já que não havia mais dúvidas em relação ao vencedor – Valentino e sua RC211V não tinham rivais – seu agente agora só falava sobre o futuro. Valentino sabia que na próxima corrida, no Japão, a Honda o pressionaria para assinar o contrato final.

Badioli não iria para Motegi (se juntaria a eles sete dias depois, para o GP da Malásia), e Valentino foi deixado sozinho para o que provavelmente seria o fim de semana mais estressante e difícil de sua carreira.

A cúpula da HRC recebeu Valentino com um verdadeiro ultimato antes da corrida. Naquele domingo, ele tinha de assinar o contrato. Do contrário, seria considerado livre. Ele aproveitou o tempo, mas, quando encontrou Jeremy Burgess, descobriu que tinha um problema mais urgente. Seu chefe de mecânicos não parecia animado em acompanhá-lo para a Yamaha.

"Pedi a ele mais tempo para decidir", disse Burgess. "No Brasil, Valentino não disse que queria ir para a Yamaha. Ele me fez apenas uma pergunta: 'Se eu mudar de equipe, você viria comigo?' Ele não mencionou para qual time e não imaginei que ele estava na verdade considerando a Yamaha. Só mais tarde entendi a situação."

De qualquer forma, a preocupação de Burgess não veio da falta de detalhes sobre o projeto.

"Na Honda, nós tínhamos tudo que precisávamos para vencer o Mundial – uma boa moto, o piloto, o time – então por que deveríamos mudar alguma coisa? Quando expliquei esse conceito ao Valentino, ele disse que isso não era o suficiente para ele. Muito lentamente, mas também com uma grande determinação, ele disse: "Podemos ser bem-sucedidos com dificuldades maiores e podemos vencer desafios ainda mais difíceis. É por isso que devemos correr este risco". Percebi que ele queria mudar por motivos pessoais, não técnicos. Seria muito difícil convencê-lo a mudar de ideia."

"Levei algum tempo para pensar na proposta de Valentino" continuou Burgess. "Estava com a Honda há mais de 20 anos e, antes de largar tudo, queria entender o que estava acontecendo – especialmente porque sabia que seria escolher uma via de mão única. A mentalidade da Honda é estrita: se você sai, não volta nunca. Talvez pudessem perdoar Valentino, mesmo que levasse algum tempo, mas, para mim, as portas estariam fechadas permanentemente. Em resumo, trocar a Honda pela Yamaha era um grande salto no escuro, talvez mais para mim do que para o Valentino. E estavam me pedindo para decidir se eu daria ou não esse salto em poucas semanas, enquanto Valentino tinha pensado nisso praticamente por toda temporada. Ele teve muito mais tempo para monitorar a performance da M1 e para investigar projetos futuros. Foi por isso que, perto do fim da temporada, quando começou a falar comigo, ele já tinha ideias bem claras. Ele não acreditava que a M1 fosse tão ruim quanto parecia – como os pilotos diziam e como os resultados na pista mostravam."

Burgess queria mais tempo, mas Valentino tinha de dar uma resposta para a Honda, precisava de uma resposta de seu chefe dos mecânicos até o fim do final de semana.

"No Japão, nós conversamos muito", afirma Jeremy. "Valentino me perguntou 'O que você acha que a Honda vai fazer se eu sair?' Respondi que fariam todo esforço possível e provavelmente acelerariam o desenvolvimento do motor. O Departamento de Pesquisa e Desenvolvimento da Honda supostamente tinha gavetas cheias de novos projetos, que decidiram não desenvolver porque simplesmente não precisavam, já que o nível deles já era muito mais alto do que o de seus competidores."

Como Valentino deixou clara sua posição sobre o assunto, Jeremy achou que era hora de revelar outra história que sabia já há algum tempo. "Algum tempo atrás", disse, "o chefe de Furusawa foi ver Kanazawa, para pedir a ele para atrasar o desenvolvimento da moto por, pelo menos, dois anos. Do contrário, a Yamaha nunca conseguiria alcançá-los."

Burgess falou isso para mostrar para Valentino um aspecto menos animador de seu novo desafio. Os mecânicos também conheciam este episódio e é claro que eles também eram céticos sobre a ideia de Valentino deixar a Honda.

"Você realmente quer ir para uma companhia que é comandada por pessoas desse tipo?!", perguntou provocando, antes de dar um aviso. "Pense cuidadosamente nisso. Talvez seja melhor não correr pela Yamaha."

Na manhã seguinte, Valentino foi até o *lobby* do hotel com esperança de cruzar com Brivio. Quando viu Davide, se aproximou dele com firmeza: "Nós precisamos conversar agora!", disse, sem termos inequívocos.

"Certo, mas como e quando?", Brivio perguntou.

Não era uma pergunta idiota. No Japão, celulares ocidentais não funcionam.

"Não sei, mas vamos encontrar um jeito", Valentino respondeu.

"Tenho uma ideia. Vou dar para você um dos celulares japoneses que a Yamaha nos deu, e você pode me mandar mensagem ou ligar."

A ideia era arriscada, mas funcional. Mais tarde, naquela manhã, Brivio enviou para Valentino um celular e um chip, esperando acalmá-lo. E ele ligou para Furusawa. "Valentino precisa de explicações e está muito nervoso. Temos de nos encontrar com ele esta noite."

Davide também começou a ficar preocupado. Ele foi afetado pela ansiedade de Valentino e estava acometido pelo medo de perder tudo, justo no momento em que pensava que tinha conquistado sua meta. De repente, teve a impressão de que Valentino iria mudar de ideia. No entanto, Furusawa nunca perdeu a calma e disse que estava à disposição de Valentino, a qualquer hora.

A reunião foi marcada para depois da meia-noite no quarto de Valentino, logo no início da manhã de domingo, o dia da corrida. Nem mesmo o grande estresse fez Valentino mudar seu estilo de vida e, como Brivio também se acostumou a estes hábitos, o japonês não teve escolha a não ser aceitar os horários definidos por pessoas que tinham uma paixão irreversível pela noite.

Brivio se juntou a Furusawa e Kitagawa no lobby do hotel muito cedo. Sem saber como passar o tempo, o grupo decidiu ir para o bar. "Valentino está nervoso", Brivio continuava repetindo, e o japonês também sabia disso. Eles tinham visto Valentino algumas horas antes, durante o jantar, do outro lado da janela, sinalizando para chamar a atenção deles – um gesto perigoso, já que muitos funcionários da Honda e da Suzuki estavam no restaurante.

"Não tem jeito, saia daqui!", comunicou Furusawa, com um gesto eloquente.

Valentino foi embora, mas decidiu que ninguém iria para a cama sem primeiro falar com ele e mandou uma mensagem para Brivio confirmando a reunião depois da meia-noite.

Uma vez no bar, qualquer um poderia notar a diferença entre as pessoas envolvidas na negociação.

"Davide repetidamente batia com o copo no balcão, enquanto nós estávamos imóveis", relembrou Furusawa. "Nós não fazíamos um barulho, mas ele tinha ficado irritante."

"Acalme-se. Bater o copo não ajuda ninguém", Furusawa ordenou. "Tome seu drinque. Quando a reunião começar, você pode ficar chateado, mas não agora."

Brivio concordou, mas não conseguia manter as mãos paradas.

"Davide continuou balbuciando 'bom, Valentino, eu acho... eu espero...'", Furusawa revelou. "Mas, acima de tudo, continuou batendo o copo no balcão. Pedi novamente para ele para não se preocupar, mas nem a minha autoridade foi suficiente para acalmá-lo."

"Quando entramos no quarto de Valentino, havia ansiedade no ar", recorda Brivio. "A atmosfera era tensa e Valentino estava claramente preocupado."

Valentino sabia como otimizar o tempo e os recursos técnicos e não perdeu tempo com conversa fiada. Deixou a delegação da Yamaha entrar e, depois de lançar um olhar duro e eloquente para Furusawa, foi direto ao ponto.

"Ele estava furioso", disse Furusawa. "Perguntou o que eu tinha a dizer sobre o episódio com o meu chefe. Ele acreditava que procurar Kanazawa para pedir para desacelerar o desenvolvimento da Honda era um sinal de fraqueza e total falta de confiança – e estava absolutamente certo."

"Agora me diz o que você acha", ordenou Valentino. "Quero saber o que está acontecendo na Yamaha."

"Foi uma ação estúpida, incrivelmente errada", respondeu Furusawa, sem hesitar. "Eu jamais teria feito isso."

Esse passo errado, na verdade, tinha acontecido há algum tempo, mas os rumores apenas tinham se espalhado pouco antes do GP do

Japão. Ninguém nunca descobriu quem contou. Alguns suspeitam de alguém da HRC, mas isso nunca se confirmou.

Essa foi a única medida tomada para conter a ofensiva da Yamaha: a orgulhosa Honda sequer pensou em pedir a Yamaha para interromper a negociação com seu mais importante piloto. Furusawa garantiu: "Nunca aconteceu nada parecido e nunca recebi esse pedido da Honda".

Depois de receber uma completa e satisfatória explicação de Furusawa, Valentino foi, como sempre, muito honesto. "Eu tomei a decisão de correr com a Yamaha, mas quero entender a situação. Ouvi rumores que me fizeram pensar que o cenário é diferente do que você e Davide me fizeram acreditar, então me diga no que e em quem eu devo acreditar."

"Posso lhe prometer que vou projetar uma boa moto e vou organizar um bom time para lhe ajudar a vencer. Prometo que vou dar o meu melhor e vou garantir que aqueles envolvidos nesta aventura façam o mesmo. Não posso lhe garantir 100% de sucesso da companhia, mas estou muito confiante – e lhe peço que confie em mim", disse Furusawa.

Às 2 horas, Davide lembrou a todos que haveria uma corrida poucas horas depois, um compromisso que todos no quarto pareciam ter esquecido. Ali, entretanto, Furasawa já tinha exposto a Valentino seu plano de como gerenciar o projeto e Valentino estava começando a se acalmar. Ao menos, eles poderiam ir embora.

"Valentino não tinha ninguém para apoiá-lo na hora", disse Furusawa. "Ele parecia assustado e com dúvidas. Notei que estava constantemente roendo as unhas e, no fim da reunião, quase não tinha mais unhas... Isso me deu a prova de que ele não é um deus, mas um ser humano. Gostei muito desta parte dele e o tornou melhor e melhor."

Antes de irem embora, Valentino mais uma vez falou diretamente com Furusawa: "Vou assinar o contrato depois de vencer o título".

O pessoal da Yamaha fez anotações. Finalmente, todos retornaram para seus quartos, mas ninguém conseguiu dormir bem aquela noite ou o que restava dela. A adrenalina, mais do que qualquer outra coisa, deixou tudo claro na manhã seguinte. Valentino ficou em segundo, atrás de Max Biaggi, enquanto a Yamaha colheu mais um desastre, mas o que importava para Davide Brivio era que seu projeto e o time dos sonhos poderiam continuar. Apesar dos enormes problemas, Masao Furusawa pôde continuar com seu grande projeto.

O *autógrafo*

Brivio se encontrou com Badioli na Malásia, poucos dias após a problemática noite em Motegi, e imediatamente organizou uma série de encontros que aconteceriam ao longo do fim de semana. Naquele ponto, era necessário falar sobre a equipe técnica e como organizar o time para os novos integrantes. Os executivos da Yamaha concordaram em mudar completamente o time – agora cabia a Burgess e os outros mecânicos decidirem se aceitariam ou não o desafio.

Três reuniões foram planejadas, com a primeira começando a meia-noite e terminando na quinta-feira, às 4h45. A segunda começou mei-noite e terminou às 2 horas de sexta-feira (Valentino também participou desta segunda). No sábado à noite, Badioli e Brivio começaram a conversar a 1h30 e terminaram às 4 horas.

No domingo à tarde, Valentino conquistou seu quinto título. Logo após a comemoração, no paddock, ele falou sobre o futuro com Jeremy Burgess e, felizmente, descobriu que seu chefe dos mecânicos tinha mudado de ideia.

"Eu disse: 'A Honda fará qualquer coisa para lhe fazer pagar por isso; então, se você acha que posso lhe ajudar, eu acompanho você'", disse Burgess. "Naquele momento, ele sorriu e pareceu muito aliviado. Então, eu fui até a garagem e disse aos mecânicos que seguiria com Valentino para a Yamaha. Poucos dias depois, em Phillip Island, falei com Furusawa."

Naquela noite, quando Valentino e Gibo chegaram ao estacionamento do circuito, separado do paddock por uma fileira de palmeiras com luzes coloridas, encontraram Brivio.

"Agora podemos assinar o contrato", disse Davide. Gibo concordou e marcou com ele um encontro no hotel.

Como sempre, o destino agiu e o grupo chegou ao hotel no mesmo tempo e se encontraram no mesmo elevador. Uma vez lá dentro, Gibo disse para Davide: "Tem um problema. Você fez uma confusão. Você pode me encontrar em alguns minutos para que eu possa explicar?". As portas do elevador se abriram e ele saiu. Brivio estava mudo. Ele chegou ao quarto com a sensação de ter sido apunhalado pelas costas, mas ouviu um toque em seu celular, indicando que tinha recebido uma mensagem. Era Valentino. "Gibo quis fazer uma piada, mas foi de mau gosto. Quero que nossa relação comece da melhor forma: então, por favor, fique calmo. Amanhã vou assinar o contrato."

Gibo era assim.

Brivio se encontrou com ele em um quarto, com um espírito completamente diferente do que tinha antes, quando se separaram.

"Que diabo está acontecendo agora?", perguntou Brivio.

Gibo fingiu estar preocupado, mas acabou rindo: "Qual é, eu só estou brincando!", disse, sentando na cama. Brivio tirou o sapato e arremessou em Gibo. Como era um tênis, não causou dano algum, mas o gesto foi suficiente para quebrar a tensão, já que os dois começaram a rir imediatamente.

"Vejo você amanhã, às 14 horas em ponto, tudo bem?", sugeriu Gibo depois que eles se acalmaram.

"Tudo bem para mim", Davide respondeu, mas, na hora do encontro, nem sinal de Gibo e Valentino. Os celulares estavam desligados e ninguém sabia deles.

A reunião estava atrasada, mas Brivio não se importava. Ele estava acostumado aos atrasos e, na verdade, eventualmente todos se atrasavam.

"Valentino estava sem fôlego e apressado", relembrou Brivio. "Ele acordou tão tarde que já estava atrasado para o voo para a Austrália, onde ia correr no fim de semana seguinte. Mas, para o que tinha de fazer, o tempo era suficiente, e fomos em frente."

A assinatura que mudou a história do motociclismo aconteceu entre 16h30 e 16h45 em um contrato desdobrado em cima da cama no Pan Pacific Hotel em Sepang, perto do circuito e do Aeroporto Internacional de Kuala Lumpur.

Gibo virava as páginas e Valentino, ajoelhado no chão coberto com um tapete grosso, assinava. Uma por vez. Uma depois da outra. Até a última.

Era 13 de outubro de 2003. Uma segunda-feira.

Lá vem o Jerry

Um encontro às cegas

No início, Masao Furusawa não conseguia entender porque Valentino considerava a contribuição de Jeremy Burgess uma parte fundamental de seu novo desafio. Apesar de ele conhecer a grande reputação do responsável técnico australiano, não conseguia compreender o motivo de Valentino o querer tão desesperadamente a seu lado, mas, quando o conheceu, imediatamente entendeu que Valentino estava certo.

O próprio piloto tinha organizado um encontro na Austrália, em outubro de 2003, logo após ter cumprido dois importantes compromissos – conquistado o título mundial e, logo em seguida, assinado o contrato com a Yamaha.

Quanto a Burgess, também tinha dado um passo decisivo. Depois de ter apertado as mãos de Valentino – um gesto muito significativo para um australiano – parabenizando-o por seu quinto título mundial, o terceiro consecutivo na classe rainha, disse ao piloto que estava pronto para segui-lo para a Yamaha. Este não era um pequeno detalhe para Valentino. Jeremy tinha inicialmente recusado sua proposta de um novo desafio, mas, depois de algumas semanas de minuciosa consideração, foi persuadido a fazer parte disso.

Valentino decidiu acelerar o processo. Queria que os homens da Yamaha conhecessem Jeremy o mais rápido possível, porque estava certo de que Furusawa apreciaria as excelentes qualidades de seu responsável técnico de confiança. Às vésperas do GP da Austrália – uma corrida em que Valentino e sua equipe puderam disputar sem pressão – foi o momento perfeito.

A enésima reunião secreta aconteceu na quinta-feira, às 22h30, em um quarto no Phillip Island Hotel, em Phillip Island, ao longo da rua principal de Cowes, no coração da pequena ilha. Brivio, Furusawa, Yoda, Jarvis, Valentino e Gibo chegaram simultaneamente. Mais tarde, Valentino foi buscar Jeremy, que estava esperando por ele na porta do hotel onde estava hospedado.

Depois que todos se apresentaram e tomaram seus lugares, Jeremy foi para o meio da sala e começou seu curto discurso. Valentino estava à sua esquerda, e o pessoal da Yamaha sentado à sua direita, e Jeremy gesticulava com as mãos para se fazer entender. "Vocês são engenheiros", disse, olhando para a direita, "e vocês sabem como construir motos de corrida. Se vocês o ouvirem (apontando para Valentino), não haverá problema algum, porque ele sabe exatamente o que precisa. A Honda não é mágica; vocês podem fazer tudo que eles podem fazer."

Os homens da Yamaha ouviam em silêncio.

"Vocês têm de falar diretamente com ele", continuou, sempre indicando Valentino, "mesmo me ignorando. Desta forma, nenhuma informação será perdida. Meu trabalho consiste em, acima de tudo, checar o trabalho dos mecânicos, a gestão dos pneus e, no todo, acertar a moto. Em relação às questões técnicas, é melhor vocês falarem diretamente com ele e, mais importante, confiar nele."

Estas poucas e claras palavras eram o suficiente para fascinar a todos.

"Pensei imediatamente que ele era um grande homem", recordou Furusawa, "uma pessoa inteligente, séria e também agradável. Era muito gentil e muito humilde também. Esperava que alguém com a experiência dele fosse olhar para mim com um ar condescendente. Na época, eu representava um time perdedor, uma fábrica com muitos problemas, e estava preparado para lidar com uma pessoa pretensiosa. De fato, no entanto, ele era o oposto."

"Nós estávamos de frente para um homem que tinha conquistado oito títulos mundiais nos últimos dez anos trabalhando para a companhia mais vencedora, a Honda, mas a sua humildade era espantosa", confirmou Brivio. "Em vez de pedir grandes benefícios, na verdade nos disse que ele não era a chave do sucesso."

Jeremy continuou seu discurso, explicando seu método de trabalho.

"Nós trabalhamos de uma maneira muito simples: quando está explicando o que há de errado com a moto, Valentino sempre começa com o maior problema. Os menores vêm depois. Nós agimos de maneira lógica, por prioridades."

Ele não poderia ter encontrado palavras mais efetivas para definitivamente conquistar Furusawa, o homem que decidiu resolver seus problemas – e os da Yamaha – usando um método lógico baseado em prioridades.

Burgess poderia ter parado de falar ali, e seu lugar na equipe estaria assegurado. "Para mim, ele era um de nós antes do fim de seu discurso", revelou Furusawa. "Ouvindo suas palavras, percebi quão importante seria sua presença. Eu tenho um bom embasamento teórico e posso projetar motos, mas jamais seria capaz de encontrar o acerto certo para uma corrida ou para todas as condições diferentes que enfrentaríamos. Para fazer isso, precisaria de Jeremy, assim como uma boa comunicação entre ele, Valentino e nós. E foi exatamente isso que Jeremy sugeriu, demonstrando que estava em plena harmonia conosco desde o começo."

Apesar de nunca antes ter falado com Furusawa, Burgess estava bastante ciente de que ele tinha duas grandes preocupações em mente: por um lado, tinha de lidar com a nova M1, e, por outro, estava preocupado com a reação da Honda. Então, depois de discutir a moto, passou ao seu antigo time.

"Posso entender que vocês estejam preocupados com a reação da Honda, mas têm de manter em mente que a HRC não é sobrenatural. Eles simplesmente treinam seus engenheiros muito bem, dão valor ao seu dinheiro, e interpretam as regras de uma forma adequada e agressiva."

Por fim, Burgess se dirigiu a Furusawa: "Também neste caso, se você ignorar o que Valentino diz, irá fazer isso por seu próprio risco. Do contrário, se seguir a orientação dele, não terá nenhum problema".

"Eu imediatamente considerei Jeremy um de nossos pontos fortes", disse Furusawa. "Tive muita sorte em conhecê-lo exatamente no momento em que absolutamente precisava de alguém como ele."

Quando essa primeira reunião entre Burgess e Furusawa aconteceu, em outubro de 2003, a Divisão de Corridas estava trabalhando na nova M1 há alguns meses. Naquele período, o novo chassi estava para ser lançado e testado na pista, enquanto o motor ainda estava em fase de projeto. As palavras de Burgess ajudaram Furusawa a traçar uma estratégia detalhada.

"Decidi que iríamos completar o protótipo da M1, para podermos utilizá-lo na fase inicial de desenvolvimento, no fim da temporada. Então, colocaríamos a moto nas mãos de Valentino e Jeremy em janeiro de 2004. A partir daquele momento, meus técnicos e eu seguiríamos as indicações de Valentino."

O discurso de Burgess foi ouvido de forma alta e clara. Furusawa tinha chegado a uma conclusão que poderia ser bastante dura para a maioria dos projetistas técnicos, especialmente naquele período, quando muitos engenheiros estavam convencidos de que poderiam construir a moto perfeita sem a ajuda do piloto. No início, Furusawa também estava influenciado por esta mentalidade – a abordagem da Honda – que postulava que se alguém fosse construir a melhor moto, então o piloto se tornaria menos relevante.

"Eu percebi que nem mesmo se eu pilotasse a M1 por uma volta, jamais poderia entender o que era necessário para realmente torná-la rápida", admitiu Furusawa. "Eu consegui completar um circuito mental que sacudiu qualquer presunção da minha cabeça. Entendi que precisava da ajuda do Valentino e, assim que comecei a trabalhar com ele, tive a confirmação de que tudo que Davide e Jeremy tinham me dito era inegavelmente verdade. Eles estavam certos: quando você tem sorte o bastante para trabalhar com um piloto tão talentoso quanto Valentino, você deve seguir as direções dele."

"Disse aos chefes da Yamaha que confiar em Valentino seria a coisa certa", explicou Burgess, "porque então entendi o que ele já tinha percebido: a Yamaha não podia ser tão ruim quanto tantas pessoas achavam. Eles simplesmente precisavam de um líder forte e uma boa organização, e Furusawa daria os dois a eles."

Um intelectual vai às corridas

Durante a Segunda Guerra Mundial, o pai de Jeremy era um interceptador de dados para a Real Força Aérea australiana. Ele interceptava e destruía mensagens transmitidas ao exército japonês, o que poderia explicar a paixão de Jeremy por estratégias de guerra.

"Meu pai sequer sabia segurar uma arma, mas lutava com o cérebro", falou Jeremy sobre seu pai, um dos poucos ocidentais que, depois da rendição do Japão em agosto de 1945, colocou os pés na Terra do Sol Nascente, devastada pelo bombardeio dos norte-americanos. O pai de Jeremy deve ter passado adiante sua paixão por estratégias de guerra, o que seu filho aplicou nas corridas muitos anos depois. Jeremy está na linha de frente exatamente da mesma forma que seu pai costumava estar. Um estrategista sábio e astuto, inteligente e perspicaz, Jeremy Burgess ajudou Valentino a desenvolver e refinar sua arte de correr.

Assim como Furusawa, Burgess também admira Leonardo da Vinci, o gênio da ciência e da arte, que ainda hoje é um modelo para engenheiros e administradores. Burgess baseia sua força em sua cultura. Ele ama matemática e ciência, assim como história, mas, acima de tudo, é fascinado pelo cérebro humano, com seu potencial sem fim. "Posso ler até três livros ao mesmo tempo. Tenho muito tempo livre devido às minhas viagens, que são sempre muito longas, já que a Austrália é bem distante de tudo", explicou.

Burgess é um tipo intelectual, um livre pensador com uma lógica sofisticada, que conhece psicologia. É por isso que ele é um excelente estrategista.

"Ele é muito bom em entender a mente do piloto", explicou Brivio. "Além disso, graças a esta habilidade, sempre incutiu uma grande tranquilidade em Valentino. Ele faz com que Valentino sinta que o time está trabalhando por ele, apoiando-o e confiando em suas decisões. É claro, Valentino e Jeremy confiam um no outro. Muitas vezes, vi Valentino pedir conselhos a ele e, em momentos decisivos, sempre conversam e trocam opiniões. Na verdade, eles se conhecem tão bem que, na maioria dos casos, sequer precisam falar – um olhar rápido ou poucas palavras são o suficiente para comunicar. Eu os vi resolver emaranhadas soluções técnicas, desenvolver estratégias vencedoras para uma corrida, modificando táticas para uma batalha."

"Jeremy foi uma pessoa-chave para Valentino, e para a Yamaha também. Na realidade, ele também foi, definitivamente, útil para o espírito da equipe. Durante as corridas, Jeremy e eu normalmente olhávamos um para o outro, e as expressões dele eram sempre encorajadoras. Quando comentávamos sobre a ação, ou quando eu dizia a ele que estava em dúvida sobre algo, as suas palavras sempre me tranquilizavam. 'Não se preocupe, eu sei o que fazer', costumava dizer. Me lembro de um episódio engraçado sobre a relação entre Jeremy e Valentino: nós estávamos em Donington Park, na Inglaterra, e Valentino ia largar no fim do grid. Estávamos no grid, e Jeremy estava dando alguns conselhos a ele, examinando profundamente cada possível estratégia. Ele começou: 'Tente abrir na primeira curva, porque todos irão por dentro e você pode encontrar algum espaço...'. Naquele momento, parou de repente, chacoalhou a cabeça, e se afastou dizendo: 'Que diabos! Para que estou dizendo tudo isso? Você sabe o que fazer'".

De fato, algumas vezes a experiência de Jeremy como piloto prevalece em sua mente. Ele costumava correr no Campeonato Australiano e, entre 1972 e 1979, era o piloto que costumava pedir aos seus mecânicos dicas para ser mais rápido ou para resolver os problemas da moto. Sua primeira moto foi uma Suzuki Gamma 500 de 1969, que comprou dois dias após deixar a escola. "Eu estava acostumado a guiar veículos motorizados. Nasci e fui criado em uma fazenda. Quando tinha oito anos, costumava guiar motos, e quando tinha doze, dirigia um carro."

Embora Jeremy tenha sido piloto, quando percebeu que não tinha talento o bastante para viver correndo de moto, descobriu um jeito de trabalhar com elas. Como muitos de seus conterrâneos, Burgess decidiu partir e descobrir o mundo, e a primeira parada foi a Inglaterra. Um amigo dele, que vivia perto de Londres e trabalhava para a Suzuki inglesa, o ajudou por um tempo. Naquele período, a Suzuki alinhava Graeme Crosby, e Jeremy começou sua carreira como técnico, quando seu amigo lhe disse que o time estava buscando um mecânico. Jeremy se viu no Campeonato Mundial com a Suzuki, e trabalhou com eles até 1982 – quando a Honda começou a comprar o paddock, procurando pelos melhores profissionais para sua Divisão de Corridas. Eles estavam dando vida à HRC.

No início, Burgess foi contratado para o time de Erv Kanemoto, que alinhava com Freddie Spencer. Então, ele se tornou responsável técnico de Wayne Gardner, e depois ficou ao lado de Mick Doohan na duração de sua fabulosa carreira de GP, até a aposentadoria de Mick em 1999. Valentino começou suas negociações com a Honda justo no final de 1999, e ele especificamente pediu Jeremy Burgess como responsável técnico do time que estavam montando para sua estreia na classe 500cc, em 2000.

Eu penso positivo

Na organização ideal de Furusawa, pessoas e motos eram componentes do mesmo mecanismo, por isso tinham de trabalhar juntos em perfeita harmonia. Ele logo descobriu que Burgess também esperava criar idêntico mecanismo na Yamaha. "Acredito que todos devam fazer seu melhor pelas corridas e campeonatos, que não podem ser apenas uma preocupação do piloto." É assim que Burgess pensa sobre as corridas. "Nós devemos trabalhar todos juntos em direção a um objetivo comum. O resultado de uma corrida ou campeonato não é prerrogativa de um fabricante, ou de um time ou de um piloto. Se alguém tem um problema, isso significa que todos têm um problema, que deve ser resolvido com a contribuição de todos."

Além da paixão por enigmas e uma admiração por Da Vinci, Jeremy compartilha muitas outras características com Furusawa, incluindo uma habilidade de ouvir os outros – ele não dá nada como definitivo e está sempre pronto para explorar novos caminhos. Burgess é muito empenhado, e outro ponto forte é sua altivez lendária – está sempre lúcido, especialmente em momentos-chave, e não entra em pânico sequer nas situações mais difíceis, como durante os treinos livres, quando o tempo está acabando e nada parece melhorar.

"Jeremy resolveu inúmeros problemas e sugeriu soluções brilhantes, tanto para estratégias de corrida como no acerto de motor, chassi, pneus", disse Brivio.

"A abordagem dele é sempre positiva", continuou Furusawa. "Valentino e eu também somos positivos, mas Jeremy é ainda mais otimista. Nunca fica nervoso e, se acontecer, ele é capaz de se acalmar imediatamente. Não sei se ele é calmo ou se finge ser, mas sempre mantém a cabeça fria. E nunca perde a esperança, mesmo quando tudo parece perdido. Esta é uma atitude maravilhosa. Logo entendi que Valentino confia muito em Jeremy e que precisa de uma pessoa calma ao seu lado, porque quando ele fica nervoso, fica bastante agitado. Ao contrário, Jeremy e eu tentamos não ficar ansiosos, pois sabemos que isso não ajuda a lidar com as dificuldades."

Um domingo para recordar

"Valentino e Jeremy pensam exatamente como eu, e isso me ajudou a confiar completamente neles", explicou Furusawa. "E decidi que confiaria totalmente neles." Furusawa concordou em começar a conversar com os mecânicos antes da corrida e queria que Burgess assinasse um pré-contrato ainda mais cedo.

Era véspera do lendário GP da Austrália de 2003, quando Valentino teve uma arrancada memorável. Ele estava liderando a corrida quando recebeu uma penalidade de 10s por ter ultrapassado em bandeira amarela. As regras são muito claras nesta questão: bandeiras amarelas indicam perigo na pista, e todos os pilotos devem manter suas posições. Liderando a corrida, o piloto de Pesaro aumentou o ritmo, recuperando toda a desvantagem virtual para Loris Capirossi (que virtualmente era o primeiro, por conta de sua segunda posição no momento da bandeira amarela) e dominou a corrida.

Valentino Rossi dominou aquele histórico GP, mas não celebrou a incrível performance, já que sua cabeça estava cheia de pensamentos. Acima de tudo, estava contemplando seu novo time.

"Seu desejo era trazer todos os sete mecânicos que trabalhavam com ele na Honda", revelou Brivio, "mas nós decidimos manter dois elementos do time da Yamaha – Matteo Flamigni, técnico na aquisição de dados, e Brent Stephens, um mecânico australiano que vivia em Brisbane. Ele trabalhava com Carlos Checa e, como Matteo Flamigni, conhecia a M1 muito bem, e poderia treinar os outros mecânicos. Nós dissemos ao Jeremy que só tinham quatro posições livres no time de

2004. A primeira era para ele, e estava encarregado de selecionar os outros três, adequados para o desafio que estavam planejando."

"Quando ele nos deu sua pequena lista, nós lemos três nomes nela – Alex Briggs, Bernard Ansieau e Gary Coleman. Como enfrentávamos uma grande incerteza, Jeremy acreditava que 2004 seria uma temporada muito difícil. Assim, escolheu pessoas positivas, habilidosas e audaciosas. Ele tinha trabalhado na Honda por vinte anos, Alex por sete, Gary e Bernard por oito ou nove, depois de uma curta experiência na Yamaha. Só pessoas corajosas escolheriam deixar a HRC e o time, onde todos gostariam de estar, para ir para a Yamaha. Só as pessoas com a mentalidade aberta correriam tal risco, e todos tinham isso."

Depois da corrida, os homens selecionados foram chamados para uma reunião no hotel onde o pessoal da Yamaha estava hospedado. Estacionaram perto, mas a salvo de olhares curiosos, e a procissão começou. Um entrava, discutia seu contrato, fazia um acordo, e, saindo do quarto, dizia: "Vou ligar para o próximo".

Apesar de todos terem começado a perceber a importância do novo desafio, as negociações aconteceram em uma atmosfera relaxada, pois este grupo sempre conseguiu suavizar as situações, mesmo quando sob grande tensão. "Gary me perguntou se a Nastro Azzurro seria o nosso patrocinador, porque gostava muito da cerveja", recorda Brivio.

Os contratos foram assinados em Valência, quando Brivio teve de informar as pessoas que tinham sido dispensadas: Ivan Bonassi (que foi para o time das 250cc de Dani Pedrosa), Lorenzo Gagni e Luciano Bertagna (que foram para o time da Ducati na MotoGP) e Geoff Crust (que deixou o mundo dos GPs). Brivio conversou com eles na quarta-feira antes da corrida.

Na tarde de domingo, depois da corrida (vencida por Valentino), a Honda e o campeão mundial anunciaram o fim de sua colaboração. Durante a breve coletiva de imprensa, Valentino não proferiu o nome de seu novo time ou de sua futura moto, e a situação era ridícula, já que as duas eram muito bem conhecidas. A mídia já tinha escrito e comentado esta notícia – mesmo aqueles que, algumas semanas antes, estavam garantindo que Valentino tinha assinado com a Ducati, não com a Yamaha. Apenas disso, Valentino tinha de continuar desempenhando seu papel por conta de acordos legais. Se, até aquele momento, ele tinha tido que representar para esconder suas negociações secretas com a Yamaha, assim como a surreal aventura de seus protagonistas, agora tinha de fingir porque não estava autorizado a pronunciar as seis letras – Yamaha – que estavam para se tornarem muito importantes em sua vida.

Computadores demais

A Honda não fez nenhum favor, sequer um pequeno gesto de gratidão por tudo o que Valentino tinha feito pela companhia japonesa – Valentino a tinha mantido no topo enquanto mudava das 500 para a era da MotoGP. A toda poderosa Honda confirmou que era dura, severa e rancorosa. Ferida em seu orgulho – nunca tinha acontecido antes de um piloto deixar a Honda. Era a Honda que costumava se livrar dos pilotos – a companhia obrigou Rossi a respeitar seu contrato até a data de validade, no fim do ano.

Isso significou que Valentino não pôde participar da sessão de testes que a Yamaha havia agendado para o fim de novembro, na Malásia. De fato, ele poderia ter burlado isso pagando uma multa, mas achou que não valia a pena. Aquela sessão de testes só seria importante para a Divisão de Corridas que estava encarregado de checar o novo chassi, que tinha sido usado no GP de Valência.

Sua nova M1 só estaria pronta em janeiro, quando a MotoGP se reuniria novamente para a primeira sessão de testes da temporada que estava se aproximando. Além disso, Valentino também agiu de acordo com seu orgulho. Ele não queria demonstrar desapontamento ou, mais ainda, preocupação em não poder testar a M1 antes da pausa de inverno. Fazer isso permitiria que o Departamento de Corridas da Yamaha trabalhasse de forma mais confortável, mas Furusawa estava gerenciando tudo da melhor forma, e podiam superar o inconveniente.

Durante os três dias em Sepang, em novembro, os pilotos de teste verificaram todas as novas especificações da M1. Assim a Yamaha poderia construir a M1 de 2004 e, mais importante, os quatro motores diferentes que seriam testados e selecionados por Valentino em dois meses.

Durante aqueles dias na Malásia, Jeremy Burgess acompanhou a Yamaha. Valentino não estava presente – como não podia pilotar, sua presença teria sido bastante desnecessária –, mas Jeremy passou três dias observando o método de trabalho dos técnicos. Ele guardou todas suas sensações para si, mas em um momento teve de dividi-las, e abordou Brivio. "Você pode, por favor, vir aqui fora comigo? Eu quero mostrar uma coisa", disse.

Os dois foram para o pit-lane, bem em frente do box, e Burgess pediu que Brivio olhasse para dentro.

"Você já percebeu a quantidade de computadores que tem dentro do box", perguntou Burgess.

"Não, nunca contei", respondeu Brivio.

"Eu contei. São 22 computadores e, em minha opinião, isso é demais."

Furusawa logo descobriria que Jeremy estava acostumado a confiar no cérebro, na lógica e na experiência direta, e que não confiava particularmente na tecnologia. Ele não lidava bem com computadores, que terminantemente detestava. Isso se tornaria um assunto de discussão, apesar de bem-humorada, entre ele e Furusawa, que estava permitindo a entrada de um vento de mudança nos escritórios de Iwata, tecnologicamente falando – novos computadores, novos softwares, nova eletrônica e engenheiros de TI, tudo graças a um enorme orçamento.

"Enfrentei um cenário completamente novo, muito diferente do que estava acostumado no box da Honda", recorda Burgess. "No início, pensei que Honda talvez não precisasse de tantos computadores porque já tinham uma moto perfeita, uma situação que não força engenheiros e técnicos a gastarem tanto tempo olhando para números e figuras em uma tela. Só duas pessoas estavam encarregadas deste trabalho, e a Honda achava que isso era suficiente."

Ainda, Jeremy recebeu mais uma confirmação de que Valentino estava certo. Era provável que a Yamaha emergisse de seus problemas, bastando ser colocada no caminho certo. "Eu percebi que tanto o piloto como o time sempre tinham sido apoiados pela fábrica, mas, em certo ponto, uma grande confusão tinha acontecido. Antes de mais nada, tinham de amarrar tudo, e neste ponto, Masao Furusawa estava fazendo a coisa certa. A Yamaha tinha uma boa tecnologia, mas não a usava adequadamente. Havia muitos dispositivos eletrônicos na M1, mas os técnicos os utilizavam incorretamente. Quando fui questionado, disse que primeiro teríamos de levar a moto ao nível zero, e depois disso poderíamos começar, seguindo um novo e rigoroso cronograma. No geral, simplesmente repeti o que eu já tinha dito para Furusawa: precisávamos colocar a moto nas mãos do piloto e fazer os engenheiros seguirem suas indicações. Esta era uma nova atitude para o pessoal de Iwata. Quando o piloto dá boas direções e os engenheiros encontram o caminho para colocá-las em prática, a moto sempre responde de forma positiva. Eles tinham a chance de trabalhar com Valentino, um ótimo piloto que explica tudo de forma clara e calma. Cabia a eles derrubar qualquer preconceito."

Tudo correu exatamente como o sábio conselheiro de Valentino tinha previsto.

"Furusawa, o general que comandara suas tropas sem nenhum intermediário, seguiu minhas instruções ao pé da letra e imediatamente criou um link direto com Valentino. Isso nos daria uma grande vantagem, assim como eu imaginava. Masao falava com Valentino e dizia aos seus subordinados o que fazer. No início, estávamos constantemente em estado de urgência, e então Valentino e Furusawa rapidamente entenderam como era fundamental eliminar a troca de informações entre muitas pessoas – isso ajudaria a identificar mais rapidamente os pontos fracos e fortes da moto, e, é claro, aceleraria a descoberta de soluções."

Se uma linha direta com o piloto era fundamental, a possibilidade de Furusawa monitorar constantemente o trabalho dos técnicos e engenheiros era também muito útil para otimizar os recursos.

"Furusawa não tinha nenhuma cultura de corrida; então, alguém podia esperar que não gostasse de ir, mas ele imediatamente ficou fascinado e começou a comparecer frequentemente. Isso também era de grande ajuda. Experiência em primeira mão era essencial. Furusawa costumava falar com os engenheiros para ficar ciente de todos os problemas de um fim de semana de corrida. Desta forma, podia constantemente monitorar a situação, e sabia perfeitamente como a M1 funcionava. Durante seu voo de volta para casa no Japão, ele podia começar a pensar em como melhorá-la, e isso era muito útil."

Ar fresco

Jeremy Burgess e seu punhado de homens escolhidos levaram uma brisa de ar fresco para Iwata, contribuindo fortemente com a revolução de Masao Furusawa.

"A Yamaha poderia ter sido bem-sucedida apenas com Valentino, isto é, sem mim, mas acho que teria levado mais tempo para mostrar para o pessoal da Yamaha um novo método de trabalho", disse Burgess. "Mecânicos, técnicos e engenheiros teriam tentado, ao menos no início, continuar trabalhando da forma que estavam acostumados a fazer com outros pilotos, e teriam perdido tempo."

Não era fácil ceder e modificar o hábito de alguém, e abandonar velhos e bem testados esquemas, mas Burgess também teve de fazer isso. De fato, ele mudou sua relação com a tecnologia.

"Naquela época, percebi que o motociclismo tinha entrado em uma nova era – a época da eletrônica e da tecnologia da informação – e que esta tendência não acabaria. Muito ao contrário, tive a confirmação de que essas novas tecnologias seriam mais e mais usadas. Durante aquele período, os engenheiros tinham dado um importante passo à frente, graças especialmente à Honda, e este era apenas o começo. O próprio papel de chefe-técnico estava passando por uma mudança significativa, e os mecânicos também, cedo ou tarde, teriam de evoluir. Aquele período foi difícil, mas esclarecedor. A MotoGP tinha se separado da categoria das 500 e tinha um método de trabalho completamente diferente para trabalhar nas motos."

Ano após ano, Jeremy Burgess se adaptou aos computadores, e começou a usá-los mais e mais para entender como resolver problemas mais rapidamente ou lutar com rivais de forma mais efetiva, estudando a telemetria e os dados obtidos pelos sensores que monitoravam quase todos os parâmetros da moto (pode haver mais de duzentos).

Desde sua primeira reunião, Furusawa percebeu que Valentino e seu grupo não chamavam Jeremy Burgess por seu primeiro nome – eles só o chamavam de Jeremy em público. Em particular, ele era simplesmente Jerry – e muito rapidamente ele se tornou Jerry para Furusawa também.

Unidos vencemos; separados, caímos

Uma verdadeira obsessão

"Na primavera de 2003, quando fui designado para minha missão, obviamente estava ciente de sua importância, mas, ao mesmo tempo, estava pronto para levá-la adiante, porque sabia o que tinha de fazer", revelou Furusawa. "Existem algumas coisas em que nós, japoneses, somos muito bons, graças à nossa história. Depois da Segunda Guerra Mundial, nós tivemos de reconstruir o nosso país e, principalmente, alcançar os países ocidentais. Não tínhamos tempo para aprender tudo, e então distribuímos tarefas e deveres para os membros dos times que, se bem gerenciado, trabalharia em harmonia para resolver problemas. Nosso vício em organização nasceu ali, surgindo da nossa cultura, o que requer trabalhar e interagir juntos.

No Japão, se alguém destrói a harmonia, é empurrado para fora do grupo. Somos quase maníacos em trabalhar em grupo, e preferíamos isso a uma excelência individual. É por isso que mesmo um especialista pode, ou melhor, deve, trabalhar em harmonia com seu grupo. Os tempos estão mudando, entretanto, e, mesmo no Japão, o número de pessoas auto-orientadas – aqueles que são incapazes de manter uma boa atmosfera no grupo – está aumentando."

"Na Yamaha, tentamos manter um método tradicional e familiar, enquanto a Honda tem uma abordagem mais agressiva – eles estimulam a formação de grupos internos para competir uns com os outros. Esta é a razão por trás da agressividade da Honda. Quando um grupo é bem-sucedido, ele normalmente se torna excessivamente orgulhoso e tende a parar de se arriscar. Não gosto disso, mas tenho de admitir que o nosso método também não é perfeito. Se, por um lado, todos se sentem à vontade, por outro, as pessoas podem ser relaxadas demais – homens não têm equilíbrio. Em 2003, a Yamaha tinha um problema oposto ao da Honda: as pessoas eram muito relaxadas, tínhamos perdido a agressividade e o orgulho, e éramos fracos. Percebi que esta fraqueza existia por conta de um sistema que não queríamos modificar – outra bem típica atitude japonesa –, e decidi mudar tudo, começando pelas pessoas no grupo."

Individualismo é proibido

Desde o início da infância, os japoneses são apresentados à sensação de ser parte de uma comunidade, e começam a desenvolver um grande senso de compartilhar ideias, trabalho e metas que você pode ver na maioria dos adultos do país. Apesar de as pessoas não darem mais ao grupo de trabalho – que é a companhia para a qual trabalham –, o mesmo valor que davam para sua família no passado, os conceitos de pertencer e de trabalho em equipe ainda são muito fortes. A sociedade baseada em clãs, grupos econômicos ou famílias ricas e poderosas que estão no comando de enormes indústrias e realidades econômicas contribuíram significativamente para alimentar este forte senso de lealdade e identidade que se pode ver ainda hoje.

Os japoneses crescem acostumados a trabalhar e produzir para o bem comum, para o grupo ao qual pertencem, e com o qual se identificam. Trabalho é considerado uma atividade de grupo e, como em nenhum outro país do mundo, indivíduos se sacrificam em nome da corporação. É por isso que raramente se pode identificar o verdadeiro "pai" de um projeto, a menos que ele seja o dono de uma fábrica ou um dos principais homens corporativos. Existem simplesmente líderes de projeto ou de grupo, e podem não ser os verdadeiros inventores de uma importante melhoria, ou os donos de uma patente. Em países ocidentais, a situação é exatamente o oposto.

Neste caso, a explicação pode ser encontrada ao se olhar para a história do Japão. O país nunca teve revoluções ou guerras civis violentas, como a Europa e a América do Norte tiveram. Os japoneses sempre permaneceram unidos sob a mesma bandeira, devotados – por meio de uma hierarquia rígida – ao seu imperador, que, até o fim da Segunda Guerra Mundial, era considerado pela maioria das pessoas uma divindade. A religião Shinto é baseada na ideia de um imperador como um deus, e o confucionismo ensinava obediência cega aos mais velhos. A organização social estava profundamente enraizada em um peculiar sistema familiar e em séculos de uma disciplina estritamente militar e feudal, o que contribuiu fortemente para espalhar o conceito de extrema abnegação – cada indivíduo sempre teve uma figura autoritária dominante para se relacionar.

Eles valores foram, então, traduzidos para o espírito corporativo, e ainda são válidos na relação entre funcionários e chefes. Os japoneses são agressivos e guerreiros, mas nunca se rebelaram contra nenhum rei, nunca destronaram nenhum ditador, nunca decapitaram qualquer soberano ou derrubaram qualquer regime. Similarmente, nunca questionam a autoridade de seus empregadores. Os japoneses sempre lutaram e sofreram pelo bem de uma figura de referência que, de fato, era seu dono – inicialmente o imperador, um shogun, o próximo imperador outra vez, e, finalmente, os presidentes dos gigantescos impérios industriais onde o Japão encontra sustento e algo a que pertencer, um grupo.

Cada um desses grupos vive basicamente em uma única cultura, porque o Japão sempre foi habitado por uma maioria esmagadora de japoneses – e a minoria dos indígenas Ainu, que foram ignorados e esquecidos na história – em uma terra nunca colonizada por estrangeiros. Este país nunca enfrentou problemas de integração racial, e é por isso que os japoneses são muito patriotas, com um forte sentimento nacionalista e, para ser honesto, alguma desconfiança em relação a estranhos. O Japão esteve fechado para estrangeiros por muito tempo, e quando os japoneses começaram a ter contato com estranhos, seu nacionalismo e tradicionalismo tornou-se ainda mais forte.

A arte de fazer

Ao longo dos séculos, os japoneses desenvolveram uma habilidade por organização que é quase incomparável no mundo, pois eles são pontuais, precisos e responsáveis. É por isso que é fácil para eles planejar e organizar tudo até os mínimos detalhes. "Quando estão no trabalho, os japoneses conversam muito e trocam suas opiniões", explicou Furusawa. "Eles conversam, mesmo que de forma vívida, mas raramente discutem. Eles são quietos, honestos, bem-dispostos para se moverem juntos; fáceis de controlar. Um bom líder de grupo, com uma boa organização, quase garante que todos seguirão suas direções, mas você também tem de considerar que, apesar de os japoneses serem quietos, também podem ser muito poderosos – essa é uma das nossas maiores qualidades. Quando alguém tem de fazer alguma coisa, sempre dá muita atenção ao seu trabalho. Ele se compromete a fazer o seu melhor. Nós podemos seguir os princípios do *Kaizen* e o sistema dos 5-S, e somos experts em fabricação de alta qualidade, devido a *Monozukuri*."

A grande aventura

A "arte da fabricação de produtos" – *Monozukuri* – é a fundação da excelência da fabricação japonesa, uma característica incomparável do sistema industrial da qual eles são justificadamente muito orgulhosos. *Monozukuri* não significa simplesmente produzir algo com extremo cuidado e atenção; significa principalmente, uma condição mental, a atitude com a qual podem produzir produtos excelentes, assim como a habilidade de constantemente melhorar o processo de fabricação. A palavra é composta por *mono* (que significa coisa, produto) e *zukuri* (o processo de fabricação), dois termos que juntos resumem conceitos como excelência, habilidade, entusiasmo e orgulho de fazer as coisas na melhor maneira possível.

Deste ponto de vista, fabricar um produto não é a mera repetição de movimentos arranjados e repetitivos; se torna um ato que você aprende durante um longo e preciso período de treinamento. Além de possuir boas habilidades manuais, a pessoa tem de focar no que está fazendo, eliminando erros e, ao mesmo tempo, encontrando soluções para problemas que podem ocorrer durante o processo de fabricação.

Tem uma história que resiste à força do tempo que é o exemplo perfeito da abordagem japonesa ao processo de fabricação. Quando Comodoro Perry foi ao Japão para sua segunda visita, em 1854, levou uma miniatura de trem como um presente para o Shogun Tokugawa. Membros do clã Nabeshima (aquele do Hagakure) ficaram fascinados pelo objeto e o estudaram profundamente. No ano seguinte, tinham completado uma cópia muito precisa da miniatura de um trem – até mesmo abastecido com álcool! – por conta própria. Alguém poderia dizer que o clã Nabeshima foi o antecessor de Furusawa-san, não apenas no que diz respeito ao espírito samurai, mas também como verdadeiro pioneiro do *Monozukuri*.

O espanto dos japoneses descobrindo o trem de brinquedo era igual à surpresa dos norte-americanos ao entender que, apesar do sistema industrial japonês estar em seus estágios iniciais, o povo japonês estava longe de ser ignorante. Eles eram cultos, articulados, extremamente inteligentes e lógicos. Trinta anos depois, o Japão começou sua ascensão ao poder industrial global.

"Se os japoneses são excelentes em organização, fabricação e trabalhos de precisão, eles não são ótimos inventores", admitiu Furusawa. "Para ser honesto, há muito poucas invenções japonesas entre aquelas que mudaram o mundo."

Melhorar a ideia de outra pessoa: por um longo tempo, esta foi a especialidade japonesa. Até mesmo o *tempura*, que ao lado do sushi é considerado um emblema da culinária japonesa, é o resultado final de uma cópia precisa. Seu nome deriva do Latim *tempora* (ou seja, os tempos). No século XVII, alguns missionários católicos portugueses chegaram ao Japão para converter pessoas ao Cristianismo –, mas a missão não durou muito, pois as autoridades japonesas logo começaram uma cruel perseguição contra aqueles que se recusavam a deixar o país, até mesmo crucificando-os. Esses missionários introduziram o hábito de fritar vegetais com manteiga, a fim de cumprir a forçada abstinência de carne durante a *"tempora IV"* – o terceiro dos quatro períodos nos quais costumavam dividir o ano litúrgico. Durante alguns dias de cada *tempora*, os missionários não eram autorizados a comer carne, e eles encontraram uma alternativa em fritar vegetais com manteiga.

Assim, os japoneses descobriram a manteiga frita, mas como nunca ficaram satisfeitos simplesmente em copiar algo, lentamente transformaram a receita original em uma obra-prima da fritura light. O episódio demonstra a sua força por perfeccionismo assim como sua determinação.

Criatividade italiana, organização japonesa

"Japoneses são bem teimosos", confirmou Furusawa. "Não sendo muito flexíveis, tendem a manter sua posição até o último momento, de modo que uma eventual falha se torna mais devastadora, o que foi evidente durante a Segunda Guerra Mundial, entre os países derrotados" – Alemanha, Itália e Japão. "A Itália foi a primeira a se render. Assim que perceberam que a situação era invencível, os italianos desistiram. Então, a Alemanha também desistiu, enquanto o Japão só parou depois das tragédias em Hiroshima e Nagasaki. Você pode ver a mesma atitude no nosso mundo industrial, e na forma como eles agem."

"Graças a Valentino e aos outros, entrei em contato com os italianos, um povo extraordinário. Estou mais e mais convencido de que os italianos são extremamente inteligentes, e em geral eles são geniais. Amam descobrir e criar coisas, mas raramente podem seguir as ideias dos outros. Se você trabalha com eles, você sempre tem de manter isso em mente. A história diz que os italianos são inteligentes e astutos, mas, assim que encontram um problema, eles tendem a se desencorajar. A Itália deu vida a alguns dos mais importantes gênios, como Leonardo da Vinci e Galileu Galilei, e sempre teve um número relevante de pessoas muito inteligentes, muito mais alto do que a média. Mas a maioria não pode seguir as ideias dessas pessoas, porque elas são, na verdade, inacessíveis. Às vezes, uma ideia inteligente dificilmente é aplicável, pois a base não está preparada para entendê-la completamente e para colocá-la em prática."

"Os italianos são passionais e entusiasmados, mas, muitas vezes, são inconsistentes. Por exemplo, os italianos produzem protótipos e, de repente, perdem o interesse neles, pedindo que outros assumam a produção em massa da invenção, porque só estão inspirados pelo protótipo, no trabalho em si. Se as pessoas que são chamadas para organizar a produção em massa deste protótipo não estão no mesmo nível daqueles que o criaram, você tem uma grande perda de valor. Em resumo, os produtos italianos são muito bons, mas focados em áreas restritas. É por isso que, apesar de eu amar a Itália, nunca apreciei seu sistema de produção em massa. Os japoneses são exatamente o oposto. Nós focamos em muitas áreas de produção, mas não temos nenhuma em especial. Por quê? Uma boa porcentagem dos japoneses é inteligente, mas não o suficiente para fazer uma grande diferença em relação à média; então, nosso ponto forte são as pessoas comuns, em vez das muito inteligentes. Isto é exatamente o contrário do que acontece na Itália."

Percebendo esses conceitos, Furusawa conseguiu combinar o talento criativo do artista italiano com a força e o rigor da indústria japonesa. "Valentino contribuiu com a criatividade italiana e eu contribuí com a habilidade japonesa em construir, o que levou a uma parceria muito forte". *Monozukuri* (a arte de fabricar coisas) e o *Kaizen* (a melhora constante do produto) a serviço da fantasia e da criatividade – tudo tratado com um forte pragmatismo, mas também com a agressividade dos homens das armas.

Traidores e dissidentes

O caso Yoda

Um grupo pode ser perfeitamente isolado do mundo exterior, mas não do descontentamento – um bicho que cresce e chega a causar grandes danos. Uma pessoa traiçoeira e dissidente deixou sua marca na história deste time.

Ichiro Yoda pode ser considerado o traidor. Entre o fim de 2004 e o início de 2005 – logo depois do primeiro título mundial de Valentino com a Yamaha – Yoda deixou a companhia, buscando uma nova gratificação com a Kawasaki. Foi acusado de transferir tecnologia para uma Divisão de Corridas rival, mas, na realidade, ninguém o processou ou apresentou provas contra ele. O próprio Furusawa, ao seu estilo, escolheu evitar o conflito e as ações legais, pois, em sua opinião, o dano era leve. A Yamaha estava alguns anos à frente da Kawasaki e só podia ser alcançada por meio de um investimento que ninguém, nem mesmo aquela gigante que construía navios, trens, aviões, pontes, viadutos, máquinas para construção de túneis e submarinos, estaria disposta a fazer.

É claro que Yoda negou qualquer suposição em relação à transferência de tecnologia, e assim que colocou a camisa da Kawasaki, afirmou que "o Japão está mudando. Hoje é normal que as pessoas decidam mudar para outra companhia, talvez até uma rival daquela onde antes estavam empregadas, e não vejo porque deveria me sentir culpado". Furusawa confirma que "as novas gerações japonesas estão deixando para trás o hábito de trabalhar a vida inteira pela mesma companhia e, assim, um sentimento de forte identificação com isso. É claro que este hábito não desapareceu completamente, mas agora os funcionários estão muito mais dispostos a deixar sua posição por um emprego em uma corporação rival."

Assim como Furusawa, Yoda tinha nascido e sido criado profissionalmente na Yamaha. Depois de se formar na Universidade de Tóquio, foi contratado pela Yamaha, onde trabalhou por vinte anos, com papéis cada vez mais importantes. Em 2001, foi designado com o prestigiado título de gerente sênior para o projeto da M1, e se tornou uma das referências mais importantes de Furusawa durante a primeira temporada dele na MotoGP.

Em 2004, Furusawa promoveu Yoda a diretor da Yamaha Motor Racing, e ele se mudou para a subsidiária italiana, a base logística o time da Yamaha na MotoGP. Apesar de sua promoção, no entanto, Furusawa, na verdade, o excluiu de qualquer decisão estrategicamente importante. E isso não foi por acaso.

Apesar de Yoda ter sobrevivido à "limpeza" de Furusawa – ao contrário de Sakurada, que foi expulso à velocidade de uma moto da MotoGP – ele se viu quase desprovido de poder e prestígio. "Yoda não inspirava confiança, mas tinha boas habilidades e experiência, e decidi transferi-lo para a Itália, onde tinha de supervisionar o trabalho dos técnicos – eu queria observá-lo e avaliá-lo. Ele costumava trabalhar por intuição, o que não está em sintonia com os meus métodos, mas eu tinha de levar em conta que ele tinha uma grande experiência nesta área. Eu precisava de novatos e especialistas."

"Quando soube que tinha se transferido para a Kawasaki, não podia acreditar, mas era verdade – ele levou parte da nossa tecnologia na MotoGP para um dos nossos competidores. Quando alguns colegas ocidentais me disseram que Yoda tinha ido para a Kawasaki, minha primeira reação foi: 'Não, é impossível. Você diz isso porque não conhece a cultura japonesa. Nós não agimos assim'. Então eles me mostraram uma foto dele usando uma camiseta da Kawasaki, mas mesmo assim eu não estava convencido. 'Isso deve ser uma piada. Esta foto foi montada?', perguntei, mas tanto a notícia quanto a foto eram absolutamente originais."

Quando Ichiro Yoda informou Furusawa de sua decisão de deixar a Yamaha, não mencionou a proposta da Kawasaki. "No fim de 2004, apesar de termos vencido o título mundial, Yoda foi ao meu escritório e me disse que queria renunciar. Perguntei se ele queria outro trabalho, mas ele respondeu que não. Expliquei que podia ajudá-lo, já que tinha bons contatos, mas ele recusou a minha oferta. Disse que preferia encontrar algo sozinho. Naquele ponto, eu aceitei a sua demissão, acrescentando que ele podia me ligar a qualquer hora, mas nunca mais o vi. Fiquei muito surpreso com este comportamento, porque não é o estilo japonês."

Zugna, o precursor

O "caso Yoda" só dizia respeito aos assuntos internos da Yamaha; era uma questão de insatisfação, má vontade e revanche entre os engenheiros japoneses. Ao contrário, a deserção de Andrea Zugna, no fim de 2009, foi sentida e julgada de uma forma completamente diferente.

Um dos homens-chave para o renascimento de 2008 partiu. Ele era provavelmente o engenheiro ocidental que Furusawa mais gostava, e tinha decidido deixar a Yamaha. Andrea Zugna é o engenheiro eletrônico que, sempre sob a atenta supervisão de Furusawa, colaborou com Valentino para configurar a OWS5, uma obra-prima da tecnologia mais conhecida como M1 de 2008 – a "mãe" das M1 que dominaram as duas últimas temporadas da primeira década do milênio.

Dito isto, Andrea Zugna não é considerado um traidor, mas, sim, um dissidente. Alguns o acusaram de levar tecnologia para a Honda, a companhia que aproveitou a oportunidade de contratá-lo, mas o engenheiro italiano levou apenas sua experiência pessoal. Ele decidiu ir para uma nova companhia por razões pessoais – queria melhorar suas próprias habilidades e conhecimentos e, acima de tudo, estava procurando por nova motivação. A Honda, que em 2009 estava planejando sua revolução, exatamente como a Yamaha tinha feito em 2003, era perfeita, e, só após decidir deixar a Yamaha, Zugna se ofereceu para a HRC.

"Foi uma baixa séria, porque ele conhece todos os nossos segredos técnicos", comentou Valentino, após saber da decisão de Zugna. Ele tinha acabado de conquistar o título mundial na Malásia, em outubro, mas estava preocupado com essa deserção, pois sabia muito bem que o engenheiro italiano tinha um profundo conhecimento de projetos avançados, injeção eletrônica e sistemas eletrônicos que ele tinha desenvolvido pessoalmente. Trabalhando subordinado a Furusawa por cinco anos, Andrea Zugna acumulou habilidades consideráveis e esta habilidade inegavelmente fortaleceria a Honda, a eterna rival da Yamaha. O golpe foi ainda maior porque Cristian Battaglia, um bom colaborador de Zugna, e Carlo Liuzzi, que na época era o engenheiro eletrônico de Jorge Lorenzo, também decidiram mudar para a Honda.

Quando Andrea informou aos chefes da Yamaha que iria sair, ninguém conseguia pensar em uma contraproposta, porque ele não deixou espaço para negociação, o que indicava que estava altamente motivado a mudar. Por que ele decidiu sair exatamente naquele momento? Era uma questão de dinheiro? Talvez, mas havia mais – o vento estava mudando na Yamaha, e Valentino facilmente detectou este sinal.

"Foi uma decisão muito difícil", disse Zugna. "Foi tão difícil deixar Furusawa, Valentino, o time, os técnicos japoneses e Colin Edwards. Graças a esse grupo, eu cresci tanto profissionalmente, pois aprendi muitas coisas, como também pessoalmente. Mas, um dia, percebi que tinha de tentar algo novo, mantendo em mente que aquele período maravilhoso, que começou em 2004, seria sempre uma experiência inestimável e uma aventura inesquecível."

Ele tinha passado por todos os períodos mais significativos deste grupo, e Andrea foi um dos primeiros a perceber que, durante a temporada 2009 alguma coisa havia mudado na relação entre a Divisão de Corridas da Yamaha e a subsidiária italiana, onde está a divisão técnica da MotoGP. Esta mudança danificou a relação entre as pessoas e a organização corporativa.

"Por dois anos, em 2007 e 2008, a meta de reconquistar o título tinha sido a cola entre pessoas diferentes, nos fazendo trabalhar juntos com um tipo de equilíbrio mágico", disse Zugna. "Para ser honesto, este tipo de mágica também esteve presente em 2004 e 2005, mas, em 2007 e 2008, Japão e Itália trabalham juntos de forma excelente, como sob o efeito de algum feitiço. Então, essa mágica desapareceu e quando, em 2009, não precisamos recuperar nada, o equilíbrio se partiu e suave, mas inexoravelmente, nossos caminhos se separaram. Furusawa se esforçava para resolver todos os problemas que tivemos em 2006 e 2007, depois do qual ele novamente se afastou da Divisão de Corridas. Desta vez era uma saída permanente, porque anunciou que se aposentaria em dois anos. Além disso, depois que a M1 foi revolucionada, o Japão precisava muito menos de engenheiros italianos, e perdi contato direto com Furusawa. Falar e trabalhar com ele se tornou um caminho de obstáculos, uma longa via cheia de intermediários e atrasos sem fim. Propor novas soluções ou tentar melhorar o projeto existente se tornou cada vez mais difícil. Furusawa estava confiante de que o link que ele havia construído entre o Japão e a Itália funcionaria sem sua presença diária, mas ele estava errado. Por conta da sua ausência, a passional e colaborativa atmosfera que ele tinha criado rapidamente se dissolveu. A partir daquele momento, o ambiente de trabalho se tornou frio e impessoal. O time, que me fez amar meu trabalho ao ponto de eu estar disposto a trabalhar noite e dia, tinha desaparecido. Era claro para mim que a aventura tinha chegado ao seu final."

Apenas doze meses depois, Burgess, Brivio, Valentino e todos seus leais mecânicos e técnicos também decidiram trilhar um novo caminho – basicamente, Andrea Zugna foi um precursor.

Vivendo disfarçado

Pediram que Andrea Zugna trabalhasse escondido, pois desta forma esperavam que os competidores reconheceriam suas extraordinárias habilidades o mais tarde possível. Entretanto, eles sabiam que seria impossível ocultar isso por muito tempo. Então quando Zugna começou a trabalhar para a Yamaha no início de 2004, Furusawa disse: "Um dia, você vai se cansar. Vai querer ver coisas novas e desenvolver novos projetos. Até lá, no entanto, vamos crescer juntos, trabalhando por uma meta comum".

Até o final da temporada 2009, o dia que Furusawa tinha previsto chegou e, como ele temia, foi uma grande perda para a Yamaha. Valentino se sentiu mal com isso e Furusawa ainda mais, e Jeremy Burgess disse: "Em 2008, a Yamaha estava de volta ao topo graças à coragem de Furusawa, que decidiu confiar em Andrea Zugna. Trabalhando juntos, os dois levaram a M1 mais longe do que nunca. Ele escolheu e apoiou Zugna, um engenheiro com habilidades extraordinárias. Foi, sem dúvida, uma ótima atitude, que permitiu à Yamaha dar um grande passo adiante em tecnologia".

Andrea Zugna foi um dos criadores do sistema de controle eletrônico que, em 2008, melhorou a M1 além de todos os limites. "Andrea é inteligente; em alguns aspectos, ele é um gênio", elogiou Furusawa. "Devo muito a ele, assim como à Yamaha e Valentino. Depois de anos estudando e trabalhando juntos, ele se tornou nossa referência em eletrônica. Em 2004, disse a Yoda para segui-lo, pois Andrea tinha ótimas ideias, mas nenhuma experiência prática. Eu sabia que ele podia desenvolver o sistema eletrônico-chave da M1. De fato, o sistema da versão de 2008 foi criado seguindo um conselho dele. Quando, em 2007, decidi mudar completamente a moto para a temporada de 2008, convenci os engenheiros a seguirem as ideias dele. Andrea aprendeu muito rápido, e criava simulações eletrônicas, mecânicas e dinâmicas. Ele aprendeu e descobriu novas soluções rapidamente, mas, depois disso, não gostava de se aprofundar muito e descobrir todas as possíveis aplicações. Em 2008 e 2009, ele trabalhou em um time com engenheiros japoneses. Ele era o inventor, e o time desenvolvia o projeto. Esta combinação funcionou muito bem."

Era a perfeita fusão da criatividade italiana com o *Monozukuri* japonês.

O engenheiro levado pelo vento

Andrea Zugna é um dos filhos no nordeste da Itália: conservador, sério, aplicado e trabalhador. Ele nasceu e foi criado em Trieste, um território especial próximo da fronteira da Itália com a Eslovênia – uma ligação entre o ocidente e a Europa Central, e uma das portas pela qual passou uma importante parte da história europeia. Trieste é reservada e sossegada, mas foi o berço de grandes talentos e sábios homens letrados. Trieste nunca treme, nem mesmo quando o vento *Bora* sopra forte. Este vento particular, que muitas vezes tem rajadas violentas, é um componente tradicional da vida na cidade, e não é surpresa que Zugna seja apaixonado por navegação.

O *Bora* estava soprando a mais de 100 km/h no dia em que ele defendeu sua reflexão teórica na universidade de sua cidade natal em um dia de dezembro de 2001 – Andrea tinha 24 anos e estava se formando com um *"lode"* – uma honra acadêmica oficial – em engenharia mecânica.

Antes disso, já tinha completado um estágio na Leuven Measurament Systems, um lugar futurístico na medieval Leuven, na Bélgica, uma cidade entre os bosques na plana zona rural de Brabante. Ele já tinha um contrato com a LMS quando fez seu último exame, e, após se formar, se mudou para Leuven, onde ficou pelos dois anos seguintes, 2002 e 2003. Então, cansado da chuva e do frio, e mesmo tendo se enchido de cerveja (Leuven é a casa da Stella Artois), decidiu voltar para a Itália.

Durante sua estadia na Bélgica, a pesquisa de Zugna se focou em vibrações, um tópico em que Furusawa se interessava muito. Eles compartilhavam uma paixão: LMS era, de fato, a maior rival da SDRC, a companhia norte-americana na qual Furusawa fez seus primeiros estudos sobre vibração. Masao conhecia a LMS porque quando a SDRC, no meio dos anos 1990, se envolveu em sérios problemas financeiros que a levaram a falência, a companhia belga adquiriu uma posição de monopólio mundial.

Leuven Measurement Systems tem sido uma pioneira na pesquisa sobre vibrações e em soluções para sua redução. Eles começaram seu negócio em 1980, e o Japão se tornou um terreno fértil para sua conquista. Durante seus dois anos na Bélgica, Zugna trabalhou com algumas companhias aeronáuticas e motociclísticas japonesas.

Em maio de 2002, desenvolveu um sistema de software para ser oferecido para várias companhias, incluindo a Yamaha. Seu projeto envolvia uma tecnologia que não era nova, mas cujo uso não era difundido no motociclismo: projeto simulado por computador. O que fez o software de Zugna especial e inovador era a possibilidade de combinar dados adquiridos experimentalmente com modelos anteriores para melhorar a precisão dos cálculos sobre os novos protótipos antes deles serem construídos. Este software oferecia cálculos mais confiáveis e permitia saltar algumas etapas, incluindo protótipos que eram caros em termos tanto de tempo como de dinheiro.

A Yamaha aceitou o projeto e, a partir daquele momento, o engenheiro de Trieste estava em contato com a companhia. Entre os participantes das reuniões com Zugna estava alguém que tinha um interesse especial nesta tecnologia e em sua aplicação. Masao Furusawa era o engenheiro que mais fazia perguntas, porque estava muito interessado em design e já tinha usado formas iniciais desta nova tecnologia quando trabalhou com snowmobiles.

Um fim de semana crucial

Um ano depois, por meio de uma revista de motociclismo, Zugna descobriu que Furusawa, com quem havia frequentemente discutido vibrações, era o novo chefe das divisões de corrida e pesquisa e desenvolvimento da Yamaha. Andrea decidiu escrever-lhe um e-mail de felicitações. Eles ficaram em contato por um longo tempo, e um dia Furusawa disse a Zugna que estava planejando uma viagem para Le Mans, em maio. Era muito tarde para Zugna planejar uma viagem para a França, mas continuaram a se corresponder por e-mail. Finalmente, conseguiram se encontrar, no fim de semana do GP da Catalunha, corrida na qual Furusawa encontrou Valentino pela primeira vez.

Na época, Furusawa estava recrutando pessoas para seu novo time, e só precisou de alguns minutos para oferecer um trabalho para Zugna. "Preciso de pessoas como você para o que estou planejando", ele disse. "Ao mesmo tempo, também vou mudar a abordagem científica do Departamento de Corridas e os nossos técnicos."

O jovem engenheiro aceitou imediatamente e Furusawa o apresentou para Davide Brivio, que foi indicado para cuidar da papelada de contratação e para organizar sua integração ao time na próxima temporada. Em 7 de janeiro de 2004, livre de seu contrato com a LMS, o engenheiro entrou na sede italiana do time da Yamaha na MotoGP em Gerno di Lesmo, um passo de distância do circuito de Monza, e começou sua nova aventura.

No mesmo dia, Valentino Rossi e Jeremy Burgess também cruzaram aquelas portas pela primeira vez. Valentino veio direto de um resort de esqui em Dolomites, onde tinha passado férias com os amigos.

Ele decidiu antecipar seu retorno, pois não podia esperar para experimentar sua posição de pilotagem em sua nova M1, que iria testar na pista no dia 24 do mesmo mês, na Malásia.

Zugna se sentiu como um estudante comparado com os experientes e prestigiosos membros do time, mas não se via como alguém fora do lugar. Como Furusawa, era completamente ignorante em relação às corridas de moto, mas assim como o homem que acreditou nele, decidiu confiar em seu cérebro e em sua paixão por desafios.

"Eu me vi mergulhado em um novo mundo", recorda Zugna. "Até aquele momento, só tinha visto corridas na TV. Sabia que tinha que tentar aprender o mais rápido possível, mas me senti à vontade quando fui chamado para trabalhar na M1, porque poderia aplicar meu conhecimento técnico em um dos problemas mais complicados da moto na época: ela se movia muito nas curvas."

É por isso que os pilotos tinham dificuldade para manter um bom controle da moto. Os técnicos já tinham feito muitas melhoras, devido ao novo chassi e ao motor big-bang, mas, no início da temporada 2004, a M1 não era o exemplo da eficácia e gentileza que se tornaria ao longo do tempo, graças em parte aos estudos de Zugna.

Masao rapidamente percebeu o valor de seu jovem engenheiro, que estava transbordando de inspiração e ideais, e decidiu que, para entender melhor a M1 e os problemas que enfrentava, ele teria de ir às corridas. Ichiro Yoda, que em 2004 representava a conexão entre o time e Iwata, propôs que Zugna fosse o engenheiro eletrônico de Colin Edwards, que estava para se juntar ao time de fábrica na temporada 2005. Zugna manteve esta posição por dois anos, o período que Furusawa pensou que precisaria para entender os problemas encontrados durante um fim de semana de corrida, quando se deve encontrar o acerto ideal no limitado tempo disponível.

Depois de duas temporadas na linha de frente, Andrea voltou para o grupo responsável pelo design e pelo desenvolvimento da M1 na subsidiária italiana. Afinal, ele tinha em suas mãos a oportunidade para demonstrar seu talento. "Em 2007, pedi a ele que focasse no desenvolvimento da eletrônica, assim como no sistema de injeção, usando métodos de design que inclui as simulações", contou Furusawa. "Ele estava bem familiarizado com essa questão e eu queria que a Yamaha atingisse a dinâmica de análise avançada."

Andrea finalmente tinha em mãos a chance de mostrar seu talento.

Parecia bem fácil

Nós, errados?!

Até 2006, Valentino Rossi nunca tinha perdido um título na classe rainha, nem em nenhuma classe onde estava na posição de defender seu próprio título.

Quando correu nas categorias 125 e 250, subiu para a classe seguinte imediatamente após conquistar a coroa. Em 2001 tinha vencido o último título mundial das 500cc, e continuou dominando a era da MotoGP, de 2002 a 2005 – cinco títulos em sequência, mesmo mudando a marca das motos em 2004.

Quando ele perdeu a coroa no fim de 2006, apesar de ter iniciado a última corrida na liderança da classificação do Mundial e ser o favorito, soube o que era a decepção, e era algo que ele nunca tinha experimentado antes em sua carreira.

Davide Brivio se sentiu culpado por um longo tempo. Os velhos temores voltaram. Em 2004, ele de vez em quando tinha uma sensação terrível, mas conseguiu empurrar os fantasmas de volta para o armário. Agora eles estavam de volta.

"No início da temporada 2004, nós estávamos com medo de que não fossemos ganhar o título na primeira tentativa", disse, "mas, como dominamos a temporada seguinte, pensamos que nada poderia nos parar. No início de 2006, pensávamos que éramos invencíveis. Erros?

Impossível! Nós pensávamos que Valentino nunca cometeria um erro, que os engenheiros jamais fariam algo errado. Nosso time seria impecável no desenvolvimento da moto e nossos fornecedores sempre nos dariam o melhor material disponível. Nós estávamos errados."

As causas de duas falhas estão intimamente ligadas. A decepcionante e atormentada temporada 2007, que, de acordo com Jeremy Burgess, "foi como um despertador tocando, pois indicava que a Ducati não era mais uma coadjuvante, mas uma competidora séria", era, na verdade, resultado dos eventos de 2006, quando, de acordo com Brivio, "foram feitas mudanças erradas na moto, com pessoas inadequadas para seus papéis, problemas com parceiros técnicos, erros cometidos pelos técnicos e, mesmo que muito pequenos, pelo piloto também. Em resumo, perdemos a clareza que tínhamos em 2004 e 2005, e isso voltou em 2008 e 2009."

As temporadas negativas, entretanto, foram tão fundamentais como as bem-sucedidas. De fato, elas foram até mais importantes. Brivio diz que "2006 foi uma ano essencial, porque de repente percebemos que nós também podíamos perder. Esta temporada nos lembrou de coisas que talvez tivéssemos esquecido: você nunca pode relaxar. Acima de tudo, foi bom perder porque isso nos preparou para aceitar a derrota de 2007, e eliminou o perigo do nosso grupo se desintegrar."

A temporada atípica

"A temporada 2006 foi incomum", avaliou Brivio. "Normalmente, o vencedor acumula pelo menos 300 pontos, mas desta vez Hayden só somou 252 e Valentino 247. Estes números sozinhos nos dizem que foi uma temporada muito estranha. Nós tivemos todos os tipos de problemas e episódios infelizes. Começamos mal, com uma colisão – com Toni Elías na primeira corrida, em Jerez – e aí piorou, com uma série de quebras e falhas mecânicas. No fim, concluímos com um desastre. Para ser honesto, você poderia dizer imediatamente que nossa sorte estava selada – em Jerez, todos pensamos que, se você cai na primeira curva da primeira corrida, algo deve estar errado. Valentino estava acostumado a vencer a primeira corrida da temporada, e aquela vez ele terminou em 14º. Sim, este foi o primeiro sinal. Depois, em maio, quando o time precisava se recuperar, tendo resolvido os problemas com o chassi, o motor quebrou enquanto Valentino dominava o GP da França, e este foi outro sinal. Na China, pouco depois, o pneu dianteiro se fragmentou, o que foi outro bom sinal."

"Acredito fortemente que nós éramos bons em responder a uma desvantagem enorme, para poder recuperar terreno após uma série de contratempos que teriam desencorajado muitos outros times."

"A recuperação de Valentino foi incrível o bastante para aumentar as expectativas outra vez, pois quando chegamos em Valência, para a última corrida da temporada, nós todos pensamos que tudo estava feito. Em julho, depois do GP dos Estados Unidos, em Laguna Seca, nós estávamos 52 pontos atrás de Hayden e da Honda, mas ninguém no nosso box estava preocupado. Dissemos para nós mesmos: "Nós podemos e vamos nos recuperar. Ao trabalho!" Esse pensamento era compartilhado por todos. No fim da temporada, graças em parte a Pedrosa, que derrubou Hayden no Estoril, na penúltima corrida, chegamos em Valência liderando o campeonato com oito pontos de vantagem para Nicky. Depois de toda aquela caça, pensamos que vencer aquele título era um presente, mas, em vez disso, nós perdemos. Simplesmente escapou das nossas mãos, logo quando podíamos sentir o gosto da vitória. Aquela derrota foi muito difícil de aceitar e, ao longo do tempo, eu entendi a piada que Valentino fez, em seu dialeto, depois da corrida: "Eles nos fizeram morrer gordos como um porco".

Sim, o GP de Valência, a última corrida de 2006, foi um fim estranho para uma temporada estranha. Valentino só perdeu no momento decisivo. Ele poderia ter facilmente controlado Hayden, mas ele caiu, perto do início da corrida. Ele nunca tinha cometido tal erro. Largou em sétimo e ficou nesta posição por quatro voltas, e quando caiu, estava em quinto. Levantou a moto e voltou para a pista, mas estava em vigésimo – em último. Ele tentou uma recuperação, mas desta vez sua mágica não foi efetiva. Foi como se de repente tivesse perdido seus poderes. Valentino parecia vazio, incapaz de se recuperar do susto e impor seu tradicional ritmo.

No passado, ele tinha feito dezenas de recuperações furiosas, em todas as categorias que competiu.

Desta vez, no entanto, Valentino permaneceu no fundo quase o tempo todo, incapaz de avançar além da 13ª posição. Para Hayden, o terceiro lugar era o suficiente para conquistar o título. A primeira e a segunda colocações do grid foram para os pilotos da Ducati, Troy Bayliss – que chocou a todos com sua vitória, já que tinha passado aquela temporada no Mundial de Superbike e conquistado o título – e Loris Capirossi.

O piloto norte-americano tinha se tornado campeão porque fez tudo perfeitamente no dia decisivo.

No fim da corrida, Valentino, apesar de atordoado, conseguiu continuar lúcido. Ele se comportou como um verdadeiro líder, falando em nome do time e da Yamaha, servindo como para-raios. A primeira frase de sua declaração era tão apropriada que espantou a todos. A ação foi tão perfeita que impediu perguntas embaraçosas:

"Existem coisas que os heróis dos quadrinhos podem fazer, mas eu sou uma pessoa", disse, referindo-se à extrema dificuldade em manter a concentração e a calma depois de uma correria incrível, que tinha começado nos meses do inverno, quando tinham percebido que a moto estava errada. "Hoje cometi um erro. Até agora, eu era o único que ainda não tinha errado. Todos nós cometemos erros durante esta temporada, uns mais cedo, outros mais tarde; então agora estamos todos quites. Vamos partir dos nossos erros para nos erguer outra vez."

A mensagem era direcionada para Masao Furusawa, mas também para o Departamento de Corridas, que o tinha forçado a iniciar uma desesperada caçada por conta dos problemas com a M1 durante a primeira metade da temporada. Ele foi pragmático e nunca mencionou azar, dando a todos uma importante lição. Qualquer análise da derrota precisa começar admitindo os erros de todos e não os atribuindo ao destino. A Yamaha tinha cometido muitos erros, o primeiro com o design da OW3R (o nome código para a M1 de 2006).

Erros técnicos

De acordo com Brivio, "o primeiro erro foi mudar uma moto que era boa, colocando a M1 um passo atrás. Durante o primeiro teste de inverno, na Malásia, nós descobrimos as vibrações, porque o chassi tinha sido atualizado de forma incorreta. Os engenheiros tentaram melhorar a M1 de 2005, que era uma motocicleta extraordinária, com soluções que eram muito arriscadas."

"A vibração arruinou tudo", disse Andrea Zugna, a quem imediatamente pediram ajuda por conta de sua vasta experiência com vibrações. "Além disso, nós subestimamos a vibração. Pensamos que seríamos capazes de eliminá-la rapidamente, mas, na primeira corrida, quando os pilotos começaram a se esforçar, percebemos que o problema era sério e que levaria muito mais tempo para resolvê-lo do que esperávamos. De fato, o novo chassi só chegou em maio."

Obviamente, a vibração não tinha sido causada por um feitiço.

"Tudo resultou de uma decisão de modificar a rigidez", explica Zugna. "Uma vez bem desenhado, o chassi quase nunca muda em dimensão, mas sua rigidez pode ser retocada. Mesmo em 2005, quando a M1 atingiu seu mais alto nível de competitividade, Valentino tinha problemas de estabilidade quando acelerava, e pensamos que poderíamos resolver isso com um novo chassi e uma balança com a rigidez reforçada em alguns pontos-chave. A M1 de 2006 era mais estável em aceleração, e o resultado tinha sido obtido, mas, com a introdução dos novos pneus Michelin, vibrações anormais apareceram, o que se mostrou ser um problema muito mais sério do que o que tínhamos antes."

"O piloto pode lidar com problemas de aceleração, especialmente Valentino Rossi, mas, com a vibração, ele deve se render", afirmou Colin Edwards, um especialista no assunto com longa experiência como piloto de testes da Michelin: "Você freia, coloca a moto na curva, e sente o guidão vibrar; então você tem de reduzir, porque se insiste, você ultrapassa o limite e acaba no chão. Com a vibração só há uma coisa a ser feita: ser paciente e esperar que seus engenheiros se livrem dela o mais rápido possível."

Durante os testes de inverno, o time tentou diferentes soluções de acerto, mas o problema continuou: "Na véspera do campeonato, percebemos que teríamos de usar as primeiras corridas para desenvolver a moto", contou Zugna, "então, quando chegamos ao Catar para o último teste e a primeira corrida, propus carregar a M1 com acelerômetros e, ao mesmo tempo, faríamos um teste comparativo com o chassi da versão de 2005. Nós continuamos reunindo informações com os acelerômetros durante o fim de semana do GP da China, onde o pneu traseiro de Valentino se destruiu".

"Valentino reclamou com os técnicos da Michelin, pedindo uma explicação e eles disseram que ele freou agressivamente demais", disse Brivio, ironicamente.

"Mas na China", continuou Zugna, "finalmente fomos capazes de entender quando as oscilações eram acionadas no chassi. Nós determinamos onde em especial o chassi sofria flexão e torção, e identificamos onde os engenheiros de Iwata teriam de endurecê-lo. Naquele ponto, o Departamento de Corridas recebeu informações para poder construir um novo chassi, que, entretanto, não era tão incomum como esperado, pois era uma estrutura híbrida, um meio termo entre as versões de 2005 e 2006." O chassi modificado foi enviado para a Europa no GP da França, e o time verificou que eles tinham feito um bom trabalho.

"Entretanto, nós também entendemos que os problemas da M1 de 2006 não estavam terminados", disse Brivio. "Sem o problema das vibrações, Valentino foi imediatamente rápido. Ele era inacessível durante a corrida, mas, de repente, teve de abandonar. O motor tinha quebrado."

"A temporada de 2006, no entanto, pode ser considerada favorável, porque o Departamento de Corridas deu um importante passo à frente", enfatizou Zugna. "Naquela época, começamos a usar uma nova tecnologia para projetar a moto e todos seus componentes. Era a tecnologia que já tínhamos começado a usar em 2004, e que eu tinha estudado durante os meus anos trabalhando na LMS, uma das companhias mais avançadas do mundo neste campo."

"Nós usamos essa nova tecnologia para redesenhar o chassi, mas foi Furusawa quem foi decisivo para resolver os problemas. Ele criou uma nova estrutura de fixação, que abraçava, prendendo-o na parte superior do quadro. Como esses 'lenços' intercambiáveis, eles podem ser substituídos, e você pode facilmente modificar a rigidez. Era uma solução simples que provavelmente já tinha sido usada no passado, mas muito funcional, pois nos permitiu resolver o problema sem redesenhar o chassi. Na verdade, isso também foi mantido com as M1 seguintes. Mais uma vez, Furusawa transformou uma abordagem causal em um método completo."

Jogadas erradas

Outro erro tinha sido cometido em relação à designação dos papéis no novo box.

"No início de 2006, depois de duas temporadas fantásticas, a Yamaha decidiu que era hora de outros engenheiros começarem a ganhar experiência", disse Brivio, "e eles substituíram alguns homens cruciais na organização de Furusawa. Substituíram o engenheiro de corrida de Valentino, Hiroya Atsumi, um engenheiro com grande experiência, por um novo, um jovem. Na nossa organização, o engenheiro de corrida era o link entre o time e Iwata, e ele transferia informação nas duas direções. O engenheiro de corrida também ajudava Jeremy Burgess a desenvolver a moto. Remover Atsumi, portanto, foi ruim, pois graças à sua experiência, ele sabia muito bem como acertar a M1, e entendia suas forças e fraquezas."

"Eu pensava que um jovem engenheiro de corridas era uma boa ideia, porque Valentino uma vez me disse que Atsumi era bom, mas bastante antiquado", contou Furusawa. "Atsumi era o engenheiro de corridas de Valentino desde 2004. Ele era um dos engenheiros que eu trouxe de volta para as corridas, junto com Kitagawa, porque esteve nas corridas por muitos anos e eu achava que ele era bom demais para ficar na produção. Para 2004 e 2005 – que eu considerava serem as temporadas mais importantes, já que não podia me dar ao luxo de errar – decidi indicar Atsumi como engenheiro de corrida de Valentino e Masahiko Nakajima como líder do projeto da M1."

A substituição de Nakajima disparou o efeito dominó.

"Entrando em 2006, promovi Nakajima a líder do time da Moto-GP: eu o promovi porque ele podia atingir níveis mais altos, e a intenção era dar-lhe uma importante experiência. Mas Nakajima tinha de ficar no Japão; então, pensei em mudar Atsumi também, para permitir que dedicasse mais tempo à equipe de testes. Com a sua experiência na pista, ele era útil para desenvolver a moto. Além disso, selecionei outro engenheiro de corrida, escolhendo um cara muito bom, com grande potencial. Pensei que era hora dele ganhar experiência na pista. Por fim, com a promoção de Nakajima, também nomeei Tsuji como líder do projeto da M1. Queria que ele tivesse outras experiências, porque se tornaria o líder do projeto e, portanto, não estaria limitado apenas ao desenvolvimento do motor. Foi por isso que fiz essas mudanças, e muitos engenheiros se viram nos lugares errados."

Perto da metade da temporada, a ansiedade começou a se espalhar no pit. "Nós estávamos tentando descobrir como resolver os problemas, mas não conseguíamos", recordou Brivio. "Valentino quebrou o gelo e pediu a Furusawa para voltar com o antigo grupo de técnicos."

"Os engenheiros eram habilidosos, mas, de acordo com Valentino, eu cometi erros ao designar os papéis", confirmou Furusawa. "Ele simplesmente disse: 'Eles são excelente engenheiros, mas você os colocou na posição errada. Você tem de colocar as pessoas certas de volta aos lugares certos'."

O chefe concordou e na segunda metade da temporada Nakajima e Atsumi voltaram, o primeiro como líder do projeto e o segundo como engenheiro de corrida de Valentino.

"Pensei que a temporada 2006 fosse a hora certa para que alguns jovens ganhassem experiência, porque isso era muito importante. No passado, engenheiros de corrida e projetistas permaneciam em suas mesas. Eu sempre achei que isso não estava certo; assim, mandei projetistas para a pista, especialmente aqueles que trabalhavam com motor. Da mesma forma, tive de levar os engenheiros mais experientes de volta para casa, para dar a eles tempo para que estudassem coisas novas."

"O fato é que Tsuji é um grande projetista, mas não estava pronto para ser líder de projeto, porque ainda não tinha desenvolvido as características dos líderes, como Nakajima."

"A temporada tinha sido ruim para nós, e decidimos voltar para pessoas mais experientes", disse Brivio. "Quanto ao jovem engenheiro, ele não merecia essa humilhação. Estava sobrecarregado de eventos, e pagou pelos erros de outras pessoas. Ele não tinha projetado a M1 de 2006 e não foi capaz de mostrar seu potencial. Infelizmente, todos nós enfrentamos uma situação que ninguém esperava. A M1 estava errada. Tinha um chassi ruim e um motor fraco."

De mal a pior

Cara a cara com a realidade

No fim da temporada 2007, depois de duas derrotas seguidas, o grupo teve muita humildade. Era um momento de reflexão para todos.

"Nós pensávamos no que tinha acontecido", disse Brivio. "Refazendo passo a passo as duas últimas temporadas, que tinham sido muito negativas, percebemos que, depois de dois anos extraordinários, 2004 e 2005, tínhamos cometido uma série de erros enormes, tanto na Itália como no Japão."

Como a responsabilidade está sempre no topo, a conversa mais importante sobre o fracasso foi a que aconteceu entre Valentino Rossi e Masao Furusawa.

"Nós conversamos como sempre fazíamos, honestamente", contou Furusawa. "Porque quando você tem de reconstruir algo, tem de saber, antes de mais nada, os pontos fracos do projeto. Valentino teve a iniciativa, já que ele, obviamente, tinha ideias mais claras do que eu. Ele me disse que, durante aqueles dois anos, não estive envolvido o suficiente com o time ou com o desenvolvimento da moto. Ele tinha ido ao cerne da questão, porque era verdade. Lembrei a ele que, no fim de 2006, tinha explicado que a minha posição na companhia tinha mudado e que tinha sido obrigado a desempenhar outro papel. Por isso, tive de deixar o projeto da MotoGP com Kitagawa, mas ele não ligava para isso – para Valentino só uma coisa importava: a solução dos problemas da M1. Ele explicou que em 2006 e 2007, a moto nunca tinha sido tão boa como foi em 2005. Insistiu que nós não éramos mais competitivos, e eu não podia negar isso, levando em conta como tinham sido difíceis esses dois últimos campeonatos. E isso demonstrou que algo errado tinha acontecido, não só na pista, mas também dentro do Departamento de Corridas."

Valentino sublinhou que a mudança de pessoal em meados de 2006 – alguns técnicos e engenheiros, que tinham deixado as pistas para trabalhar permanentemente na fábrica, tinham retornado para as pistas – não tinha sido suficiente para tornar a organização de Furusawa tão eficiente quanto tinha sido em 2004 e 2005.

Era uma forte reivindicação, pois não apenas estava questionando o método de trabalho de Furusawa, mas também a cultura de trabalho japonesa.

"Mudar de cargo depois de dois ou três anos é normal em uma companhia japonesa" enfatizou Furusawa. "É um sistema que sempre usamos, porque acreditamos que as pessoas devem progredir e ter funções de gestão cada vez mais importantes, já que é essencial que entendam os diferentes desafios característicos de cada função. Mas as estratégias japonesas de gestão não interessavam a Valentino. Fiquei muito surpreso ao ouvir essa grosseria, mas precisa análise. Como de costume, Valentino tinha ido ao cerne do problema sem fazer rodeios. Ele acreditava que a minha organização não era mais efetiva, e estava certo."

"Porém, Valentino nunca perdeu sua fé no time", garantiu Brivio, "assim como o time nunca duvidou dele. De fora, tinham aqueles que acreditavam que ele tinha começado seu declínio, mas não dentro do grupo. Valentino estava questionando escolhas técnicas e estratégicas, mas não os membros do time."

"Estava claro que eu tinha de mudar algumas coisas, mas não o piloto", confirmou Furusawa. "Valentino era intocável. Na verdade, ele era uma vítima desta situação."

O projeto inadequado

Devolver alguns engenheiros às suas funções originais não evitou que o time tivesse vivido um terrível 2007 e a razão era sempre a mesma – os problemas técnicos do projeto.

"Nós tínhamos grandes planos para o primeiro ano com as motos de 800cc", recordou Brivio. "Queríamos voltar ao topo e acreditávamos fortemente que podíamos fazer isso, mas o GP do Catar foi um verdadeiro tapa na cara. Valentino passava Stoner nas curvas, mas, na reta, a vantagem da Ducati era constrangedora, e Stoner era facilmente capaz de voltar para frente. A Ducati era tão rápida – 10 km/h mais rápida que todos seus rivais – que, no fim da corrida, vimos coisas muito incomuns no paddock. Muitos engenheiros japoneses se reuniram para conversar. Foi realmente estranho ver gente da Suzuki, Kawasaki, Yamaha e Honda, todos juntos, pensando em como era possível a Desmosedici ser tão rápida. A performance das motos japonesas era bem equilibrada, mas a moto italiana parecia estar em uma categoria diferente. Parecia que a Ducati tinha dado um passo gigante à frente, e os engenheiros japoneses estavam pensando em como aquilo era possível."

"Ver que a Ducati era tão mais rápida que a nossa moto foi uma vergonha, não só para nós, mas para todas as companhias japonesas", admitiu Furusawa que, encarando o assombroso e inesperado domínio de Stoner em sua estreia na Ducati, percebeu que tinha subestimado o potencial da companhia italiana.

"A Ducati tinha sido subvalorizada", disse Brivio. "Em agosto de 2006, eles testaram sua moto de 800cc em Brno, na segunda-feira após a corrida. A moto era rápida, em parte porque podia chegar a giros muito altos. Graças às informações que coletamos na pista, imaginamos que a moto podia alcançar 20 mil RPM. No entanto, ninguém estava preocupado. Ninguém levou este episódio a sério; as motos japonesas sofreram uma grande desvantagem técnica durante a temporada 2007. Quando percebemos isso, era tarde demais para reagir adequadamente. A vantagem da Ducati era esmagadora."

"Engenheiros, técnicos e todos no time me procuraram, pedindo explicações e possíveis soluções, mas não mudei o meu plano", explicou Furusawa. "No início, pensei se tinha sido muito cuidadoso em relação ao consumo de combustível, mas logo percebi que a única maneira de enfrentarmos essa situação era projetando um novo motor. O nosso, assim como os motores das demais fábricas japonesas, simplesmente não podia competir com o novo padrão imposto pela nossa rival. Surgiram algumas suspeitas sobre o consumo de combustível da Ducati – alguns diziam que eles não respeitavam a capacidade de combustível que, a partir daquela temporada, foi reduzida para 21 litros, mas não dei atenção aos rumores, pois, de uma forma ou de outra, tínhamos cometido alguns erros durante o inverno, nos preparando para 2007, e precisávamos eliminar nossa desvantagem o mais rápido possível."

Mas não podiam fazer nada rápido.

"Você não pode projetar e construir um motor em poucos meses", explicou Furusawa. "Nosso novo motor estaria pronto para 2008 e, como consequência, 2007 claramente seria uma sequência de problemas. Minha mente estava no desafio de Valentino – ele precisava batalhar com um rival, Stoner, que tinha uma grande vantagem técnica."

"Nosso chassi não era tão ruim em 2007", recorda Burgess, "mas durante o inverno, a Ducati tinha feito um progresso gigante com o motor deles, e a moto era definitivamente melhor do que a nossa. Todas as companhias japonesas estavam atrás da Ducati, e descobrimos isso na primeira corrida. Nem a Honda ou a Yamaha tinham interpretado corretamente as regras para as novas motos 800cc. A Ducati, todavia, tinha se preparado muito melhor e surpreendeu a todos. Eles melhoraram sua competitividade, e as companhias japonesas não os podiam alcançar. Provavelmente tinham planejado uma evolução mais lenta, enquanto os italianos tinham sido muito mais agressivos. Quando a Honda e a Yamaha perceberam, as duas reagiram rapidamente, mas estava claro que aquela temporada estava perdida para as duas."

"O pior momento veio em setembro, em Misano", recorda Brivio. "Nós tínhamos uma desvantagem de 60 pontos e aquela corrida era a última chance de seguir brigando por um título que estava escorregando para as mãos da Ducati. A Divisão de Corridas nos mandou um motor de válvula pneumática, o que precisávamos desde o início da temporada. Ele tinha sido construído rapidamente, entre a primavera e o verão, e ainda estava em desenvolvimento, mas nós estávamos desesperados. Percebemos que, de qualquer forma, não tínhamos nada a perder. Depois de uma reunião com Tsuji – que estava no comando do departamento de motores e que tinha projetado o novo motor –

nós decidimos correr o risco, mas ele nos alertou. Nós sabíamos que o motor podia quebrar durante a corrida, e foi isso que aconteceu, forçando Valentino a abandonar a prova."

Era uma corrida muito importante para Valentino. O campeonato tinha retornado para Misano, apenas 15 km da cidade natal do campeão, Tavullia, e as arquibancadas estavam cheias com seus amigos. Ele encarou a derrota de uma forma tão ruim que deixou o circuito sem sequer falar com os jornalistas na tradicional coletiva de imprensa. Estava frustrado e preocupado, porque parecia não existir nenhum jeito de sair daqueles problemas. Acima de tudo, começou a se preocupar com o futuro.

Se você não reagir, vou embora

"A última corrida de 2007, em Valência, foi a última desilusão", afirmou Brivio. "Valentino caiu durante a classificação e quebrou um dedo. Depois ele começou a corrida no fim do grid e se viu brigando com Tamada. O piloto japonês estava no nosso time satélite, a sua moto não era tão avançada quanto a nossa e, além disso, seus pneus Dunlop eram muito menos competitivos que os nossos Michelin. Ainda assim, os pilotos pareciam estar no mesmo nível. De repente, o motor de Valentino quebrou e ele teve de abandonar. Nós descobrimos que foi por causa de uma falha de software, mas, durante a reunião técnica, eles perceberam que o motor-padrão da M1 satélite parecia funcionar um pouco melhor do que o de fábrica. Isso era uma evidência de que o tínhamos desenvolvido da forma errada nos últimos meses."

"Nós nos encontramos no caminhão destinado ao transporte e manutenção dos motores", continuou Brivio. "Furusawa, Valentino, Tsuji e eu estávamos lá reunidos para entender exatamente o porquê de o motor ter quebrado. Então, os técnicos explicaram para Valentino o que tinha acontecido. Ele os ouviu cuidadosamente e chegou a vez dele de falar. Ele estava calmo, mas determinado, e terminou seu curto discurso com esta frase: 'Eu assinei um contrato para 2008, e quero cumpri-lo, mas sou Valentino Rossi e quero lutar pelo título mundial. Gostaria de terminar a minha carreira com a Yamaha, mas se não for capaz de fazer isso em 2008, porque a minha moto não é competitiva o bastante, então vou procurar outra coisa para 2009'. Todos permaneceram em silêncio. Nada mais precisava ser dito."

"Se você está atrás tecnicamente, você tem de reagir de alguma forma", explicou Burgess, "mas nós não tínhamos dias de teste o bastante para desenvolver o motor de válvula pneumática. O motor de 2007 foi projetado com mola de válvula e o plano era utilizá-lo durante a temporada. Mas Valentino pressionou muito os engenheiros, porque queria lutar contra a força da Ducati, e eles tiveram de modificar o motor original. Como ele não foi desenvolvido adequadamente, era muito frágil e quebrava constantemente. Não era culpa dos engenheiros. Eles apenas não tiveram tempo de testar uma parte tão delicada para garantir que era adequada para corrida. Estávamos plenamente cientes da situação, mas, de fato, forçamos Tsuji e seus engenheiros a trabalharem duro. Nós tínhamos de bater a Ducati e Stoner. Além disso, nós também tínhamos problemas com nossos fornecedores de pneus. A Michelin estava muito atrás em comparação com os pneus Bridgestone da Ducati. Assim, Valentino ameaçou deixar a Yamaha, porque ele é um lutador puro e queria ter a possibilidade de lutar com seus rivais em iguais condições."

"Quando Valentino falou daquela forma em Valência, entendi tudo", afirmou Furusawa. "Entendi o que ele sentia e sabia de onde vinham aquelas palavras. Fiquei surpreso, e mais uma vez fascinado, porque ele ficou em silêncio. Estava chateado e desapontado, mas não levantou a voz e fez uma cena. Estava calmo, e eu gostei muito disso. Concordei com ele de que era hora de projetar uma nova moto. Apesar de eu ter sido promovido para uma posição mais alta com motos de produção, sabia que devia trabalhar na M1 novamente e voltar para as corridas. Durante o voo de volta ao Japão, comecei a pensar no meu cronograma diário. Quanto tempo poderia dedicar a MotoGP? Pensei que poderia fazer isso em 10% do meu dia de trabalho, mas terminei em 50-50. Meus deveres aumentavam mais e mais. Houve um momento em que tinha de gerenciar o trabalho de duzentos engenheiros. Tinha de trabalhar em pesquisa e desenvolvimento avançados, sistemas eletrônicos e controle computadorizado para motos de produção e, ao mesmo tempo, eu tinha de cuidar da Divisão de Corridas, onde setenta engenheiros estavam empregados. Em resumo, aqueles dias devastadores estavam de volta."

O motor desatualizado

De onde vieram os problemas da OWS4 – o primeiro projeto de 800cc da M1? E por que eles eram tão grandes?

"Em 2006, Furusawa tinha se afastado das corridas e sido chamado para trabalhar com motos de produção", explicou Andrea Zugna, que contribuiu para o nascimento da última geração de M1s, e a quem Furusawa pediu para colaborar na revolução da moto. "Sem ele, a Divisão de Corridas começou a trabalhar de forma menos efetiva e Valentino, junto com os outros pilotos, pagou o preço por isso. Em uma fase tão delicada quanto a mudança da capacidade do motor de 1000cc para 800cc, é fácil pegar o caminho errado. Isso foi exatamente o que aconteceu com a Yamaha. Quando percebemos que tínhamos problemas, era tarde demais para sairmos dessa situação. Se você lida com problemas de chassi, pode encontrar uma solução em um tempo bem curto, mas se você lida com um motor falho, não pode mudá-lo e nem construir outro rapidamente; então, você tem de usá-lo ao longo da temporada. Foi isso que tivemos de fazer."

A M1 de 800cc não tinha potência o suficiente e, acima de tudo, não tinha rotações o bastante (19 mil RPM, por exemplo) para competir com suas rivais – inicialmente a Ducati, e a partir da metade da temporada, a Honda também.

"Nós perdemos completamente a curva de torque", admitiu Andrea. "Os engenheiros procuravam por altas rotações, mas, no fim, perderam toque em baixas rotações. Procurando desesperadamente por potência, nos apressamos em mudar para válvulas pneumáticas para chegarmos a rotações mais altas, mas isso logo se converteu em uma corrida contra o tempo que produziu poucos resultados. De fato, quando o novo motor com válvulas pneumáticas foi enviado para a Europa e utilizado em Misano, imediatamente quebrou. Ficou claro que encontrar uma solução não era algo que poderíamos adiar por mais tempo. Nós não apenas precisávamos melhorar o sistema de injeção – para fornecer mais potência apesar da limitação de combustível –, mas também melhorar todo o sistema de gestão eletrônica, porque, com a chegada dos motores 800cc, essa necessidade tinha se tornado ainda mais urgente. A Ducati tinha chegado."

O golpe fracassado

Enquanto os engenheiros atormentavam seus cérebros tentando resolver os problemas da M1, alguns em Iwata tentaram jogar com as dificuldades do time, mais uma vez colocando em questão Masao Furusawa. Depois da derrota de 2006, e dos erros que tinha cometido se preparando para a temporada 2007, ele não era mais irrepreensível. E encarou outro momento difícil.

"No fim de 2006, logo após perdermos o primeiro campeonato, alguns engenheiros começaram a dizer que meu método de trabalho era incorreto, e tentaram colocar as mãos no projeto da M1. Tinha um grupo em especial que estava convencido de que tínhamos de voltar para o virabrequim de plano único, insistindo que esta era a única forma de termos mais potência. Valentino continuava repetindo que precisava de mais potência e que a Yamaha não tinha o suficiente, e os difamadores sentiram que tinham apoio. Eu expliquei que a minha prioridade era a performance nas curvas, permitindo que a moto fosse mais rápida nas curvas, e insisti que só depois de resolver este problema, começaríamos a buscar mais potência. Mas esta explicação não foi o suficiente e, em 2007, um grupo de engenheiros projetou um novo virabrequim de plano único, o adaptou ao motor da M1 e organizou um teste comparativo em Fukuroi. Mas a M1 equipada com o meu plano cruzado era ainda mais rápida que a outra. Apesar de eu ter dito muitas vezes que não havia necessidade de um novo de plano único, aqueles engenheiros trabalharam neste novo projeto alternativo, e levou algum tempo para eu descobrir isso. Quando soube, imediatamente pedi um relatório, mas o engenheiro responsável deletou todas as informações. Ele se comportava como se fosse louco. Uma vez que tiveram um resultado ruim, o grupo finalmente abandonou a ideia do plano único, mas mais uma vez a crônica inabilidade de todos olharem para uma mesma direção tinha aparecido."

Fórmula 1, que paixão!

Planejando sua segunda revolução na M1, a da temporada de 2008, Masao Furusawa contava muito com Kouichi Tsuji. Era hora de ele complementar seus conhecimentos sobre motores de alta performance. Tsuji já tinha sido muito útil durante a primeira revolução do motor da M1, quando tinham introduzido o big-bang, mas desta vez a missão era ainda mais desafiadora. Além disso, Furusawa ordenou que a equipe técnica de Tsuji seguisse as instruções de Andrea Zugna, que estava encarregado de projetar um novo sistema eletrônico.

Kouichi Tsuji tinha se tornado parte da equipe de Furusawa apenas no fim da temporada 2003. Ele foi contratado em 1º de outubro, e, um dia depois, já estava na pista. Em 2 de outubro de 2003, quando os integrantes estrangeiros da Yamaha chegaram ao circuito de Motegi para se preparar para o GP do Pacífico, como aquela prova era nomeada na época (o GP do Japão era realizado em Suzuka), encontraram um rosto desconhecido na garagem.

"Tsuji nos disse que o próprio Furusawa tinha pedido que ele se tornasse parte do novo time da MotoGP. Explicou que ele era responsável pelo motor", contou Brivio. Furusawa o procurou quando se lembrou da pequena Divisão de Carros da Yamaha, que no início dos anos 1990 fornecia motores para a Tyrrell na F1. Carros eram uma grande paixão de Tsuji, e Furusawa adicionou ao seu grupo um engenheiro que era entusiasmado pelas corridas, mas de quatro rodas. Este, entretanto, era um detalhe de pouca importância, porque Furusawa precisava de um expert em motores de alta performance, não importava de que tipo. Tsuji, que incidentalmente tinha boas conexões com a Toyota, tinha a competência necessária – motores de alta performance e com altas rotações eram o seu pão de cada dia. Furusawa envolveu Tsuji no projeto do motor de 2004, com o virabrequim de plano cruzado, e, a partir daquele momento, o engenheiro japonês se tornou um ponto de referência. Todo projeto da nova geração, incluindo o motor de válvula pneumática, foi projetado por ele.

Homens não vivem só de motores

Enquanto Furusawa e seus engenheiros estavam focados nos assuntos do motor, Valentino e Jeremy aumentaram uma batalha que já estavam lutando há um ano. Na segunda grande revolução do projeto da M1 – com a moto de 2008 – eles não podiam ignorar um elemento tão fundamental como os pneus. Valentino sublinhou essa questão exatamente no dia em que o maior problema parecia ser a embaraçosa diferença entre a Ducati e as motos japonesas – o GP do Catar de 2007.

Durante uma reunião técnica após a corrida, Valentino disse algo que os técnicos da Michelin não deram atenção o bastante. Ele explicou que, mesmo que a Ducati não fosse tão rápida, ainda teria um grande problema nas últimas três voltas, por causa dos pneus. Os Michelin não teriam permitido que ele mantivesse o mesmo ritmo da Ducati, cujos Bridgestone eram mais efetivos e duráveis. "Stoner fez sua volta mais rápida no fim da corrida, e eu não conseguia acompanhá-lo", disse Valentino, mas os técnicos da Bridgestone estavam perplexos. Valentino seguiu com suas explicações, dizendo que na longa curva para a esquerda – um ponto crítico da pista que foi construída no meio do deserto – seu pneu traseiro estava escorregando consideravelmente, enquanto o de Stoner era bem estável. A Ducati parecia estar em um trilho, mas o pessoal da Michelin não deu nenhuma importância para isso."

A Bridgestone tinha investido uma enorme soma de dinheiro na MotoGP durante cinco anos. Eles introduziram uma nova forma de projetar pneus de corrida e, no fim de 2006, tinham completado sua caçada à Michelin. Em março de 2007, ficou evidente que a Michelin não era mais capaz de atender às necessidades de Valentino e da Yamaha.

Durante a temporada 2006, a Michelin não tinha conseguido acompanhar o desenvolvimento da rival japonesa. A Ducati tinha vencido muitas corridas na última parte do campeonato e conseguiu lutar pelo título. Em 2007, a superioridade do pneu dianteiro da Bridgestone era incontestável, e eles estavam construindo um pneu traseiro imbatível também.

"Também na Turquia, algumas semanas depois, nós vivemos um desastre", recorda Brivio. "Valentino foi décimo, enquanto os pilotos da Bridgestone dominaram a corrida. No briefing após a corrida, Valentino explicou, mais uma vez, que os pneus Bridgestone tinham algo que os Michelin não tinham. A corrida deu evidências de que tanto as nossas motos como os nossos pneus eram inferiores. A situação era muita crítica, porque sabíamos que, na segunda parte da temporada, correríamos em pistas que eram favoráveis a Bridgestone. Nós continuamos sem nenhum avanço técnico considerável, e, como tínhamos imaginado de antemão, a Bridgestone nos fez ficar mal na última parte da temporada."

Ao longo do verão, Valentino pensou que tinha coletado informações suficientes para convencer Furusawa a libertar a Yamaha da Michelin.

"Valentino estava tão determinado que em Brno nós tivemos uma reunião dedicada especialmente aos pneus", comentou Brivio.

"Ele falou primeiro e, quando disse que queria mudar para os pneus Bridgestone, todos concordaram. O consentimento foi unânime. Valentino continuou dizendo que poderia ser uma escolha arriscada, mas assumiu a responsabilidade. Para ser honesto, dentro do time, nós tínhamos começado a falar sobre a possibilidade de usar pneus Bridgestone um ano antes. No verão anterior, quando corremos em Laguna Seca, em julho de 2006, Furusawa estava muito irritado com o chefe da Michelin. Era verdade que Valentino teve de abandonar por causa de um problema no motor, mas, a partir de metade da corrida, era possível ver buracos em seu pneu traseiro. Se ele não tivesse abandonado, só poderia ter terminado em uma posição ruim. Mas levando em conta a temporada 2007 e a mudança na capacidade dos motores, mudar o fornecedor de pneus parecia muito arriscado, e, assim, tínhamos decidido usar Michelin outra vez."

No verão de 2007, quando necessitava pensar no time do ano seguinte, Furusawa rapidamente pensou em uma solução. A M1 de Valentino seria equipada com Bridgestone, enquanto a moto do novato Lorenzo rodaria com pneus Michelin.

A relação com a Michelin começou a estremecer em 2006, quando surgiram vibrações na M1.

O time de Valentino estava muito desapontado com a atitude da Michelin, já que alegavam que não podiam construir um pneu especificamente para a M1. Eles insistiam que os engenheiros da Yamaha tinham cometido um erro com o design do chassi. Enquanto isso, o tempo passava e as motos da Honda estavam literalmente voando, em parte porque o novo pneu introduzido pela Michelin tinha uma construção muito mais rígida, perfeitamente adequada à RCV. Entretanto, a M1 apresentava muita aderência quando equipada com este novo pneu e isto era crítico para o chassi. Ao longo da temporada, a tensão foi aumentando e, corrida após corrida, a relação com Valentino também foi ficando pior. De certa forma, o que aconteceu no fim de 2007 tinha sido escrito muito tempo antes.

A máquina perfeita

A revolução eletrônica

"Agora vamos ver o que Zugna inventou", disse Valentino Rossi. Furusawa concordou, sem disfarçar a satisfação. Era novembro de 2007, e eles esperavam por este momento há longo tempo. Valentino finalmente estava aceitando a ideia de depositar sua confiança na eletrônica e nos computadores.

"Antes disso, Valentino nunca tinha visto a real importância da tecnologia da informação e da eletrônica", revela Zugna, "não foi fácil convencê-lo a usar isso em larga escala. Isso era verdade até o início da era das 800cc, quando ele percebeu o incrível passo à frente que a Ducati tinha dado neste campo. E começou uma lenta aproximação, que culminou com o fim de 2007."

"Eu pedi a Valentino para confiar um pouco mais nos equipamentos eletrônicos", explicou Furusawa. "Naqueles dias de novembro, disse a ele que tínhamos investido muito dinheiro em novas tecnologias e que estávamos certos que atingiríamos resultados significativos daquela forma. Era um importante passo à frente. Valentino sempre ouvia cuidadosamente quando eu explicava sobre a gestão eletrônica do motor, mas podia ver as dúvidas que ele tinha em mente e, por suas palavras, eu entendia que ainda não confiava nos computadores."

"Apesar disso, eu estava certo de que, depois que ele tivesse a chance de verificar o trabalho que fizemos no verão, ele entenderia. A eletrônica era essencial. Sempre estive convencido de que a MotoGP evoluiria naquela direção, e expliquei para Valentino que nossos rivais estavam desenvolvendo sistemas que eram vitais para controlar a entrega de potência e o comportamento da moto nas curvas. A eletrônica permite calcular o limite de aderência, o que podemos definir como a conexão entre o pneu e o asfalto. Trabalhávamos nisso desde 2004, mas tivemos de esperar anos para ter um sistema efetivo e avançado.

É por isso que a M1 estava se tornando mais 'suave' nas curvas, como uma 250. Se os pilotos puderam atingir um ângulo de 60 graus em 2007 e 2008, foi, em parte, devido à eletrônica."

Na criação de uma verdadeira revolução – como era o novo pacote da M1 de 2008 – Valentino Rossi e Andrea Zugna usaram a Ducati como ponto de referência. Corrida após corrida em 2007, finalmente conseguiram entender a origem da força da moto italiana.

"Usei a minha preparação técnica, e Valentino seu olhar afiado", afirmou Zugna. "Ele foi essencial. Enquanto perseguia a Ducati pela pista, lutando com Stoner, Valentino colocava a moto do australiano em seus raios-X, identificando os pontos fracos da M1. Quando voltava para a garagem, explicava como a Ducati se comportava na saída de curva e, ao mesmo tempo, comparava suas sensações na M1. Ouvindo-o, percebi quanto os engenheiros da Ducati tinham trabalhado, e o que nós teríamos de fazer. Entendi o que tínhamos de dar a Valentino para permitir que ele vencesse Stoner."

"Nós tínhamos de projetar um sistema que fosse capaz de ler cada pequena ondulação no asfalto, cada pequena escorregada do pneu traseiro ou uma travagem durante a frenagem. Além disso, o sistema precisaria responder com uma velocidade de reflexo irreconhecível pelo homem – ou, é claro, mesmo para os pilotos."

Isso não era nenhuma façanha, mas a Ducati tinha seguido nesta direção, e a Yamaha não podia ficar parada. Zugna continuou:

"As regras mudaram, em especial a redução da capacidade do motor para 800cc e o limite de combustível para 21 litros, o que tornou os motores muito mais difíceis de gerir – entrega de potência agressiva, baixo torque na metade da curva e uma explosão de potência quando o piloto levantava a moto na saída. Isso, junto com a evolução dos pneus, que permitiu que os pilotos mantivessem incríveis velocidades nas curvas, significava que eles precisavam de ajuda começando pelo que chamamos no jargão das motos de *apex*: o centro da curva. Valentino explicou que, para ele, a ajuda maior era necessária 'quando estou inclinado no meio da curva e começo a abrir o acelerador. Quando abro até a metade, no que me diz respeito, a curva já acabou'. Fiquei muito surpreso ao ouvir que Valentino considerava 'vertical' uma parte em que ele ainda estava com o joelho para baixo... Porém, uma vez que entendi suas necessidades, fiquei determinado a conseguir o que ele queria, e começamos a explorar novas soluções. Me encarreguei deste problema por quase toda a temporada 2007."

"Eu já estava trabalhando para a temporada 2008, porque 2007 estava perdida. É claro que nos esforçamos para melhorar a M1, mas era tarde demais para seriamente esperarmos uma recuperação durante aquela temporada."

"Seguindo o conselho de Furusawa, e com a cooperação de alguns engenheiros japoneses que ele indicou, comecei a trabalhar, ficando de certa forma afastado do Departamento de Corridas."

Esta escolha foi feita porque a situação exigia alguma urgência, mas também uma forma de trabalho precisa. A diferença era muito grande.

O resultado foi extraordinário e Valentino percebeu isso imediatamente. Mas, antes de dar o sinal para um desenvolvimento ainda mais agressivo do software, ele disse a Andrea: "Ainda estou convencido de que o piloto tem de decidir o que a moto tem de fazer. Não aceito que a moto assuma. Eu quero decidir por mim o que acontece. Garanta que a moto faça o que peço, me ajudando a ser o mais preciso possível, e deixe o último esforço comigo. O último décimo pode – e deve – ser comigo".

Furusawa tinha sugerido pedir a Colin Edwards para testar a moto durante o trabalho de laboratório para a nova eletrônica. O texano, um habilidoso piloto de testes, aceitou com entusiasmo. Edwards tinha trabalhado com Valentino no passado no desenvolvimento da M1 de 2005 e também para encontrar uma solução para os problemas da moto de 2006. Colin tinha a sensibilidade de entender até a menor mudança no comportamento da moto, e Valentino confiava nele completamente. Então, começando a partir da metade da temporada 2007 – do GP da República Tcheca, em meados de agosto – a moto de Colin foi equipada com as primeiras partes de um revolucionário sistema de gestão do motor que seria instalado na M1 de 2008.

A decisão de pressionar para ampliar os limites foi de Furusawa, mas tinha sido uma sugestão de Zugna.

"O plano era dar um relato detalhado a Valentino depois que tivéssemos resultados concretos com Colin", explicou Andrea. "Colin reportava detalhes precisos e o trabalho correu bem. Depois de meses de testes secretos, no qual nós fazíamos uma dupla checagem nos componentes individuais do projeto, o sistema completo foi levado para a pista, de novo na moto de Edwards, durante a sessão de testes em Sepang, após o fim da temporada. Era metade de novembro."

Valentino não participou desses testes. Eles tinham planejado uma precisa divisão do trabalho para que não estressasse excessivamente os pilotos, que estavam cansados após a longa temporada da MotoGP. Colin viajaria para a Malásia para terminar o trabalho com a nova eletrônica, e Valentino estaria em Jerez algumas semanas depois (deixando Colin livre para voltar ao Texas e aproveitar um merecido descanso) para testar pela primeira vez tanto os pneus Bridgestone como o novo equipamento eletrônico.

A mudança de fornecedor de pneus atraiu a atenção de todos. Naquela época, jornalistas, assim como membros de equipes rivais, estavam focados no primeiro contato de Valentino com os pneus japoneses; então, o time conseguiu manter os testes conduzidos no motor e nos sistemas eletrônicos de certa forma discretos.

A nova era

Se Valentino aceita uma nova solução, não testa apenas pelo bem dos engenheiros. Ele mergulha de cabeça. Uma vez que decidiu se aproximar da eletrônica, descobriu que Andrea Zugna tinha feito um bom trabalho. O engenheiro de Trieste tinha transformado as orientações de Valentino em números e informações, e seus cálculos tinham se transformado em um software desenvolvido com a ajuda de Cristian Battaglia e um grupo de engenheiros de Iwata.

Masao Furusawa esteve com eles o tempo todo.

Zugna também trabalhou o sistema de injeção eletrônica de combustível – para lidar com os problemas de consumo de combustível relacionados com a válvula pneumática – e, principalmente, com o sistema de controle de tração. Assim como Furusawa tinha feito anos antes, Zugna sentiu o peso de sua responsabilidade em uma série de escolhas técnicas que não eram compartilhadas por todos os engenheiros da Divisão de Corridas. Mas concordou em assumir o risco, e agora teria de ir para o confronto.

No fim do teste em Jerez, no fim de novembro de 2007, Valentino percebeu que a Divisão de Corridas da Yamaha estava entrando em uma nova era – a M1 de 2008 seria nova, do chassi à suspensão, do controle eletrônico do motor aos pneus. De fato, naquela época, Valentino e Masao fizeram um novo "pacto de aço", similar àquele que foi selado com um aperto de mão no fim de 2003.

Depois, um voltou para a Itália para planejar um novo tipo de treinamento atlético, enquanto o outro voltou para o Japão para continuar trabalhando na M1 e na reorganização do grupo. Ninguém poderia saber naquele momento que a OWS5, a M1 de 2008, seria precursora de uma nova geração de motos de corrida.

Quando o time se reuniu na Malásia em janeiro de 2008, Furusawa foi muito sincero, como de costume. Enquanto seu time entregava a nova M1 para Valentino, disse palavras significativas: "Agora estamos em um ponto em que ou vencemos ou estamos acabados!".

Furusawa e Valentino venceram durante aquela temporada de 2008 – de fato, eles dominaram como nos velhos e bons tempos – e entraram em uma fase positiva e de sucesso.

Um sensor chamado Valentino

A OWS5 estabeleceu um novo limite. Só Stoner e a Ducati conseguiram acompanhar Valentino e a M1, pelo menos na primeira parte da temporada.

Os pilotos da Honda, entretanto, sofreram muito com o retorno na Yamaha. Seus engenheiros deles trabalharam duro ao longo dos anos, mas nunca conseguiam chegar perto das soluções técnicas da M1. Davide Brivio recorda de um momento particularmente significativo, durante o GP da Malásia de 2008.

"Pedrosa assumiu a liderança e permaneceu lá por 15 voltas. Valentino o perseguiu e o ultrapassou para vencer. Durante a reunião técnica, Valentino começou a explicar como funcionava o controle de tração da Honda. Ele disse que o sistema era antiquado e, é claro, estava muito satisfeito com isso. Ele olhou para os engenheiros que trabalharam durante um ano no controle de tração da M1 e disse: 'Acho que a Honda se comporta agora como a M1 se comportava no ano passado; assim, eles ainda estão atrás de nós'. Ele notou isso da mesma forma que sempre fez: estudando o comportamento das motos de seus rivais em várias partes da pista, especialmente na freada e na saída das curvas."

Valentino sempre teve a incrível habilidade de entender não apenas sua própria máquina, mas também aquelas de seus oponentes.

"Era normal ouvir suas sugestões incrivelmente profundas e detalhadas, mas era sempre surpreendente ver que suas sensações e percepções eram regulamente confirmadas pelo computador", disse Furusawa. "Para mim, Valentino é um verdadeiro gênio. Às vezes ele parece uma criança; mas outras vezes ele demonstra ser muito maduro para sua idade. No início, era óbvio que não fazia ideia do que eram as corridas, mas ele ouvia com interesse a minha filosofia e as minhas explicações em relação à engenharia, porque sabia que elas significavam alguma coisa. Normalmente é muito difícil falar sobre engenharia com os pilotos, mas você pode fazer isso com Valentino. Ele tem uma grande sensibilidade sobre mecânica e entende problemas técnicos. Este é um dos assuntos, entre outras coisas, que ele gosta muito."

"Ele tem uma ótima maneira de pensar. Seus argumentos seguem uma sequência lógica e sempre visa atingir o objetivo final. Ele nunca pula um passo e nunca está confuso. Não se perde. Ele é exatamente como eu, e é por isso que nos demos bem desde o início. A coisa que sempre me impressionou foi a nossa maneira de compartilhar ideias. Eu pedia a opinião dele sobre o que pensava em fazer na M1 e ele sempre concordava, mas não porque era condescendente – e sim porque compartilhava das minhas ideias."

"Seu cérebro possui extraordinária capacidade mnemônica e inteligência analítica. Valentino é muito preciso ao explicar problemas, porque reúne uma quantidade impressionante de informações e facilmente transfere isso para os projetistas da moto. Às vezes ele pode dar um feedback após apenas seis voltas. Ele já era capaz de me dizer muitas coisas, apesar do tempo limitado que tinha passado na moto, mesmo enquanto também tinha de pensar em pilotá-la. Como parecia impossível que ele pudesse ser tão preciso, eu ia checar as informações baixadas do computador. Ele acompanhava comigo, comentando o que tinha explicado antes – e os computadores quase sempre confirmavam o que Valentino tinha dito."

"É claro que explicar sensações é muito diferente do que projetá-las tecnicamente, mas ele sempre foi capaz de me dar a inspiração para encontrar a solução certa. Além disso, toda vez que melhorávamos a M1, Valentino melhorava sua performance. Ao contrário, os pilotos que eram responsáveis pelo desenvolvimento da M1 quando cheguei em 2003, tinha uma performance estável, e não importava se a moto era modificada ou não. Isso significa que eles não tinham a habilidade necessária para melhorar a moto, e era um grande problema para os engenheiros."

Nós perdemos, tudo bem!

No início da temporada 2008, Valentino imediatamente demonstrou uma excelente condição atlética, resultado de variações que realizou em seu programa de treinamento durante o inverno. Seu programa de treinos tinha se tornado mais longo e sua carga de trabalho mais pesada.

Valentino também colocou em ordem sua vida pessoal e profissional. Depois de encerrar sua colaboração com Gibo, que deixou de ser seu agente no fim de 2007, tirou força da ajuda de seus amigos, aqueles mais leais, que estão sempre lá. Alguns deles foram integrados em uma companhia fundada por Valentino para gerenciar suas atividades econômicas e comerciais.

No início da temporada, Valentino apareceu com uma incrível condição física e mental. Ele tinha imensa paz interior, grande concentração e forte determinação.

"Durante os testes de inverno, percebemos que tínhamos tudo que precisávamos", disse Burgess. "O motor não tinha nada a ver com o anterior, os pneus japoneses eram um grande passo à frente, e o chassi tinha sido mais desenvolvido, apesar de não ser essencialmente modificado em suas dimensões. Além disso, havia outro elemento importante: Valentino tinha conseguido convencer Furusawa a voltar para as corridas. A única coisa que nos atrasou foi a adaptação do chassi aos Bridgestone, mas isso foi só no começo. Depois, tudo ocorreu de forma suave."

"Nós sempre levamos duas ou três corridas para acertar a moto", afirmou Brivio. "A partir da quarta corrida, tudo começava a funcionar e o resto da temporada era tranquilo. Nunca confiamos muito nos resultados dos testes de inverno, porque só o que acontece durante uma corrida pode corresponder à situação real. Também, Valentino, que é um grande provador, sabe que os 45 minutos da corrida são os únicos que ressaltam todas as forças e fraquezas de um pacote técnico. Todos têm tanque cheio, pneus novos, a moto está no seu melhor, e eles se esforçam o máximo que podem. Então, em 2008, nós prestamos atenção especial a primeira prova, que era, de fato, essencial."

Eles correram no Catar, à noite, e foi ruim para Valentino. Em sua primeira corrida com os Bridgestone, terminou na quinta colocação. Parte do paddock imediatamente fez um julgamento severo. Valentino quis Bridgestone, e depois de a Yamaha quase ter rompido sua relação com a Michelin para poder agradá-lo, ele tinha levado para casa um resultado desapontador.

Ele estava liderado a corrida na sétima volta, depois da qual começou a perder rendimento, e foi ultrapassado por Stoner, Lorenzo, Pedrosa e Dovizioso. Ainda assim, voltou para os boxes de bom humor. Todos olhavam para ele com espanto, considerando-se que não era o tipo de prova para se orgulhar, mas Valentino disse: 'Está tudo bem, não se preocupem. Sei onde está o problema'.

"Nossa moto não foi preparada para os Bridgestone", explicou Brivio. "Analisando as informações, sabíamos que o pneu traseiro estava se desgastando muito rápido. Nós consideramos que Valentino usou o mesmo pneu de Stoner. Casey venceu e foi capaz de fazer sua volta mais rápida no final, enquanto Valentino sofreu uma rápida deterioração no pneu traseiro. Claramente, o problema era como os Bridgestone trabalhavam na M1. Nós não tínhamos o acerto, porque nossa experiência com os Bridgestone ainda era limitada."

Então eles fizeram como de costume: todos os eventos de lazer foram suspensos, os membros da equipe sentaram-se em círculo no chão do box e começaram a pensar. A solução foi encontrada às 3 horas da manhã (a corrida tinha terminado pouco antes da meia-noite).

"Os sensores de temperatura dos pneus (removidos em 2009 para cortar custos) permitiram que percebêssemos que o pneu traseiro estava muito quente. Depois de confrontar os técnicos da Bridgestone, entendemos que tínhamos de mudar a geometria da M1, encurtando a distância entre os eixos, porque Valentino e Jerry pensavam que uma moto mais curta seria a solução. Nossos engenheiros não queriam fazer isso. Na verdade, muitos dos japoneses discordavam. Eles tiveram uma longa discussão, mas nós os convencemos, e a M1 foi modificada."

"A corrida seguinte foi na Espanha, em Jerez, uma pista historicamente favorável à Michelin. Pedrosa venceu com os pneus franceses, mas Valentino terminou em segundo, o que já era um bom sinal."

"Depois da corrida, o gerente de desenvolvimento da Bridgestone, Tohru Ubukata, nos disse: 'Para a próxima corrida, em Portugal, não esperem nada bom. Estoril é a pior pista para os nossos pneus. Queremos nos desculpar com antecedência, mas será uma prova difícil'. Valentino terminou em terceiro, 12 segundos atrás de Lorenzo, que venceu. O que parecia um resultado negativo foi, na verdade, algo inesperado. Se Valentino estava no pódio em uma corrida complicada, então realmente estávamos no caminho certo. De fato, mais tarde fomos para a China, onde vencemos pela primeira vez com os Bridgestone."

Brivio assegurou que a vitória no GP da China deveria ser considerada um "marco na história de nossa equipe. Foi quase tão emocionante como a primeira. Não era só a vitória mais importante da temporada: era uma das mais importantes nestes sete anos. Era o sinal de que tinham encontrado o caminho certo outra vez. Depois de duas temporadas muito difíceis em 2006 e 2007, nós interpretamos a vitória em Xangai como uma luz no fim do túnel."

"Foi o nosso renascimento. A partir daí, nossa temporada foi melhor e melhor, e terminou com verdadeiro triunfo. Era o nosso terceiro título mundial. Além disso, naquele momento, nossos engenheiros e time lançaram as bases para o sucesso dos anos seguintes."

A moto dos sonhos

"Depois de voltar ao topo em 2008, 2009 era o ano da consolidação", confirmou Zugna. "Graças a um grande trabalho durante 2007 e 2008, tentamos melhorar a M1, mas sem revolucioná-la, como tínhamos feito em 2006."

Em 2009, a M1 – código de projeto: OWS8 – dominou como nunca tinha feito antes, encontrando sucesso com Valentino e Lorenzo.

Zugna continuou: "Com a M1 de 2009, encorajamos o desenvolvimento do sistema eletrônico, e introduzimos o sistema anti-wheelie também. Não havia necessidade, entretanto, de mudar muitas coisas. A verdadeira revolução tinha sido feita um ano antes; então apenas tínhamos de fazer alguns refinamentos. A única grande mudança, para completar a obra de arte, era redesenhar o chassi. Valentino tinha vencido em 2008 com um chassi que tinha sido projetado de acordo com as características dos pneus Michelin e modificado para se adaptar aos Bridgestone. Nós não podíamos desenhar um específico, pois ainda não sabíamos as características dos pneus japoneses. Mas reunimos todas as informações em 2008, que permitiram que o Departamento de Corridas projetasse um chassi para a versão de 2009, que era dedicado aos Bridgestone. A M1 se tornou versátil e eficaz. Ela era adequada para todos os circuitos, muitos pilotos puderam aumentar seus limites. A M1 venceu em todos os lugares.

"Em 2009, tivemos um momento mágico, aquele estado de graça em que, o que quer que você tente, dá certo, e no qual o piloto, a moto e o time trabalham juntos como uma unidade. Mas, sem Valentino, nós nunca poderíamos ter atingido uma meta tão importante em tão pouco tempo."

A principal vantagem daquela moto é que ela permitia que o piloto fosse rápido sem forçá-lo a estar constantemente no limite. Um piloto, um campeão, deve ser rápido ao longo da corrida, mas sem ir além de certo nível de risco. Ele deve ser sempre capaz de manter uma pequena margem de segurança, que é o que o permite que seja rápido sem cair.

"Essa habilidade de ficar perto do limite sem ultrapassá-lo faz a diferença. Quando a moto permite que seu piloto faça isso, ela atinge a competitividade. A Yamaha permitiu isso em 2008 (com a OWS5), mas especialmente em 2008 (com a OSW8) e em 2010 (com a OWS9). Essas foram as herdeiras de uma revolução que começou com o projeto de 2007."

Orçamento XXL

Dinheiro gasto é dinheiro ganho

Dinheiro é um elemento essencial para atingir determinados resultados, mas não é o suficiente para explicar as conquistas do time dos sonhos. "Nós vencemos devido às escolhas, que eram geralmente certas, às grandes ideias e boas estratégias", resumiu Brivio.

Assim, fatores humanos foram a chave de uma aventura que, inegavelmente, foi alimentada com um orçamento. Como Burgess sublinha, "os fundos que Furusawa foi capaz de levantar foram fundamentais, mas, para vencer na MotoGP, o dinheiro em si não é suficiente. Para fazer isso, a Yamaha precisava de gênios como Furusawa e Valentino que, consequentemente, precisavam de pessoas com a mesma mentalidade."

"Furusawa conduziu o Departamento de Corridas da Yamaha de volta ao caminho certo", continuou Burgess. "A Yamaha tinha uma história gloriosa nas corridas, mas, durante os anos recentes, talvez os altos dirigentes não tenham apoiado as corridas como deveriam. Os executivos alocavam um orçamento para o esporte a motor, mas falhavam em monitorar suas atividades e os resultados atingidos. Furusawa, entretanto, era responsável por todo o projeto e tinha o apoio e a confiança dos executivos, assim podia tomar decisões importantes. Além disso, essas decisões eram quase sempre certas, e combinavam bem com as circunstâncias que estávamos enfrentando."

Muitas pessoas só entenderam que Furusawa podia pedir por qualquer coisa quando a aventura oficialmente começou – 24 de janeiro de 2004, o dia em que Valentino estreou com a M1 na pista de Sepang.

Furusawa queria cinco motos diferentes, quatro motores e quatro chassis diferentes. Duas garagens próximas da ocupada pelo time de fábrica da Yamaha eram usadas como base logística e acomodavam oito pessoas (técnicos, mecânicos e pilotos) e mais de vinte engenheiros.

Com relação aos pilotos, Carlos Checa (o então companheiro de equipe de Valentino), Marco Melandri e Norifumi Abe (da equipe Tech3) e dois pilotos de teste – Fujiwara e Yoshikawa – também estavam envolvidos, cada um com uma tarefa específica, todas focadas na M1 de Valentino.

Por fim, o número de pessoas trabalhando do Departamento de Corridas em Iwata era mais do que o dobro: Furusawa tinha duzentos engenheiros e noventa trabalhavam exclusivamente no projeto da MotoGP.

Furusawa conseguiu convencer Kajikawa a abrir a carteira, e o presidente encontrou dinheiro graças a um antigo dispositivo bem conhecido na *Gotha* do mundo industrial – que normalmente é chamado de orçamento suplementar. O pagamento de Valentino foi separado do plano financeiro para as atividades de corrida de 2004 – que já era extraordinariamente alto.

Para pagar pelos novos membros do time e os novos engenheiros contratados em Iwata, para apoiar as novas divisões e para desenvolver a nova tecnologia que alcançasse o nível de competitividade, a Yamaha gastou uma quantia enorme de dinheiro. As sete temporadas deste time dos sonhos custou aproximadamente 400 milhões de euros.

Mas as empresas podem fazer contas e estimativas de receitas e despesas. O que Badioli tinha dito a Brivio durante as negociações era verdade: os ganhos com a operação Valentino foram superiores ao investimento inicial. Basta analisar fatores como aumento de vendas (que imediatamente aumentaram em todo o mundo), fortalecimento da marca, melhora na imagem da empresa e acúmulo de tecnologia na Divisão de Desenvolvimento.

No que diz respeito aos resultados esportivos, os números são igualmente expressivos – em sete temporadas, Valentino Rossi e seus homens conquistaram quatro mundiais de pilotos, três mundiais de fabricantes, 46 vitórias, 84 pódios e 21 pole-positions.

Mas, o mais importante: aqueles sete anos montaram as fundações para permitir que Lorenzo – com todo respeito ao talento do piloto – conquistasse o Mundial de Pilotos e Fabricantes para a Yamaha em 2010, o ano em que Valentino sofreu duas sérias lesões que o impediram de lutar em condições de igualdade com seus rivais. Além disso, a experiência acumulada naqueles anos permitiu que a Yamaha alinhasse uma M1 competitiva até 2011, a última temporada das motos de 800cc. Na verdade, depois das primeiras corridas da temporada 2011, Lorenzo voltou para o chassi de 2010 – aquele da última temporada em que Valentino tinha desenvolvido a M1.

No final, o grupo de Furusawa deixou uma grande herança – todos os conceitos técnicos para começar o projeto da M1 de 2012, a moto da próxima geração com motor com 1000cc de capacidade.

Juntos, todos esses elementos explicam porque Furusawa propôs um investimento financeiro tão vultoso, e o motivo de Kajikawa ter concordado em apoiá-lo.

Quando o patrocinador exagera

O grupo de Furusawa recebeu muito dinheiro, mas nem todos os que concordavam em apoiar a aventura eram capazes de aproveitá-la. Por exemplo, os executivos da primeira companhia que Furusawa teve de lidar – a Altadis, dona das marcas Gauloises e Fortuna, que patrocinava o time da Yamaha desde que Furusawa se juntou à MotoGP até 2005 – pertencia a esta estranha categoria.

Em 2003, os executivos da Altadis estavam compreensivelmente chateados com os resultados do time que apoiavam há alguns meses e, em um curto tempo, mudaram de uma atitude crítica para uma atitude agressiva. Furusawa imediatamente entendeu que eles não acreditavam na Yamaha, nem nele, mas graças à sua situação economicamente favorável, ele era capaz de impor suas ideias. De fato, apesar de ele ter tido que lidar com muitos problemas quando assumiu sua nova posição no Departamento de Corridas, não tinha problemas econômicos. Na primeira parte dos anos 2000, a Yamaha foi capaz de investir grandes somas, ao ponto em que podiam correr sozinhos, sem patrocínio. Devido à essa fortíssima e privilegiada posição, Furusawa conseguiu neutralizar a pressão dos patrocinadores – ou pelo menos a de alguns deles.

"Os patrocinadores acham difícil entender algumas situações, é verdade, mas, em 2003, eu achava que os meus contatos com a Altadis tinham quase se tornado loucos", disse Furusawa. "Nossa relação começou com o pé errado, porque eles eram muito céticos sobre o potencial da Yamaha para se recuperar e eram muito duros comigo também. Eram arrogantes, me tratavam com desprezo e, além disso, desperdiçavam o meu tempo. Tive de preparar muito material para ilustrar nosso projeto e para explicar que eu estava planejando grandes mudanças, das quais a marca deles também iria se beneficiar, mas era sempre muito difícil fazê-los entender o que tinha em mente. Para mim, isso significava gastar o tempo valioso que eu tinha para seguir adiante com o meu projeto. Minha prioridade era focar no projeto de uma boa moto, e todos os problemas deles eram muito perturbadores. Eles continuavam fazendo perguntas que eram desnecessárias para o que eu estava projetando e planejando e, acima de tudo, estavam sempre reclamando de tudo. Cheguei a um ponto em que pedi para me deixarem em paz, porque eu tinha de resolver grandes problemas e não podia mais perder tempo com suas exigências sem sentido."

"Quando Valentino guiou a Ferrari da F1 pela primeira vez, três dias após a vitória em Welkom em 2004, não me incomodou, mas alguns patrocinadores reclamaram muito por causa das fotos de Valentino guiando um carro patrocinado por uma marca concorrente.

Tive de esclarecer a situação, dizendo que toda discussão neste ponto era em vão, porque para nós este teste na F1 não era um problema. No entanto, nem todo mundo entendia isso. Um desses, com quem eu tinha de lidar, era uma pessoa muito arrogante – realmente uma pessoa ruim. Foi parcialmente por culpa dela que, no fim de 2005, decidimos mudar de patrocinadores, assinando com a Camel. Nós não podíamos mais aguentá-lo, em parte porque a Altadis tinha uma atitude ruim em todos os assuntos. Como nunca entendiam nada, não entendiam também porque decidimos correr com as nossas cores corporativas em 2005. Em Laguna Seca nós usamos uma pintura amarela e preta, enquanto usamos um desenho branco e vermelho em Valência. Foi impossível convencê-los de que era muito importante para nós para celebrar o nosso 50º aniversário com as cores que a Yamaha tinha usado em suas várias vitórias no passado, e com as nossas cores corporativas. Eles não gostavam da ideia, mas, acima de tudo, eles sequer entendiam. De qualquer forma, decidimos seguir em frente com o nosso projeto e, é claro, eles ficaram muito irritados."

"Tivemos mais sorte nos anos seguintes com a Camel – que, entretanto, nos patrocinou só por uma temporada, porque deixou o esporte a motor – e depois com a Fiat, que foi um patrocinador muito colaborativo."

Vencer ou morrer

Uma janela chamada Brivio

"Sem Brivio, eu provavelmente nunca teria me juntado à Yamaha", disse Valentino um dia durante o verão de 2005.

Cinco anos mais tarde, quando o momento de fazer um balanço estava se aproximando, Furusawa foi ainda mais poético: "Davide foi uma figura-chave, porque abriu a janela pela qual eu pude ver a oportunidade de contratar Valentino. Serei sempre grato".

Se Jerry Burgess era o estrategista para as grandes batalhas, Brivio agia antes de a batalha começar. A habilidade dele de estar lá sem nunca ser inoportuno, a habilidade dele de entender rapidamente as mudanças de humor e de cenário, preparando a si e aos outros para abraçar um desafio, eram elementos de grande importância para manter o equilíbrio entre as forças, e um respeito mútuo.

Davide Brivio sempre foi um fã de estratégias teóricas e psicologia aplicada às corridas, assim como Jeremy e Valentino, que são mestres nessa área. Em relação a Furusawa, suas fontes de inspiração eram os samurais e o estudo das artes marciais. É por isso que a união de Valentino com o grupo de Furusawa era tão forte, utilizando a arte da guerra em sua melhor forma. Este conceito era aplicado a tudo – o desenvolvimento da moto era baseado nas estratégias que Valentino e Jeremy estavam planejando para as corridas, com os rivais sendo observados para poder determinar o que era necessário para derrotá-los. Além disso, as motos dos rivais eram analisadas por um sofisticado sistema espião: o olho vivo de Valentino. Ele estudava as outras motos durante treinos e corridas, então transmitia suas sensações e informações obtidas aos engenheiros, que transformavam tudo em dados para serem analisados pelo computador.

Por meio deste sistema – único no mundo, tão único quanto é Valentino Rossi – engenheiros e dirigentes sempre foram capazes de entender as estratégias e a tecnologia dos competidores. Tirando vantagem de cada oportunidade para estudar seus oponentes, Valentino permitiu que seu time programasse as reações apropriadas, corrida após corrida, temporada após temporada.

Os samurais eram ensinados a se prepararem para a batalha e para avaliar antecipadamente as forças e fraquezas dos adversários, e esta era a chave para o sucesso de Valentino, Furusawa, Burgess e Brivio.

Eles planejavam suas ações por meio de preparativos lógicos e meticulosos, e atingiram suas metas graças ao sangue frio e à inteligência. A força e a agressividade de Valentino, em sua melhor forma física e mental, cuidaram do resto.

Mudança de mentalidade

De acordo com Brivio, "Valentino e Jeremy, junto com Furusawa, mudaram as perspectivas da Yamaha. Antes deles, mesmo um terceiro lugar era algo para celebrar, mas, depois, qualquer coisa menos que um primeiro lugar era desapontador. O grupo de Jerry tinha uma mentalidade similar. Percebi isso quando começamos os contratos. Quando conheci Alex Briggs, ele perguntou: 'Você sabe qual é a diferença entre nós e os outros? Eles vêm para a pista esperando vencer. Nós chegamos só para vencer. Esta é a grande diferença, acredite em mim'. Na época, eu não entendi exatamente o que ele queria dizer, mas trabalhando com eles, isso ficou muito claro".

Além disso, um novo homem tinha chegado em Iwata com a mesma atitude de Burgess e seu grupo. Quando Furusawa entrou no Departamento de Corridas, via que a Yamaha estava dormindo há muitos anos, e esta situação não era mais tolerável. Ele declarou que o único lugar em que valia a pena terminar era no centro no pódio. Furusawa era um grande líder e um poderoso motivador.

"Em 2003, Furusawa escolheu pessoas com considerável experiência em corrida, mas que estavam perdendo há dez anos", falou Burgess. "Pessoas como Nakajima e Atsumi, que apenas precisavam ser motivados para ajudar Valentino, da mesma forma que eles tinham ajudado Rainey ou Lawson. Eles precisavam mais uma vez não só querer trabalhar duro, mas também trabalhar juntos, e talvez estes engenheiros tenham visto no meu grupo a determinação necessária para levar a Yamaha de volta ao topo. Basicamente, não demorou muito para trazer o entusiasmo deles de volta."

"Além disso, você tem de considerar que, quando você corre com Valentino Rossi, você é muito pressionado", lembrou Brivio. "Ao longo do tempo, nos acostumamos a vencer, e quando não vencíamos, ficávamos muito desapontados, até mesmo tristes. Era como uma tragédia. Claro, existem derrotas que são mais bem aceitas e outras que são mais difíceis, mas, em qualquer caso, este grupo nunca gostou de perder. Para eles, perder era o pior insulto."

Brivio ficou impressionado com o comportamento dos australianos.

"Depois de vencermos uma corrida, eles não se abraçavam ou faziam festa como os italianos, que corriam gritando para abraçar Valentino, mesmo que ele ainda estivesse de capacete. Eles nos assistiam do pit-wall, do outro lado do pit-lane, alguns metros afastados, demonstrando certa indiferença, e eu imaginava o motivo. Estavam felizes, é claro, mas nunca demonstravam muito. Lentamente, percebi que vencer era o cumprimento de uma tarefa para eles, nada mais do que isso. Era uma coisa normal; então, eles não gastavam energia celebrando."

"Eles não se permitiam muito contato físico. Por exemplo, nós apertávamos a mão de Gary Coleman para nos dispedir, mas ele só fazia isso por educação, ou por medo de que eu ficasse ofendido, porque, para ele, não havia necessidade de apertar as mãos de alguém para um cumprimento. Entretanto, depois de muitos anos juntos, Gary até me pegou no colo uma vez depois que vencemos uma corrida! Depois de um tempo, ele pegou um pouco do jeito italiano, mas, em minha opinião, esse gesto era contrário à sua natureza!"

Ataque, agora!

Valentino era uma verdadeira fonte de inspiração para todos. Brivio continua: "Ele é um verdadeiro líder. Quanto mais difícil o desafio, mais se comprometia, e quando tinha de competir com rivais mais jovens, aumentava sua carga de treinos. Valentino sempre soube que mesmo que você tenha um talento imenso, você só pode ser bem-sucedido trabalhando duro. Desde as 125, ou talvez desde seu primeiro ano nas 250, ele sempre deu uma grande importância ao treinamento físico, porque, nas últimas voltas da corrida, você não pode arriscar estar fisicamente cansado, e também tem de ser capaz de prestar atenção em todos os detalhes da moto, porque cada elemento deve estar perfeitamente coordenado".

"Valentino percebeu que você vence com os fatos. Ele questiona tudo. A corrida foi ruim porque a moto não estava certa? Ele assume que em parte é sua culpa, porque não a acertou corretamente. Ele quer entender os erros para não cometê-los novamente. Muitos pilotos encontram desculpas ou justificativas para uma derrota, e aceitam isso como uma explicação. Para Valentino, não há justificativa. Ao longo dos anos, ele entendeu que você não pode vencer sempre, é claro, mas participa de cada corrida para tentar vencer. Tudo que faz durante o fim de semana tem como objetivo se preparar para a corrida e apesar de Valentino ter essa atitude desde o início, como parte de sua personalidade, Jerry a apoiou e a fortaleceu."

Burgess trabalhou duro começando em 2000, na estreia de Valentino na classe rainha. O novato de 21 anos, vindo da divisão intermediária, tinha decidido pegar um ano para aprender os segredos da nova categoria antes de tentar vencer na próxima temporada. Nem todos teriam essa abordagem em sua posição. Jerry não gostava da ideia, que suportou com muita dificuldade em 2000, e que definitivamente se recusou a considerar em 2003: "A Yamaha nos disse que a prioridade deles para 2004 era consertar a moto enquanto se preparavam para 2005, o ano que tinham de vencer, porque era o 50º aniversário da companhia. Nós aceitamos, mas tinha algo com que eu não concordava. Por que deveria levar um ano para entrarmos em ação? Por que usar uma temporada inteira para criar uma moto? Nós não deveríamos desperdiçar nenhuma oportunidade; nós deveríamos trabalhar pensando que se tivéssemos uma chance de vencer em 2004, deveríamos tentar. Durante a minha carreira, nunca comecei uma temporada sem pensar que poderia vencer, e não vou parar de pensar desta forma agora".

"Eu lembrei Valentino do que tinha acontecido em 2000, quando não começamos com a agressividade certa. Na época, ele estreou nas 500 com um time satélite da Honda, e nós não tínhamos apoio total, porque ele era o quarto na lista de pilotos. Antes dele estava Crivillé, o campeão vigente, e depois Gibernau e Okada, do time Repsol. No inverno, e no início da temporada, eles reclamavam da moto, que também era difícil para nós explorarmos completamente, mas focávamos no acerto, resolvíamos problemas e, na segunda metade da temporada, Valentino começou a ser tão rápido e consistente que nos tornamos o time de referência para a HRC. Quando os japoneses perceberam o quão ótimo Valentino era, começaram a seguir as nossas instruções, e logo recebemos apoio total. Conseguimos terminar em segundo. Alguns disseram que era um bom resultado, mas não eu. Nós deveríamos ter conquistado aquele título, mas perdemos porque não acreditamos em nós mesmos, começando pela primeira corrida. Foi muito difícil para eu aceitar a derrota, e repeti isso muitas vezes para Valentino. Talvez até o tenha enchido com esta história, mas, no fim, ele entendeu. Vi isso claramente no fim de 2003, quando ele pensou que tínhamos de vencer em nossa primeira tentativa com a Yamaha. Isso foi um alívio para mim."

Valentino falou sobre isso em setembro daquele ano, durante uma reunião após seu retorno do Brasil, onde ele tinha falado com seu time pela primeira vez sobre seus planos de deixar a Honda. Assim, Valentino foi o primeiro a revelar sua intenção de vencer com a Yamaha e fez isso sem saber se Jerry o acompanharia.

Depois de conversarem sobre Burgess, apoiados no bar de uma boate no Rio de Janeiro, Davide e Gibo tinham organizado uma reunião em Pesaro, na quarta-feira, 24 de setembro. Esta seria uma reunião formal, mais uma vez em Pesaro, no escritório do consultor legal de Valentino.

Agentes e advogados se encontram às 16h30, e Valentino chegou às 17h30. Depois de horas e horas de discussão, depois de ler o contrato todo, às 22h30 o grupo começou a planejar o trabalho para os testes de inverno e selecionar que pistas iriam usar. Todos estavam inspirados, porém, o "problema de comunicação" surgiu. O que eles diriam para as pessoas sobre os objetivos e as expectativas deste novo grupo? Uma linha comum era necessária.

"Nós devemos explicar que a nossa estratégia é usar um ano para trabalhar, e no próximo vencer", sugeriu Brivio. Parecia uma miragem imaginar Valentino pilotando uma Yamaha – na época, a assinatura do contrato ainda estava distante – e é claro que não tínhamos nenhuma informação sobre o projeto da nova M1 que Furusawa estava preparando no Japão. Falar em conquistar um título parecia ser exagerado na época, mesmo para um sonhador como ele. Brivio parou para explicar que os executivos da Yamaha estavam dispostos a fazer qualquer esforço necessário para vencer em 2005, e frisou que esta era a verdadeira meta dos japoneses.

Valentino ouviu. Quando Brivio terminou, ele disse: "Por mim tudo bem se quisermos dizer isso para as pessoas, mas quero que vocês saibam que eu desejo vencer a primeira corrida".

A sala foi tomada pelo silêncio. Suas palavras tinham sido como uma explosão em um deserto silencioso, um apito soprando nos tímpanos por vários segundos. Todos fixaram os olhos em um ponto da sala em vez de dar a primeira resposta, então Valentino começou a falar com seu futuro chefe de equipe, Davide Brivio: "Na sua opinião, se eu mudar da Honda para a Yamaha, não vou vencer a primeira corrida?".

Brivio teve de encontrar uma resposta, e optou pelo clássico silêncio de consentimento. Estava atônito.

A pergunta de Valentino era muito forte e foi além das palavras que usou. Como ele sempre faz, quando quer passar mensagens importantes, usou palavras que sugeriam muitas outras. Esta era a sua maneira de deixar clara a seriedade com que estava assumindo esse compromisso. Ele quis fizer: "Vou dar tudo a vocês, mas vocês têm de fazer o mesmo".

O pacto

Ninguém ficou mais impressionado com as palavras de Valentino do que Davide Brivio. Seus pensamentos imediatamente foram para Masao Furusawa e o episódio de duas semanas antes.

Na segunda-feira, 8 de setembro, Davide esteve com Furusawa em Le Castellet, no sul da França, em Provence. Era uma oportunidade incomum para eles, pois tinham pedido que o time participasse da apresentação da nova Yamaha YZF-R1. Partindo de Portugal, depois de um desastroso GP no Estoril, chegaram na mesma noite na costa sul da França.

Naquela ocasião, todos do paddock estavam rindo da M1, e Valentino, que finalmente tinha concordado em mudar para a Yamaha depois de meses de negociações, mostrava sinais de ansiedade.

"Pousamos cerca de uma da manhã", contou Brivio, "e assim que liguei o celular, ele começou a tocar. Valentino estava muito preocupado: 'Vocês perderam por 20s ontem!', disse. 'Que diabos vocês estão fazendo com aquela moto?'. Eu nem tive tempo de responder. Ele continuou: 'Escute, estou me juntando à Yamaha, mas se não vencer, a culpa é sua'. Eu já estava bem nervoso, e fiquei muito impressionado com esta sua reação. Valentino estava nos monitorando e, obviamente, não estava satisfeito com as nossas promessas, mas estava tentando ver se éramos capazes de reagir. De fato, a Yamaha não estava reagindo. Valentino estava certo – Furusawa considerava esta temporada perdida e estava focando somente em 2004."

"Na manhã seguinte, durante a apresentação oficial da R1, Furusawa e eu conversamos sobre a nossa situação em um lugar tranquilo. Falamos sobre Valentino e o que ele pensava de nós, sobre as dificuldades que nós realmente estávamos encontrando e, especialmente, sobre aquelas que enfrentaríamos no futuro. A organização de Furusawa ainda estava sendo canalizada, mas a verdade é que não tínhamos convicção na época."

"Nós revelamos nossos medos e, talvez para exorcizá-los, decidimos fazer um pacto: se não fôssemos capazes de vencer em dois anos, nós dois deixaríamos as corridas. Nós chamamos isso de *'vencer ou morrer!'*."

Preparar, apontar, fogo!

Uma armadilha para a Honda

Force e seja rápido desde o início. Esta era a ordem e todos estavam obrigados a levar isso em consideração durante as preparações de inverno. No entanto, ninguém podia falar a respeito fora da garagem.

"Atacar imediatamente – essa era a estratégia possível", disse Burgess. "Mas muitas pessoas no time estavam atônitas quando perceberam que Valentino e eu estávamos determinados em colocar essa meta em prática. Sabíamos que podíamos e deveríamos fazer dessa forma. Muitas coisas estavam erradas antes da chegada de Furusawa na Divisão de Corridas da Yamaha, e uma delas era que, apesar de os engenheiros serem bons, os pilotos davam a eles o feedback incorreto, limitando, portanto, seu trabalho na moto. Eu estava certo de que colocar a M1 nas mãos de Valentino resolveria este problema – ele sempre dá uma boa indicação. Ele é consistente e se diz que este é o problema, você pode confiar que este é exatamente o problema. Além disso, na época, eu já trabalhava com Valentino há quatro anos, e já sabia o que ele gostava e não gostava em uma moto. Em resumo, estava certo de que, no início do campeonato, ele alinharia com uma moto competitiva."

Parte do plano que se mostraria fundamental para a temporada de 2004 – e talvez também para os próximos anos – tem a assinatura de Burgess. Ele tinha começado a desenvolvê-la no outono de 2003, quando Valentino ainda nem tinha testado a M1.

"Tendo trabalhado com a Honda por mais de vinte anos, estava perfeitamente ciente da tecnologia e sua habilidade de reação, mas não fazia ideia do projeto para continuar desenvolvendo a RC211V e nem das mudanças que poderiam colocar na pista em 2004. Mas encontrei uma forma de descobrir. Disse a Valentino que seria importante ser rápido e vencer as primeiras corridas, não só por orgulho – sabia que essa era a sua mais forte motivação – mas também porque, daquela forma, poderíamos ver o potencial da Honda. Propus, e

Valentino concordou entusiasmadamente, assustar a Honda e assim forçá-los a mostrar seu arsenal."

"Ir para a África do Sul com a intenção de vencer era parte de um plano que preparamos cuidadosamente. Eu não queria completar três quartos da temporada sem saber qual era o nível da Honda. Precisávamos saber o mais rápido possível. Nós estávamos falando da RC211V, uma das melhores motos na história do motociclismo, e tanto eu quanto Valentino sabíamos muito bem disso."

Meia polegada

Em novembro, durante o último teste de 2003 na Malásia, Brivio conversou por um longo tempo com Burgess, que lhe explicou suas ideias para o futuro.

"Nós pensamos que seria melhor fazer um plano; então, quando nos encontrarmos novamente em Sepang, em janeiro de 2004, já saberíamos como agir. Do ponto de vista técnico, Jerry sugeriu que começássemos com o pneu dianteiro de 16.5 polegadas. E fiquei surpreso. 'A sua estratégia começa com um pneu?', perguntei. Ele sorriu e entendi que ele tinha algo em mente."

"Muitos pilotos e chefes de equipe disseram que em 2004 a Michelin nos favoreceu em detrimento de outros fabricantes, principalmente a Honda", explica Burgess. "Mas isso não é verdade. A Michelin não nos fez nenhum favor. A verdade é que nós escolhemos, antes dos outros, um caminho preciso – o pneu dianteiro de 16.5 polegadas – e essa estratégia rendeu para nós antes dos outros."

"No fim de 2003, a Michelin estava trabalhando duro em um novo pneu dianteiro, de tamanho 16.5, mas os pilotos estavam relutantes em utilizá-lo. Os pilotos são sempre relutantes quando pedem para usar um novo pneu, e quando é pneu dianteiro, é quase impossível persuadi-los! Nicolas Goubert, na época chefe da Michelin em pista, me pediu para usar este pneu na moto do Valentino desde o início da temporada. Estávamos acostumados com o pneu de 17 polegadas na RCV e funcionava perfeitamente, mas, depois de avaliar cuidadosamente sua proposta, entendi que podíamos aceitá-la. A moto da Yamaha era nova para nós; dessa forma, mais uma parte nova não seria um grande problema para o nosso trabalho. Goubert estava certo de que assim que Valentino usasse aquele pneu, todos os outros pilotos o seguiriam. Percebi que podíamos fazer um bom acordo, propus as minhas condições – nós desenvolveríamos aquela nova geração de pneus que ninguém queria usar e, em troca, a Michelin nos daria apoio máximo caso fossemos lutar pelo título. O francês concordou."

"No fim, a Michelin fez um bom trabalho por todas as motos, mas o pneu dianteiro de 16.5 polegadas se adaptou perfeitamente à M1, pois já que nós o desenvolvemos, tivemos bastante tempo para encontrar o acerto correto para o chassi. Mas não roubamos nada. Simplesmente tiramos vantagem da nossa coragem de sermos os primeiros a tentar um novo caminho."

Valentino encontrou os benefícios da capacidade de manobra antes de seus rivais e também encontrou o melhor acerto para ter uma boa estabilidade na frenagem antes de Biaggi, Gibernau e Barros – os outros pilotos que a Honda estava apoiando naquela temporada.

"A moto da Honda tinha sido projetada e desenvolvida para um pneu dianteiro de 17 polegadas, e os técnicos não queriam mudar a geometria e o acerto bem definido. Para eles, o novo pneu dianteiro era uma aposta muito maior do que era para nós – naquele período, na verdade, a Yamaha de qualquer forma estava mudando completamente a sua moto. O pessoal da HRC foi orientado a correr toda a temporada com o pneu de 17 polegadas. Durante os testes de inverno, os pilotos tinham testado o de 16.5, e notado que ele dava alguma vantagem na freada, mas, como acharam a moto menos ágil nas curvas, decidiram começar a temporada de 2004 com o pneu dianteiro de 17 polegadas. Quando resolveram seus problemas e começaram a usar o novo pneu, era tarde demais."

Escondendo o progresso

Outra parte importante da estratégia para 2004 era não mostrar o verdadeiro potencial antes de a temporada começar. Era imperativo falsificá-lo, esconder o progresso o máximo possível e não revelar as informações que demonstrariam a grande qualidade do trabalho que estavam fazendo.

"Durante o inverno, tínhamos programado dois testes na Austrália", explica Brivio. "O segundo teste em Phillip Island, de 9 a 11 de março, seria muito importante porque íamos receber do Japão o motor big-bang definitivo. Pedimos aos outros times que se juntassem a nós para o segundo teste na Austrália, mas eles se recusaram. Estarmos sozinhos naquela situação acabou sendo um golpe de sorte."

"A simulação de corrida de Valentino foi melhor do que esperávamos."

"Nos testes anteriores na mesma pista, duas semanas antes, ele tinha sido 15s mais lento do que Gibernau e Edwards (o texano era um piloto da Honda na época), que tinham feito as melhores simulações de corrida. Quando voltamos com o novo motor, Valentino era 5s mais rápido do que naquelas simulações. Isso significou que tínhamos melhorado o nosso ritmo em 20s, quase 1s por volta!"

"Tirando vantagem do fato de estarmos sozinhos – nem um jornalista estava lá – decidimos manter essa incrível evolução em segredo. É claro que relatamos tudo para a Divisão de Corridas, mas, com todos os outros, fomos muito vagos. Nunca mostramos satisfação. Queríamos que a Honda pensasse que estávamos tendo dificuldades no desenvolvimento da moto."

Durante aqueles dias na pista de Phillip Island, algo não menos importante aconteceu: Valentino percebeu como deveria guiar a M1. Durante uma reunião técnica, disse: "Entendi que esta moto deve ser guiada como se fosse uma 250. Devo ficar inclinado por um período mais longo e devo acertá-la para entrar nas curvas mais tarde. Com a Honda, eu pegava a moto, abria o acelerador e saia da curva de pé, e a traseira iria escorregar de qualquer forma. Com a M1, você tem de inclinar por um tempo maior, e mesmo que você pareça lento, os tempos de volta são bons no final. É mais arriscado, pois já que você tem de inclinar por mais tempo, não pode corrigir a linha se tiver ondulações ou qualquer outra coisa; então, você tem mais chances de cair. Entretanto, os tempos de volta são bons, eu vou adaptar o meu estilo a esta moto".

"Isso mostrou a inteligência de Valentino", explicou Brivio. "Ele disse que iria se adaptar à moto, sem esperar o Departamento de Corridas fazer a M1 se adaptar ao estilo de pilotagem dele. Esta foi uma das chaves para o sucesso – do Valentino, é claro, e o nosso também."

Valentino também teve a mente aberta, perspicaz e firme na Malásia em janeiro. Ele tinha escolhido o motor mais lento – a primeira versão do motor big-bang – em vez do mais potente. Reuniu os engenheiros e, na frente de Furusawa, disse: "Esse é o caminho. Se vocês puderem me dar mais potência, definitivamente, ficarei bem".

"Ao longo daqueles três dias, Valentino pôde escolher entre os quatro diferentes motores que estavam disponíveis – um com um virabrequim mais pesado, um com um virabrequim mais leve, um motor screamer e versão big-bang. Ele escolheu o big-bang sem nenhuma dúvida, o que é incomum em um piloto, já que normalmente eles querem testar de novo e de novo, consumindo muito tempo antes de tomar uma decisão sobre um componente tão importante. Mas Valentino entendeu que tinha de tomar a decisão certa rapidamente, para economizar tempo. De fato, graças à sua determinação, a Divisão de Corridas da Yamaha conseguiu economizar um mês de trabalho, o que os permitiu enviar o novo motor big-bang para Phillip Island em março, para o nosso segundo teste privado", conclui Brivio.

Removendo a máscara

De volta para casa, depois dos testes de Phillip Island, os integrantes da Yamaha se prepararam para o primeiro evento oficial

– o teste da IRTA (Associação Internacional das Equipes de Corrida, na sigla em inglês) em Barcelona, o teste coletivo antes do início da temporada.

Em 2004, parecia que não havia limites. Cada fabricante poderia passar vários dias testando e, poucos dias antes da primeira corrida, a Dorna organizou um evento televisionado – o teste da IRTA em Barcelona, a abertura oficial da temporada que se aproximava. Desta vez, outra sessão também foi programada, para depois do teste de Barcelona, em Jerez, concluir os preparativos.

Valentino, Burgess e Brivio planejavam remover a máscara nessas ocasiões.

"Chegamos em Barcelona sabendo que iríamos interromper a estratégia do silêncio", relembra Brivio. "Não podíamos esconder mais. O evento foi transmitido ao vivo e uma BMW era o prêmio para o melhor tempo de volta. Acima de tudo, era o momento certo para verificarmos o nosso potencial em comparação com os nossos rivais e, particularmente, com a Honda. Eles tinham sido o nosso pesadelo durante o inverno – parecia que estavam criando um verdadeiro míssil e era hora de descobrir se aquilo era ou não verdade."

Jerry tinha sido claro sobre isso. "Em um dado momento, teremos de mostrar o nosso nível para forçar a Honda a reagir e mostrar o deles", ele tinha dito.

No dia em que as fábricas e os pilotos mostraram suas armas – uma tarde de domingo no meio de março, durante a "sessão de classificação" do fim do teste para determinar o ganhador do carro – Valentino anotou o melhor tempo de volta. Davide Brivio, incapaz de esperar o retorno de Valentino aos boxes, correu pelo pit-lane e, esquecendo todos os planos e estratégias, ficou repetindo "a brincadeira acabou!".

Valentino logo explicou, "uma volta rápida não significa nada para o campeonato todo", mas quando foi o mais rápido também em Jerez, em 30 e 31 de março, fingiu estar surpreso, habilmente escondendo seus sentimentos. Depois de um tempo, refletindo sobre o longo e intenso inverno de testes – que tinha durado de 25 de janeiro a 31 de março, com dezesseis dias de trabalho durante as duas visitas à Malásia, duas visitas à Austrália e as duas da Espanha – o campeão, pela primeira vez, provocou seus rivais: "Eles pensaram que iam se livrar de um grande problema, mas o problema ainda está lá. É por isso que estão nervosos".

O plano do Jeremy estava funcionando bem. Os pilotos da HRC estavam nervosos e seus engenheiros não podiam melhorar a moto, porque estavam recebendo instruções conflitantes.

Welkom, 2004

Depois de dar dois jabs nas costelas em Barcelona e em Jerez, o time se dirigiu para Welkom, na África do Sul, para nocautear os rivais definitivamente. Eles sabiam que tinham de atordoar a Honda e seus pilotos, para enfraquecer a fabricante rival e minar sua capacidade de reação. Foi assim que o GP de Welkom de 2004 trilhou seu caminho para se tornar uma lenda do motociclismo.

Welkom está localizada a 250 km a sudoeste de Johanesburgo, no Estado Livre. Foi construída quando o ouro foi descoberto na região, para receber os garimpeiros e mineradores, e seu layout é plano e impessoal. Quase como um sinal do destino, Valentino Rossi e seus homens iniciaram sua própria corrida do ouro.

A pista fica no meio do nada, construída graças a um financiamento de US$ 25 milhões no fim dos anos 1990. Era uma tentativa de ajudar a economia local a enfrentar uma brusca queda internacional no preço do ouro.

Eles batizaram este rival do circuito de Kyalami – bastante conhecido principalmente devido à F1 – de Phakisa Freeway, que significava "ser rápido" em Sesotho (o dialeto local). Assim como no anel duplo de Motegi, Phakisa Freeway foi projetado para receber duas pistas diferentes – uma tradicional (4.240 m de comprimento) e uma "oval"

(2.700 m de comprimento, com curvas inclinadas em 12°), no estilo da Indy e da Nascar.

O Phakisa Freeway foi levantado a partir do chão. Para construir o circuito, 500 mil tijolos vermelhos – a mesma cor quente desta região do planeta – foram usados, enfatizando sua ligação com o local.

"Sabia que Valentino e Jerry tinham em mente vencer a primeira corrida e, é claro, estava muito feliz com a ideia de começar a nossa aventura com uma vitória", relembra Furusawa, "mas não posso dizer que estava convencido de que realmente poderíamos vencer. Quando chegamos na África do Sul, estava bem nervoso. Fingi que estava confiante, mas, na realidade, eu tinha muitas incertezas. Senti como se estivesse em um campo minado. Tinha de prestar atenção em cada passo, porque uma surpresa desagradável poderia vir de qualquer lugar. Estava muito preocupado com a confiabilidade do motor e, principalmente, com o trem de válvula movido por corrente, porque não tinha certeza que funcionaria durante toda a corrida. Corridas nunca são fáceis, e aquelas que parecem fáceis, podem se tornar difíceis por causa de um pequeno detalhe. Valentino correu com muitas incertezas aquele dia em Welkom. Depois da bandeira quadriculada, tentei manter meus pés no chão, e me diverti assistindo o grupo do Valentino – eles pareciam loucos! Em um determinado momento, Davide, que também estava embaixo do pódio, ficou pálido. Ele parecia aturdido e pensei que fosse desmaiar. Ele me disse que estava bem, mas ele andou ao redor pasmo, com um olhar incrédulo e extasiado."

"Fomos para a África do Sul convencidos de que podíamos vencer", comentou Brivio. "Estávamos focados e determinados, e muito confiantes porque, durante a temporada de testes de inverno, nossa performance tinha melhorado gradualmente. Na tarde de sábado, 24horas antes da corrida, nos sentíamos ainda mais animados porque estávamos na ponta desde o treino da manhã de sexta-feira. Valentino, em boa forma, tinha anotado a melhor volta em cada uma das sessões de treino, incluindo na tarde de sábado, durante o treino classificatório, quando conquistou a pole-position."

"Era como um sonho, mas quando deixamos o circuito naquela noite, o estresse começou a aumentar. Nós todos jantamos juntos. Um churrasco na véspera do nosso primeiro GP. Quando íamos para a África do Sul, não dormíamos em hotéis. Alugávamos uma casa no campo e preferíamos jantar lá em vez de ir a restaurantes na cidade próxima. Fazer um churrasco no jardim da nossa casa era muito melhor, especialmente porque na África do Sul o clima é muito bom em abril."

"Aquela foi a minha primeira véspera de GP com Valentino, e eu não sabia o significado de seus gestos e palavras. Precisei de algum tempo para aprender. Passei aquela noite vendo os amigos dele, porque o conheciam muito bem e podiam entender o que ele sentia. Eles também entenderam o que eu sentia; então de vez em quando me garantiam: 'Valentino está calmo, está tudo bem. Não se preocupe'".

"O warm-up não foi como esperávamos e todos estávamos preocupados, mas Jerry nos confortou. 'Não se preocupem, é só por causa das temperaturas mais baixas', nos disse. 'Nesta tarde, durante a corrida, tudo sairá bem'."

"Algumas horas mais tarde, depois da corrida e de uma vitória que jamais irei esquecer, Valentino e eu estávamos nos escritório da equipe. Tinha uma geladeira em um canto da sala e, enquanto estávamos conversando, nós a abrimos. Tinha uma garrafa de vinho tinto dentro. Não nos importamos com a qualidade. Abrimos e brindamos àquela incrível vitória – só nós dois."

"Você se lembra quando, em setembro, você disse que queria vencer aqui?", perguntei a ele.

'Sim, é claro que me lembro, mas estava brincando...', respondeu Valentino.

'Eu não acredito em você... Na verdade, você nos pressionou muito', eu disse, e ele se manteve em silêncio por um tempo.

'Vai ser muito difícil a partir de agora. Você sabe disso, não sabe?', ele me perguntou, mostrando que estava preocupado com a possibilidade de os engenheiros relaxarem.

"Vai ser uma temporada difícil. Todos nós sabemos disso', eu respondi, para tranquilizá-lo."

"Vivi muitos outros momentos incríveis, mas aquele foi especial. Nós dois sabíamos que tinha sido uma vitória única, e decidimos aproveitá-la sem trocar mais nenhuma palavra, para não arruinar o charme daquele brinde. Foi um dos momentos mais maravilhosos da minha carreira."

Sinais

Phillip Island, 2004

Depois das 15 horas de domingo, 18 de abril de 2004, nada jamais seria igual. Desde aquele momento, os fãs da MotoGP precisavam apenas pronunciar um nome e uma data – Welkom, 2004 – para indicar um evento histórico e o início de uma nova era. Valentino deixou uma marca tão grande naquele dia na África do Sul que, ainda que tivesse se aposentado, o mundo ainda teria provas de que ele estava certo: o piloto importa mais do que a máquina. A crença neste conceito é a razão pela qual ele deixou a Honda, e aquela corrida foi o início de sua revanche.

A partir daquele momento, o desafio se tornou ainda mais difícil, mas o time superou todas as dificuldades. Eles se defendiam nos dias complicados e atacavam nos bons; então, quando chegaram na Austrália em outubro, estavam liderando o campeonato e ansiosos para completar a missão.

A pista de Phillip Island era o palco de muitas das maiores ultrapassagens de Valentino. Doze meses antes, ele tinha sido capaz de unir Burgess e Furusawa, dando forma ao time dos sonhos. Naquela ilha, habitada por pinguins, cangurus, coalas e ricos cidadãos de Melbourne em busca de paz, Valentino queria fechar o negócio.

Na primavera, todos pensavam que era inevitável que Valentino tivesse de lutar pelo título até a última curva da última corrida, mas, no outono, a situação era diferente – havia uma chance de conquistar o título antes, assim demonstrando uma clara superioridade. Para completar o trabalho, Valentino queria se tornar campeão vencendo a corrida. Ele queria tornar sua façanha irretocável, em todos os pontos de vista.

Valentino venceu a corrida e o título com uma ultrapassagem que era arriscada, mas perfeita, em termos de técnica e estilo, com duas curvas para o fim. A vítima foi Gibernau, seu maior rival naquela temporada.

Foi uma corrida em que eles tinham lutado duro, com muitas ultrapassagens, freadas no limite, virtuosidade e até mesmo erros. Também tiveram momentos de grande tensão, porque Valentino correu muitos riscos, até mesmo saindo da pista no início, apesar de ter conseguido permanecer na corrida.

Desta vez, foi Masao Furusawa quem perdeu o controle, como tinha acontecido com Brivio em Welkom. "Por que você tinha de arriscar?! Até mesmo um segundo lugar estava bom!", ele gritava alegremente para Valentino olhando pelo monitor. Vale, que estava lutando como se a corrida não tivesse importância, obviamente não podia ouvir Furusawa e, de qualquer forma, jamais teria ouvido. Furusawa entenderia logo que ninguém pode dizer a Valentino como competir. "Um lado bonito do motociclismo, comparado com a F1, é que quando as luzes se apagam, é só você contra o seu adversário. O resto não existe mais. É tudo com você e o que está ao seu redor simplesmente desaparece. Você escolhe sua estratégia sozinho." Este é um dos princípios de Valentino.

"Um segundo lugar teria garantido o título de Valentino", falou Brivio, "e ninguém o teria culpado se tivesse escolhido ser prudente. Mas ele queria vencer a corrida para alimentar seu orgulho, para demonstrar sua força e superioridade, e também porque no Catar – três semanas antes – ele tinha prometido que Gibernau jamais venceria outra corrida, e queria manter essa promessa."

O que aconteceu no Catar ecoaria por um longo tempo, e quando a equipe da MotoGP pousou na Austrália, ainda estava fresco na cabeça de todos.

"Em Doha, um dos nossos mecânicos limpou a posição de largada de Valentino na pista, e resultou em uma penalidade que o colocou Vale na última fila para a largada", recordou Brivio. "Gibernau foi identificado com o causador da penalidade, porque ele e seu mecânico reportaram o incidente à direção de prova. Na época, Gibernau era o nosso mais perigoso rival." No início da corrida, sábado, 2 de outubro, Valentino estava furioso. Após a primeira volta, estava em oitavo. Depois da segunda, em sétimo, e na quarta posição na quarta volta, mas caiu na sexta, terminando sua corrida. Gibernau venceu, reduzindo a diferença para Valentino para apenas 14 pontos.

Naquela noite, durante o jantar, a raiva pairava no ar. Valentino não estava com medo de perder o título, mas estava nervoso. Na queda, tinha machucado sua mão direita, e a lesão era séria o suficiente para lembrar a todos que, neste esporte, qualquer coisa pode acontecer quando você menos espera, e o que era uma situação favorável pode mudar em um único fim de semana.

"Quantas corridas Gibernau venceu este ano?", Valentino perguntou para Brivio quebrando o silêncio.

"Quatro."

"Bom, isso é o bastante. Ele não pode vencer mais", declarou,

As três corridas seguintes – começando pelo GP da Malásia, oito dias depois – foram vencidas por Valentino. Gibernau não venceu de novo, nem naquela temporada, nem em todo o resto de sua carreira.

No domingo, 17 de outubro, na última volta do GP da Austrália, quando Gibernau assumiu a liderança, Valentino podia se dar ao luxo de simplesmente deixá-lo ir. Em vez disso, em poucas curvas, preparou seu ataque, com um último ataque na curva "Lukey Heights", o ponto mais alto entre as subidas e descidas da pista de Phillip Island. Foi uma ultrapassagem aniquiladora, zombeteira e humilhante.

Três anos antes, ele havia conquistado o título das 500 da mesma forma, ultrapassando Biaggi na mesma curva, de novo na última volta.

Assim como em sua primeira corrida com a Yamaha, na África do Sul, quando Valentino se recusou a permitir que Biaggi vencesse, para poder desencorajá-lo, neste fim de temporada, ele não daria a oportunidade de Gibernau levantar a cabeça.

Embaixo do pódio, Davide repetia as palavras que Valentino estava espalhando pelo mundo com sua camiseta e capacete comemorativos, que estava usando em sua volta de honra – *Che spettacolo!* (Que espetáculo!). Assim que entrou nos pits, acariciou a carenagem da frente de sua M1, no número 46, expressando sua afeição e gratidão. O campeão ainda estava vestido daquela forma quando foi para o pódio e o mundo (especialmente os fãs) perceberam que esta ação era resultado de um projeto que tinha sido planejado e executado com inteligência, coragem e determinação.

Valentino tinha concebido aquela camiseta ao longo do verão, quando sonhou em celebrar o cumprimento de sua missão – conquistar o título –, e subir no pódio de Phillip Island enquanto usava uma camiseta branca estampada com aquelas palavras.

"*Que espetáculo!* era a exclamação que as pessoas no box tinham começado a dizer toda vez, ao longo do inverno, que víamos uma melhora na moto, ou que Valentino tinha uma grande performance", disse Brivio. "Foi uma grande ideia, mostrar isso ao mundo exatamente no dia em que completamos nossa missão."

Sim, ela tinha de ser usada no dia que mudou para sempre a história do motociclismo.

A corrida de Valentino em Phillip Island foi uma demonstração perfeita de como usar uma arma mortal contra seus oponentes. "Sinais fortes" que, de acordo com Brivio, "você precisa mostrar às vezes, nos momentos-chave da temporada. Valentino sempre foi um mestre nesta área. Ele entende quando é a hora de fazer algo espetacular, impressionante, agressivo."

Ele fez isso em 2004 com Biaggi em Welkom, em Sepang e Phillip Island em 2004, em Jerez em 2005 com Gibernau, em Laguna Seca em 2008 com Stoner, e em Barcelona em 2009 com Lorenzo.

Jerez, 2005

A primeira corrida da temporada 2005 foi em Jerez de la Frontera. Sete Gibernau parecia mais forte do que nunca, até mais forte do que na temporada anterior. Naquele inverno ele tinha se recuperado da derrota da temporada anterior, e apesar de ainda ser parte de uma estrutura satélite, a Honda agora o apoiava como um piloto de fábrica. Tudo parecia ser perfeito para o maior rival que Valentino tinha na época. Além disso, em um esforço para reagir de uma maneira ainda mais agressiva ao ataque da Yamaha à sua liderança na classe rainha, a Honda incluiu Biaggi na operação da HRC.

Além de complicar a situação para Valentino e Furusawa, a M1 de 2005 não funcionou adequadamente ao longo do inverno. A primeira moto de corrida a ser completamente projetada por Furusawa e seu time – OWP4 – era bem difícil de desenvolver, e o time tinha passado o inverno inteiro tentando descobrir como ajustá-la e como explorar seu potencial. No início de abril, ainda tinham de encontrar uma solução; então, no início da temporada mais delicada – 2005, ano em que a Yamaha planejava justificar o gigantesco investimento que Furusawa tinha feito, para celebrar o 50º aniversário da corporação vencendo o título – a Honda parecia estar mais forte, e Gibernau favorito.

Apesar de tudo, ninguém no time da Yamaha tinha perdido a calma ou a lucidez, e partiram para Jerez com a meta de limitar os danos, garantindo que encontrariam o melhor desenvolvimento da nova M1, o resultado de um projeto inovador. Valentino, ao contrário, sabia que a corrida era um dos momentos em que algo sensacional se fazia necessário. Eles não permitiriam que o espanhol e a Honda tivessem um bom início em uma temporada que era tão animadora e importante para a Yamaha, porque ele sabia que um início em grande estilo poderia revigorá-los.

Gibernau dominou os treinos livres, e parecia capaz de dominar a corrida também. Ele pilotou bem durante a primeira parte da prova, mas Valentino estava esperando pelas últimas voltas, quando começou a forçar, e não perdeu a calma quando, na última parte da última volta, o espanhol o ultrapassou e recuperou a liderança. A reação de Valentino foi imediata e feroz. Fez o seu melhor, usando todos seus recursos até o limite da queda. Ele se aproximou da última curva em uma velocidade incrível, tirando vantagem da aceleração e, assim que entraram na curva, ele acatou Gibernau com uma manobra extrema na frenagem. A manobra de Valentino foi tão agressiva e eficaz, que os dois pilotos acabaram colidindo. Como Valentino estava do lado de dentro, Gibernau foi forçado a abrir e foi para a brita. Apesar de não ter caído, e ter conseguido voltar para a pista, Valentino completou a curva perfeitamente e cruzou a linha de chegada em primeiro.

"Esta foi a forma de fazer Gibernau e a Honda entenderem que nada tinha mudado e que Valentino estava mais forte e mais determinado do que nunca", afirmou Brivio.

O orgulho de um projetista

Gibernau foi destruído. Ele tentou reagir nas corridas seguintes, mas não conseguiu, em parte porque Burgess e Valentino finalmente foram capazes de encontrar a chave para conquistar o que parecia ser uma fortaleza impenetrável: a M1 de 2005, a moto que Furusawa tinha começado a projetar no fim de 2003. "Aquela moto era o objetivo de todas as minhas pesquisas e minhas ideias", disse Furusawa, "e sempre a considerei o meu melhor projeto – especialmente por causa do motor".

▲ O triunfo em Welkom, em 2004, depois de uma grande luta com Max Biaggi.

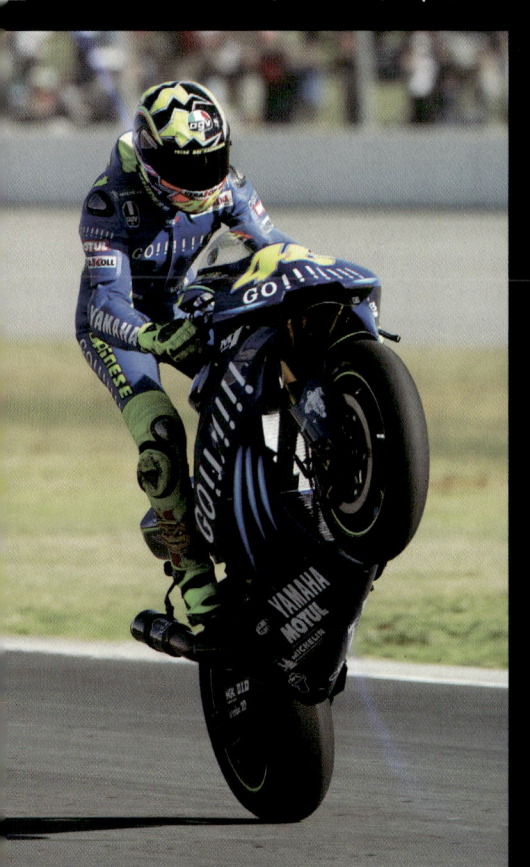

◀ A primeira das 46 vitórias com a Yamaha.

▼ Campeão Mundial na primeira tentativa. Festa no pódio de Phillip Island, em 2004.

▲ Volta de honra depois de vencer em Welkom, em 2004.

▲ Jerez 2005: a caçada ao título mundial para poder celebrar o 50º aniversário da Yamaha começa com uma ultrapassagem agressiva em Sete Gibernau, na última freada. É primeira das 11 vitórias da temporada.

◀ Jerry Burgess nunca economiza em seus sábios conselhos antes da largada da corrida.

▶ Malásia 2005: sétimo título mundial de Rossi (o último conquistado com Gibo Badioli como agente). É o quinto título mundial de Valentino na categoria rainha

▲ França 2006: Valentino olha para sua M1, que acabou de quebrar por causa de um problema com o motor.

▲ Valência, 29 de outubro de 2006: Valentino cai na quinta volta e entrega o título mundial para Nicky Hayden e a Honda.

▲ China 2006: pneu dianteiro destruído.

▲ Triste abandono em Misano, em 2007. O motor de válvulas pneumáticas quebrou.

▲ Catar 2007: o primeiro alerta de desastre (a M1 é inadequada) vem logo na primeira corrida, quando Stoner bate Valentino.

▲ Laguna Seca 2008: a ultrapassagem (em Stoner) que se tornou parte da história do motociclismo.

▼ Barcelona 2009: vitória perfeita em cima de Jorge Lorenzo na última curva.

▲ Motegi 2008: Valentino é rei outra vez. E seus amigos da Itália pedem seus primeiros comentários.

▲ Davide Brivio é um dos homens de confiança de Valentino.

▲ Sepang 2009: o nono título mundial. O quarto (e último) com a Yamaha.

▲ Mugello, sábado, 5 de junho de 2010: Valentino cai durante os treinos livres e quebra a perna direita. É o fim da sua invulnerabilidade.

◀▶ Sepang 2010: a última vitória com a M1 na primeira passagem pela Yamaha foi resultado de um grande esforço.

▲ Valência, 7 de novembro de 2010: o último beijo em sua amada M1.

▲ Nos momentos cruciais, o time de Valentino costuma sentar em círculo, procurando uma estratégia vencedora.

▲ Atrás de Jerry e Valentino, da esquerda para a direita: Furusawa, Tsuji e Atsumi.

▲ Nakajima no pódio de Motegi. Era o terceiro título conquistado por Valentino com a Yamaha.

▲ Valentino atrai a atenção de Kitagawa.

▲ Andrea Zugna, um dos homens-chave no renascimento da Yamaha em 2008.

▲ Takashi Kajikawa conversando com Lin Jarvis.

▲ Ezpeleta com Valentino no box da Yamaha.

◀ Quem disse que os japoneses não se emocionam? Furusawa divide com Valentino sua emoção e felicidade após uma vitória.

▲ Furusawa no Museu da Yamaha, em Iwata, na frente das "suas" M1s. Do lado direito, a YA-1, a progenitora delas, domina.

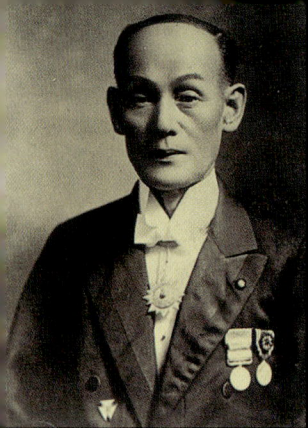

Sr. Genichi Kawakami fundou a Yamaha Motor em 1995, quando era o presidente da Yamaha 'Instruments'.

▲ Uma das raras imagens do Sr. Torakusu Yamaha.

▲ Kawakami (à direita) era um pensador vulcânico e um trabalhador incansável: ele participava das sessões de testes das "suas" motos.

◄ A corrida no Monte Asama, em 1955: a primeira corrida de rua disputada (e vencida na primeira tentativa) por uma moto da Yamaha.

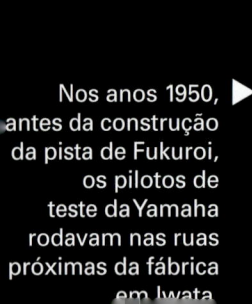

Nos anos 1950, ► antes da construção da pista de Fukuroi, os pilotos de teste da Yamaha rodavam nas ruas próximas da fábrica em Iwata.

A OWP4 era um projeto novinho em folha, tão novo que o acerto usado em 2004 não funcionava mais, e foi necessário encontrar novos, em um processo que durou todo o inverno e as primeiras corridas da temporada.

Na corrida do Estoril, em Portugal, Valentino terminou em segundo, atrás de Barros. Depois ele venceu o GP da China, em uma pista encharcada. Em Xangai, em um circuito monumental e da era espacial – construído em apenas 18 meses, com US$ 204 milhões e 17 mil trabalhadores, e com capacidade para 200 mil espectadores – Valentino e seu time tiveram de ficar acordados até tarde em cada dia de treinos, porque a M1 não parecia responder aos acertos. Ela não era estável na frenagem e na aceleração. Depois do warm-up, entretanto, alguma coisa mudou e, depois de vencer a corrida, Valentino disse: "Encontramos algo que pode funcionar mesmo com pista seca. Temos de esperar até Le Mans para confirmar, mas acho que agora nós conseguimos".

De fato, Valentino venceu na França, batendo Gibernau, que na época estava tentando se recuperar. Então, ele acumulou mais vitórias na Itália, na Catalunha (Barcelona) e na Holanda. Depois de quatro vitórias seguidas, foi terceiro em Laguna Seca, na Califórnia, mas voltou ao primeiro degrau do pódio na Inglaterra e na República Tcheca. Ali já era claro que ninguém poderia pará-lo ou a M1.

Valentino caiu no Japão, tirando o inocente Melandri, e foi segundo na Malásia (atrás da Ducati de Capirossi, que tirou vantagem da superioridade dos pneus Bridgestone). Isso foi o suficiente para conquistar o título com quatro corridas de antecedência!

Os executivos da Yamaha tinham pedido a Furusawa e Valentino que conquistassem o mundial de pilotos, mas, em vez disso, eles ganharam tudo. Valentino acrescentou vitórias nos GPs do Catar e da Austrália, foi segundo na Turquia e terceiro em Valência. Graças à sua performance, a Yamaha também conseguiu garantir os títulos de construtores e equipes, portanto, completando a tríplice coroa. Valentino fechou a temporada 2005 com 147 pontos a mais que o segundo colocado, Marco Melandri, e com onze vitórias, igualando um recorde que tinha estabelecido em seus tempos de Honda.

Cumprir a missão tinha sido mais fácil do que o esperado. "Na verdade, foi a força de Valentino e a calma de Burgess que fizeram as coisas parecerem fáceis, mesmo que elas aparentassem ser complicadas no inverno", afirmou Brivio. "No início, a M1 de 2005 tinha nos assustado. Furusawa também tinha se assustado com este novo projeto, porque estava diretamente exposto mais uma vez. Apesar disso, ele estava certo de que nós nos orgulharíamos da M1 e, de fato, assim que Valentino começou a extrair o melhor dela, dominou as corridas."

Laguna Seca, 2008

Por quase meio século, a pista de Laguna Seca, situada nas impressionantes colinas de Monterey, na Califórnia, recebeu corridas de carros e motos. Este circuito foi inaugurado com uma corrida de carros em 1957, e recebeu o primeiro GP dos Estados Unidos em 1988. Sua estrutura, que parecia congelada nos anos 1960, com sua rápida e perigosa, charmosa e anacrônica pista, teve de esperar até a tarde de 20 de julho de 2008 para aparecer em uma significativa página da história do esporte, escrita por Valentino Rossi.

Quando alguém menciona Laguna Seca 2008, está falando de uma corrida que deixou uma marca e, mais uma vez, tudo começou com a necessidade de Valentino de mandar um forte sinal ao seu adversário, que era Casey Stoner.

A temporada 2008 marcou a segunda revolução técnica para Furusawa, o que já tinha acontecido uma vez em 2005, quando tudo só começou a funcionar adequadamente no verão.

"Nós enfrentamos uma batalha muito difícil, mesmo de um ponto de vista técnico", explicou Andrea Zugna. "Naquela temporada, colocamos na pista uma moto que não tinha nada a ver com sua versão anterior, a moto de 2007. Era evidente que ela correspondia às expectativas de Valentino, mas, em meados da temporada, a Ducati reagiu e nos pegou de surpresa."

"A reação deles nos atingiu", confirmou Brivio. "Stoner venceu três provas em seguida – Donington, Assen e Sachsenring – e parecia que eram imbatíveis outra vez, pois estivesse a pista seca ou molhada, ele sempre vencia."

"Ele está pilotando como o diabo em pessoa", disse Valentino, resumindo muito bem a situação.

"A Ducati provavelmente tinha dado outro passo à frente no desenvolvimento do motor", disse Zugna. "Nós, de repente, nos vimos na defensiva, do ponto de vista da performance pura. Então chegamos em Laguna Seca e entendi o que Valentino queria dizer quando pediu por uma moto que o permitisse pilotar confortavelmente, porque ele cuidaria de todo o resto."

"Naquele momento, estávamos um pouco desencorajados", admitiu Brivio, "mas fomos para a Califórnia para tentar quebrar o ritmo de Stoner, apesar de isso parecer complicado no início. Stoner dominou os treinos livres, tanto na sexta-feira como no sábado. Na noite anterior à corrida, estávamos no pit, tentando entender porque ele era tão forte em comparação a Valentino. Normalmente, durante a reunião técnica, quando debatíamos assuntos relacionados ao acerto da moto, Valentino contava apenas com Burgess, Atsumi e Matteo Flamigni, o engenheiro de aquisição de dados. Os outros ouviam e continuavam fazendo seu trabalho. Daquela vez, entretanto, a discussão era mais ativa do que o normal, e se estendia aos mecânicos e outros técnicos. Todos começaram a buscar uma ideia para ajudar Valentino a sair daquela situação."

"Valentino disse que, como ele era um segundo mais lento em cada volta, nós tínhamos de dividir o trabalho."

Zugna afirmou: "então ele se virou para Jerry e os engenheiros, dizendo: 'Me encontrem pelo menos meio segundo melhorando a moto, e vou encontrar o outro meio segundo sozinho'. Aguardei por mais instruções, enquanto Jerry e Valentino discutiam sobre as ações para a corrida. Ouvi cuidadosamente, já que tinha de entender o que eles queriam para poder fazer com que a eletrônica atendesse às suas necessidades. Tínhamos de tentar evitar que Stoner escapasse imediatamente após a largada. Valentino continuou, dizendo: 'Me deem uma moto que freia forte e faça curvas adequadamente e, com certeza, não vou deixar ele escapar'".

"A ideia era encontrar um set-up e ajustes que permitissem que Valentino assumisse a liderança da corrida rapidamente, para evitar que Stoner encontrasse seu ritmo normal. Em resumo, tínhamos de evitar que ele tivesse de vantagem de uma pista livre. Se pudéssemos fazer isso, Valentino podia tentar ficar com ele até o fim da corrida, para poder lutar pela vitória em uma batalha mano a mano na última volta."

Esse cenário forçaria Stoner a lutar, para enfrentar uma situação que não gostava.

"Cada um de nós focou em seu trabalho", continuou Zugna. "Jerry fez sua mágica habitual no acerto, e fizemos algumas grandes mudanças no software de controle do motor, usando uma coisa que nunca tínhamos usado antes, nem mesmo em testes. Pensamos que se Stoner fosse capaz de rodar sozinho na frente de Valentino, mesmo que só por algumas curvas, ele escaparia. Valentino queria que Stoner nunca ficasse sozinho, nem por alguns metros, e nós fomos bem-sucedidos. Nós demos a Valentino a moto que ele precisava, e ele pilotou incrivelmente!"

"Na manhã de domingo, Valentino veio ao pit e disse simplesmente: 'Nós temos de vencer essa corrida'", revelou Brivio. "Apesar de Stoner ter sido muito forte no warm-up, nós não queríamos nos render."

Mesmo com a performance de Stoner de manhã, a M1 tinha imediatamente reduzindo a diferença no warm-up. Os técnicos tinham respondido adequadamente, fazendo sua parte, e agora era a vez do piloto de manter sua promessa.

"No grid, poucos minutos antes da largada, Jerry definiu os últimos detalhes com Valentino. 'Não deixe ele sair na frente na primeira volta. Mantenha-o preso, deixe-o nervoso'. Valentino concordou. Jerry repetia obsessivamente, apesar de não ter necessidade de fazer isso", concluiu Brivio.

Depois da largada, Valentino cumpriu sua meta. O australiano liderava, mas ele seguiu seu rastro e o ultrapassou no Saca-rolhas, a mais famosa e mais difícil curva da pista. Era sua forma de fazer Stoner entender que o forçaria a aceitar o duelo, uma situação para a qual Stoner não estava preparado, já que sua estratégia era escapar e fazer uma corrida fácil.

Naquele dia, entretanto, Stoner também foi movido por seu orgulho, e em poucos metros, voltou para a liderança, na saída da curva que levava ao Saca-rolhas.

Naquele momento, aconteceu o primeiro ponto de mudança da corrida. Se aproximando do Saca-rolhas, Valentino manteve o acelerador aberto apenas um instante a mais que seu rival, então atrasou a freada e, assim, se juntando a ele quando entraram na curva, onde a pista começa a ir ladeira abaixo. O australiano não pôde fazer nada, e Valentino o alcançou por dentro, e foi forçado a colocar os pneus na zebra, e até mesmo na terra, embora tenha conseguido manter o controle da moto e imediatamente retornar para o asfalto – na frente da Ducati.

"Foi uma ultrapassagem incrível, por causa da coragem dele, mas também por conta de manobra técnica", alegou Brivio. "Com esta manobra extraordinária no Saca-rolhas, Valentino deixou claro para Stoner que lutaria de todas as formas, em todas as curvas, até o final. Ele o deixou atônito e o enganou completamente."

Stoner agora entendia que seria uma corrida muito difícil, mas não conseguiu mudar sua estratégia. Continuou tentando passar Valentino para poder liderar a corrida novamente, para ficar sozinho na frente dele. E passou Valentino mais uma vez na reta, na volta cinco, mas a reação de Rossi foi imediata, e ele estava na frente novamente.

Valentino não deu um centímetro para que Stoner ganhasse alguma vantagem, já que ele, de alguma forma, continuou a liderar a corrida. No fim da volta 12, o australiano estava na frente mais uma vez, mas apenas até a volta 13, quando Valentino voltou para frente.

Eles continuaram, ultrapassando e freando no limite, até que Stoner cometeu um erro com nove voltas para o fim, na freada para a última curva, a que leva para a reta principal. Foi para a brita, e o duelo estava encerrado, junto com as esperanças de Stoner no campeonato. O australiano, que terminou no segundo lugar, tinha perdido sua confiança. Ele caiu em Brno e Misano – onde Valentino venceu – e sua diferença para Valentino se tornou intransponível.

"A vitória naquele GP foi conquistada graças a um grande esforço de Valentino, mas também por todo o time, um grupo que estava acostumado a não desistir nunca e, acima de tudo, a trabalhar constantemente pela vitória", afirmou Brivio.

"Nosso grupo era unido e forte como uma rocha", comentou Zugna. "Muitas vezes, fomos questionados sobre qual foi o melhor momento de nossa longa aventura, e como muitos outros membros do time, acho que Laguna Seca 2008 foi o momento do nível mais alto, nas perspectivas esportiva, emocional e humana."

Era mais do que uma vitória, como Andrea Zugna indica: "Naquele dia, Valentino tornou-se consciente de que a eletrônica, se usada adequadamente, pode ser uma grande aliada".

Valentino, cheio de renovada inspiração, guiou naquele dia de uma forma maravilhosa, vencendo uma corrida que era histórica por seu planejamento e execução. Ele tinha se tornado a personificação da tradicional ideia norte-americana de um atleta heroico, pois, embora não fosse tão forte quanto seu oponente, tinha conseguido vencer por sua paixão, determinação e inteligência.

O duelo em Laguna Seca em 2008 é para a história das corridas de moto o que a luta de 1974, em Kinshasa, no Zaire, entre Muhammad Ali e George Forman é para o boxe. Nesta comparação, é óbvio qual dos dois pilotos se identifica com Ali. Assim como Forman em seu tempo, Stoner era muito mais poderoso e agressivo naquela corrida de Laguna Seca, mas foi nocauteado, derrotado, pela inteligência de Valentino. Valentino irritou seu rival, o enfraqueceu e fez com que ele perdesse a calma, e quando seus nervos falharam, acabou cometendo um erro.

Aquele dia, os fãs norte-americanos declararam: "Valentino é um de nós" e, doze meses mais tarde, quando ele voltou para Laguna para disputar o GP dos Estados Unidos de 2009, o prefeito de Monterey deu ao italiano a chave simbólica do circuito, dizendo que, para a pacífica cidade do norte da Califórnia, 5 de julho se tornaria Dia de Valentino Rossi.

Barcelona, 2009

Antes que tivessem a chance de reviver tais emoções, o grupo teve de esperar onze meses pelo GP da Catalunha de 2009.

O oponente agora era Jorge Lorenzo e isso não era uma surpresa. O jovem companheiro de Valentino tinha declarado guerra no ano anterior, quando fez sua estreia da MotoGP. Depois de uma problemática temporada em 2008, por causa de suas muitas quedas, mas também surpreendente devido às suas brilhantes performances, o jovem de Palma de Mallorca tinha decidido começar 2009 de maneira autoritária.

Ele queria derrotar Valentino, o campeão vigente, e se tornar o piloto número 1 da Yamaha. Sua temporada começou com um terceiro lugar no Catar, e continuou com uma vitória no Japão, onde ele também tirou vantagem de um problema técnico com o motor de Valentino.

"Ele não quis dizer depois da corrida, mas tinha sido mais lento por causa de um problema com o controle eletrônico", revelou Brivio. "Ele foi forçado a reduzir na metade da corrida. O motor começou a trabalhar bem novamente depois de um tempo, mas Lorenzo já era inalcançável. No entanto, Valentino não queria dar a impressão de que ele estava buscando desculpas para seu fracasso."

Lorenzo, no entanto, não escondeu sua opinião: "Valentino perdeu para alguém que tem a mesma moto e os mesmos pneus. Ele vai ter de pensar nisso agora", disse.

Valentino venceu em Jerez, na Espanha, enquanto Lorenzo caiu devido ao seu excesso de entusiasmo. Ainda assim, agora estava claro que o espanhol estava indo bem. Ele venceu na França – onde Valentino terminou em 16º por conta de uma escorregada –, e conseguiu ultrapassá-lo no GP da Itália. Foi um dia muito ruim para Valentino. Ele fracassou porque o time escolheu um pneu traseiro inadequado, fazendo com que terminasse em terceiro, atrás de Lorenzo, o segundo colocado.

Foi esse o dia em que ele perdeu sua invencibilidade em Mugello, que durava desde 2001, já que a Ducati havia conquistado sua primeira vitória em sua pista de casa, com Stoner. Também foi o dia em que Valentino, abraçando Filippo Preziosi no pódio, deu um forte sinal de sua insatisfação com a Yamaha.

Em uma atmosfera de considerável tensão, eles chegaram na sexta etapa do campeonato e um GP que Valentino amava muito, na pista de Barcelona que ele sempre gostou. Esta também era a pista de casa para a nova geração de fenômenos espanhóis – todos os catalães, nascidos e criados nas colinas ao redor do circuito – e para Jorge Lorenzo, que é um ilhéu nativo, nascido e criado em Palma de Mallorca, mas que morava na capital da Catalunha desde a adolescência.

Lorenzo estava liderando o campeonato e usava uma pintura comemorativa com as cores do FC Barcelona, que tinha conquistado seu terceiro título da Liga dos Campeões.

Depois de Mugello, ele estava ganhando confiança, e acreditava que poderia consolidar sua liderança. Claramente queria se impor em uma das pistas onde Valentino mais tinha vencido em todas as categorias e, para aquela ocasião, ele tinha preparado uma pintura especial.

"Era uma fase muito delicada para nós", disse Brivio. "Lorenzo estava crescendo, e nós tínhamos de fazer algo para detê-lo. Era um pouco como voltar para a situação de um ano antes, com Stoner."

Durante o treino classificatório de sábado, Valentino percebeu que o ritmo de seu rival era muito bom e, depois de conversar com os engenheiros e estudar a telemetria, disse que mesmo que isso significasse transformar a corrida em uma luta de boxe ele tinha de atacar Lorenzo. De fato, a manobra que usou para destruí-lo foi emocionante, bem projetada e belamente executada, e fez lembrar a de Laguna Seca.

O espanhol possuía um ritmo mais forte desde o início, dando a impressão de que tinha uma margem de reserva para o final. Por muitas voltas, ele e Valentino se revezaram na liderança, e Lorenzo se esforçou para se livrar de seu rival. Valentino, entretanto, respondeu imediatamente, iniciando um primeiro ataque com os freios no fim da última reta, na parte mais alta da pista, mas Lorenzo se igualou nos freios e permaneceu na frente. Valentino percebeu que teria de atacar em uma curva, e já sabia a curva certa para tentar, só algumas centenas de metros à frente. Permaneceu atrás de seu companheiro de equipe quando entraram na última e rápida curva para a direita. Lorenzo escolheu manter sua velocidade alta, o que fazia com que rodasse um pouco mais aberto, e assim que ele começou a fazer a curva, viu a M1 de Valentino escorregar por dentro, se roçando em alta velocidade. Valentino entendeu a estratégia de seu rival e, por isso, tinha decidido atacá-lo por dentro. Ele fez a curva em uma velocidade constante, empurrando seu rival levemente para fora e forçando-o a entregar a vitória. Depois, ele manteve o controle de sua M1 na saída e se encolheu por trás da carenagem acelerando ao máximo, e apesar de ele estar apenas alguns metros à frente de Lorenzo, conseguiu batê-lo na linha de chegada.

Foi outra ultrapassagem lendária – e outro sinal para seus rivais.

Depois da corrida, Rossi, Lorenzo e Stoner (que tinham terminado naquela ordem) se viram liderando o campeonato, naquela mesma ordem. Entretanto, a crise de Stoner começou naquele dia – ele perdeu três corridas naquele verão – e a confiança de Lorenzo tinha sido abalada. Apesar disso, Valentino sabia que era essencial continuar batendo com força. Se em Barcelona ele queria provar sua agressividade para seu rival, nas próximas ocasiões, confirmaria para Lorenzo que, para vencer o título, ele teria de aceitar um combate lado a lado até o final. Sabendo que não se pode deixar boas oportunidades escaparem, Valentino imediatamente tirou vantagem no GP da Alemanha.

Nas subidas e descidas de Sachsenring, na antiga Alemanha oriental, Valentino derrotou Lorenzo da mesma forma – com uma ultrapassagem decisiva no final. Foi outro golpe na confiança do espanhol e Lorenzo se viu na mesma condição de Stoner – com sua autoconfiança e clareza perdidas, ele começou a errar. Lorenzo venceu em Indianápolis em agosto e no Estoril em outubro –, mas não antes de sofrer uma desastrosa queda em Brno – e acabou de volta ao chão em Phillip Island. Esses erros permitiram que Valentino assumisse a liderança da classificação, e quando conquistou o título – o nono de sua carreira – usou uma camiseta com um relevante lema italiano: "Galinha velha ainda dá bom caldo". Apesar dos esforços de seu jovem e agressivo rival, ele ainda era o campeão.

"Se Valentino tivesse permitido que Stoner vencesse em Laguna Seca em 2008, e não tivesse reagido contra Lorenzo em 2009, aqueles dois campeonatos poderiam ter sido bem diferentes", avaliou Brivio. "Isso demonstra a importância de uma reação no momento certo, no estágio crucial do campeonato. Valentino sabe quando é hora de mudar e de forçar uma situação a seu favor."

A última turnê

O fim da invulnerabilidade

O sinal que Valentino queria mandar durante a temporada 2010 não foi entendido por todos. Na verdade, boa parte do público e dos frequentadores no paddock pensou que, depois de sua segunda séria lesão no ano, a fratura na perna direita no começo de junho, o campeão deveria aproveitar a oportunidade para também se submeter a uma operação no ombro. Em vez disso, Valentino decidiu adiar aquela cirurgia, porque estava convencido de que ainda podia fazer alguma coisa naquele infortunado campeonato.

Valentino é diferente de todos os outros, não só pela forma como vence, mas especialmente em como ele lida com o revés. Ele sempre esteve convencido de que você também tem de perder com estilo, e é por isso que – quando não conseguiu vencer o título – ele sempre tentou perder com a menor diferença possível de pontos. Acima de tudo, sempre tentou se manter em pé até a última etapa.

Com exceção de sua temporada de estreia, em 1996, quando ficou em nono lugar na categoria das 125cc, e dos dois anos em que correu com a Desmosedici (foi sétimo em 2011 e sexto em 2012), Valentino sempre terminou o campeonato em uma das três primeiras posições. Ele viu uma oportunidade de fazer isso novamente em 2010, e se recusou a se render. De fato, conseguiu ficar com o terceiro lugar na temporada que viu sua invulnerabilidade, mais do que sua invencibilidade, interrompida. Valentino nunca tinha perdido um GP antes de cair na curva Biondetti, onde seu recorde de 230 largadas consecutivas acabou. Antes do sábado, 5 de junho de 2010, era o único piloto a ter disputados todos os GPs de sua longa carreira. Apesar de ele ter tido que ficar de fora de quatro etapas depois da queda em Mugello, voltou a competir ainda em uma condição física muito precária, e conseguiu acumular um total de 233 pontos – menos apenas que os 383 de Lorenzo e os 245 de Pedrosa – e terminou na frente de Casey Stoner, que foi apenas o quarto no final.

Imediatamente após a queda em Mugello, enquanto Valentino ainda estava no helicóptero sendo transportado para o CTO (Centro de Trauma Ortopédico, na sigla em inglês), em um hospital em Florença, deixando os fãs chocados e sem palavras, Davide Brivio disse: "Agora Valentino tem bastante tempo para pensar em seu futuro".

Enquanto o piloto estava a caminho do hospital, o time decidiu que a recuperação não deveria ser apressada. O campeonato estava perdido e, com a perna fraturada e a lesão no ombro direito, antes de mais nada tinham de pensar na melhor recuperação possível.

Apesar de todos em sua volta dizerem que não havia pressa para ele voltar às corridas, Valentino não demorou muito para voltar para a pista. Em julho estava de volta à ação em Sachsenring, na Alemanha, apenas um mês e meio após o acidente. Por que ele se sentiu obrigado a voltar tão rápido?

"Ele tinha perdido quatro corridas, e pensou que seria triste perder mais", disse Brivio. "Ele queria continuar o campeonatoem vez de ficar parado, porque queria vencer pelo menos mais uma corrida com a Yamaha, para chegar em 46 vitórias com eles, e porque queria fazer seu trabalho até o fim. Ele queria se despedir na pista, e cumprir seu dever até o final", continuou.

Mais uma vez, Valentino queria mandar um sinal.

"Ele queria confirmar seu imenso profissionalismo e sua absoluta seriedade", afirmou Brivio.

Foi basicamente a adrenalina que o levou até o quarto lugar na Alemanha, depois de deixar Stoner ficar com o terceiro lugar, algumas curvas antes da linha de chegada. Isso confirmou seu *status* de um bravo lutador, mas o que as pessoas não sabiam é que, naquela corrida, Valentino confirmou que seu ombro não se beneficiou do descanso forçado. A situação era muito séria.

Além disso, tudo tinha mudado dramaticamente durante seu período de inatividade. Quando ele deixou o paddock em Mugello, com sua perna direita quebrada, ele era um piloto que tinha decidido deixar a Yamaha. Quando voltou em Sachsenring, era o virtual novo piloto da Ducati. Durante seu mês e meio de convalescença, tinha, de fato, tomado sua decisão e discretamente a comunicado para Furusawa.

A mídia e os fãs não precisavam de nenhum comunicado oficial; entretanto, o mundo todo já tinha começado a imaginá-lo em uma Ducati, o que constituía um dano muito sério às relações públicas da Yamaha. Nos paddocks de todas as categorias do esporte, as pessoas não falavam de nada além da Ducati e do dia em que Valentino guiaria a moto deles. As suas corridas não eram mais interpretadas em relação à Yamaha, mas, sim, em avaliar sua condição física para o próximo desafio, com a Ducati. Tudo isso era inevitável, levando em conta que Stoner tinha anunciado sua despedida da Ducati em maio e, no fim de junho, a mídia tinha começado a anunciar e explicar o que estava por trás da decisão de Valentino.

As coisas estavam muito diferentes de 2003. Durante as negociações com a Yamaha, todos tinham mantido o silêncio, e o paddock estava completamente desavisado, mas, desta vez, a parede de segredo que normalmente é construída durante negociações tão delicadas, tinha sido violada por enormes vazamentos. Em acordo com a Yamaha, Valentino deu seu adeus oficial por meio de um comunicado à imprensa em agosto, mas sequer a revelação deste último segredo permitiu que competisse com tranquilidade em suas últimas corridas com a M1.

Em meados de setembro, era visível que seu ombro estava piorando, apesar de todo trabalho duro de reabilitação que Valentino tinha feito na piscina e na academia.

"Em Aragón, ele tinha atingido seu ponto mais baixo", revelou Brivio. "Antes de partir para a Espanha, tinha feito uma ressonância magnética, e estava claro que os tendões lesionados no ombro direito (o supraespinhoso e a cartilagem do lábio glenoide) não iriam se curar só com fisioterapia."

Valentino pensou no que deveria fazer. "O cirurgião ortopédico o aconselhou a não continuar correndo", confirmou Brivio. "Eles disseram para desistir do campeonato e tentaram convencê-lo a ser submetido a uma cirurgia imediatamente."

Era a véspera de três corridas seguidas: Japão, Austrália e Malásia. Lorenzo certamente conquistaria o título em um desses eventos, e não havia mais nada a salvar. Valia a pena continuar? Arriscar uma queda ou até algo pior?

Toda decisão crucial é uma aposta, mas Valentino decidiu seguir em frente, porque seguiu seus instintos e ouviu seu coração. Ele disse que o Departamento de Corridas deveria enviar suas motos para a Ásia, seguindo o cronograma normal, já que ele participaria pelo menos da primeira das três corridas, o GP do Japão, e aí decidiria o que fazer. Voando para o oriente, eles voltaram à questão: valia a pena continuar?

"Por um lado, ele queria honrar seu compromisso com a Yamaha, porque já tinha perdido quatro corridas por conta da fratura na perna, e desistir das outras corridas parecia um pouco triste", disse Brivio. "Também queria chegar aos testes de Valência, planejados para logo depois do fim da temporada, para poder testar a Ducati. Ele queria continuar correndo, apesar de saber que estava passando por uma provação."

"Chegamos ao circuito incapazes de imaginar o que aconteceria", continuou Brivio. "O ombro estava muito ruim e o estava limitado, e apesar disso ele não queria falar sobre seus problemas. Se não pedissem uma explicação, permanecia em silêncio, mas em particular depois das sessões de treino, costumava confessar: 'Não sei como vou aguentar até domingo. Depois de quatro ou cinco voltas, meu ombro dói demais'."

Humor

Quando Valentino chegou em Motegi, decidiu atrapalhar em vez de atacar. Lorenzo era seu alvo. Fazer alguma coisa para atrasar ligeiramente a conquista do título já era uma boa motivação para lidar com a corrida de casa da Yamaha. Terminou com uma vitória da Ducati, graças a Stoner, e um segundo lugar para a Honda, com Dovizioso, que ficou em segurança antes da primeira Yamaha a terminar: a de

Valentino. A equipe da Yamaha tinha sido batida, se considerarem os resultados – terceiro lugar com Rossi e Lorenzo em quarto, um ano depois de terem dominado o evento –, mas os dois pilotos certamente deram aos fãs japoneses um show de primeira linha.

Na sexta-feira, Pedrosa tinha sofrido uma lesão no ombro que o forçou a voltar imediatamente para a Espanha, e então Lorenzo estava livre de seu último oponente.

No domingo, Stoner e Dovizioso estavam impossíveis de acompanhar, começando nas primeiras voltas. Com ¾ da prova completados, Valentino, que estava em terceiro, parecia inalcançável para Lorenzo, mas o espanhol conseguiu se aproximar dele e, no final, decidiu atacar. Ele estava certo de que facilmente venceria a batalha pelo terceiro lugar, e este foi seu maior erro.

Quando Lorenzo fez seu primeiro ataque, iniciou uma batalha brutal. Os dois companheiros de equipe se ultrapassaram várias vezes, arriscando uma colisão que poderia mandar os dois para o chão.

O orgulho levou Lorenzo a atacar agressivamente, mas Valentino respondeu com ainda mais determinação. No fim, Lorenzo conheceu uma derrota dupla, já que o único piloto da Yamaha em forma não só tinha sofrido com as performances de Stoner e Dovizioso, mas também sido humilhado por seu lesionado companheiro de equipe, que estava tão dolorido que sequer podia levantar seu braço direito quando estava no pódio. Lorenzo, furioso, reclamou de Valentino com os dirigentes da Yamaha: de acordo com o espanhol, seu companheiro de equipe não tinha se comportado da forma correta. Jorge pediu por algum tipo de advertência, se não uma punição, argumentando que Valentino tinha criado uma situação que era perigosa para o time, já que estava correndo pelo título. Completando o dia de trabalho, ele se colocou em um papel completamente ridículo.

Estava claro que Lorenzo tinha cometido um erro escolhendo sua estratégia. Com Pedrosa fora, não havia necessidade de ele correr nenhum risco. O título agora estava virtualmente em suas mãos. Ele só tinha de evitar se meter em problemas na próxima corrida e seria o campeão. No Japão, poderia ficar satisfeito simplesmente em terminar a corrida e em evitar qualquer batalha potencialmente perigosa. Em vez disso, tinha sido teimoso e quis competir como Valentino – em resumo, ele queria mandar uma mensagem para os líderes da Yamaha – pensando que conseguir um pódio seria fácil. Quando não conseguiu, seu pragmatismo tinha sido superado pela raiva.

Sepang é a minha garota

Quanto a Valentino, o resultado daquela corrida o convenceu a ir para a Malásia. A aventura podia continuar, porque o novo plano era apagar o brilho de Lorenzo o máximo possível no dia em que ele conquistasse o título.

Havia poucas dúvidas de que Lorenzo acabaria o jogo em Sepang. Pedrosa não participaria, e agora ninguém podia parar Lorenzo. Ainda assim, Valentino podia evitar que ele também curtisse uma vitória no dia em que conquistasse o título. O italiano pousou em Kuala Lumpur determinado a vencer o GP da Malásia.

"Depois das sessões de treino, entretanto, a situação parecia bastante negativa", disse Brivio. "O ombro doía muito, e o time não conseguiu encontrar um bom acerto para a M1. Para permitir que Valentino pilotasse sem forçar muito o ombro, o time foi forçado a ajudar a moto, mas esses ajustes afetaram a performance. No jantar de sábado à noite, Valentino disse que seria melhor irmos para casa, e não competir no dia seguinte, o que foi uma surpresa para todos, mas nós encontramos um acerto melhor durante o warm-up, e tudo mudou outra vez. Valentino começou um pouco atrás e pensei: 'Por favor, não erre a largada!'. E ele não errou. Ele estava em 11º quando a luz apagou, mas a moto trabalhou bem, e ele encontrou um bom ritmo. Fez ultrapassagem atrás de ultrapassagem, até que enfim se viu liderando a corrida, e continuou assim até o fim. Inicialmente, a vitória pode não parecer particularmente impressionante. Era bem normal para nós vencer em Sepang, que é uma das pistas favoritas de Valentino, mas, um mês depois, quando ele fez a operação e os médicos descobriram que a situação do seu ombro era muito pior do que pensavam, nós todos percebemos que tínhamos visto outro milagre na Malásia. Aquela vitória também confirmou que, se a moto é boa, Valentino vence, o que significa que a "fórmula científica" dele ainda era válida, e isso me confortou bastante."

Com sua vitória na Malásia no dia em que Lorenzo conquistou o título, Valentino levou entusiasmo e conforto ao seu time. Eles decidiram tentar correr o resto da temporada, em vez de voltarem para a Europa, Valentino e seu time seguiram para a Oceania.

Valentino foi terceiro na Austrália, um resultado com que não ficou completamente satisfeito. Phillip Island é uma das pistas que mais ressalta seu talento, mas quando ele se viu no inverno do hemisfério sul, em um fim de semana chuvoso e com muito vento, com uma temperatura de apenas 10°C, seu ombro estava muito dolorido.

De volta à Europa, Valentino foi segundo atrás de Lorenzo no GP de Portugal, no Estoril, mas chegou em Valência, na Espanha, em uma situação precária. O ombro não podia mais esperar, mas ele não iria desistir a um passo do fim do campeonato. Ele focou em poupar energia durante as sessões de treinos, e foi terceiro na corrida.

Ainda assim, ele cumpriu sua meta, terminando sua aventura com um pódio, e conseguindo atingir 46 vitórias.

É muito apropriado que o último triunfo de Valentino com a Yamaha tenha acontecido em Sepang, um local quase místico para a dupla.

O dia de sua última corrida vitoriosa com a M1 foi 10 de outubro de 2010 e, em 13 de outubro de 2003, ele tinha assinado seu contrato com a Yamaha apenas a alguns passos daquele circuito.

Também foi no asfalto da Malásia que Valentino guiou pela primeira vez a M1, em 24 de janeiro de 2004.

Naquele dia, quando ele entrou no pit-lane, saindo de um dos últimos boxes, soltou a alavanca da embreagem pela primeira vez às 10h46 – sim, 10h46! Assim que ele saiu do pit-lane e entrou na pista, disse para si: "Vamos torcer para que esta moto não seja uma filha da puta."

Por fim, podemos incluir a Malásia como o país no qual Valentino começou sua carreira. Ele estreou na primavera de 1996, no GP da Malásia, que na época era realizado em Shah Alam, um subúrbio de Kuala Lumpur que fica a meia hora de carro de Sepang.

Valentino era uma criança na época, e costumava fazer muitas perguntas para poder coletar o máximo de informações que podia. Mesmo naquela época, ele estava certo de que qualquer notícia que pudesse reunir, qualquer episódio que pudesse testemunhar, qualquer evento que participasse, o ajudaria a ser mais rápido. Apesar de ter apenas 17 anos na época, já era bastante ciente da importância do conhecimento – um elemento que se tornaria uma de suas forças.

Despedida

O último beijo

Nem Valentino e nem Masao queriam participar da coletiva de imprensa organizada pela Yamaha depois da última corrida de 2010, que se transformou em uma cerimônia desajeitada, pois tudo, exceto serenidade, reinava por lá. Era um exercício fútil de retórica, algo que os homens mais importantes no recente sucesso da Yamaha sempre se opuseram.

Além disso, Valentino já tinha completado sua cerimônia de despedida, e foi perfeita em termos de tempo e forma. Antes de voltar para os boxes pela última vez com a M1, Valentino tinha parado na pista, saltado da moto, ajoelhado na frente dela, e colocado seu capacete junto a carenagem para beijá-la simbolicamente. Era sua maneira de reconhecer aqueles que considerava merecedores de tal reconhecimento: a moto e que a tinham projetado.

Ele revelou seus pensamentos mais íntimos, e o fez na frente do mundo todo, sem permitir que ninguém estragasse o extraordinário relacionamento que tinha criado com a M1. No último ato de uma grande aventura, Valentino queria repetir o gesto que tinha feito na África do Sul, em 2004, depois de seu primeiro sucesso. Ele achou que este gesto em 2004 tinha sido romântico e teatral nas proporções corretas, e escolheu uma forma similar de dizer adeus em 2010 para a moto que tinha sido e sempre será indiscutivelmente dele.

Durante a coletiva de imprensa, Furusawa desempenhou seu papel – em público, um alto executivo japonês sempre se expressa usando frases tranquilizadoras.

Em particular, no entanto, os japoneses podem se abrir, e o que Furusawa queria que Valentino soubesse já tinha sido dito cara a cara, para que os dois tivessem tempo de se expressarem completamente. Os dois sabiam as razões para seus caminhos estarem perto de se separar. Acima de tudo, os dois sabiam que seus caminhos já estavam separados há algum tempo. Ao menos um ano antes, talvez mais, o destino tinha, lenta, mas implacavelmente, traçado um futuro diferente para eles. Furusawa tinha decido parar, enquanto Valentino, sentindo que ainda não tinha completado sua carreira, decidiu continuar sem ele. Dito isto, eles não se separaram como dois homens com nada mais a dizer: combinaram de manter contato, e o fazem regularmente.

Sozinho outra vez

Enquanto Valentino já estava vivendo sua nova aventura na noite de domingo, Masao Furusawa se viu muito sozinho. Ele tinha de dizer adeus para muitos amigos, incluindo Jeremy Burgess, é claro. Valentino tinha conseguido transferir seu pequeno exército para a Ducati – exceto Furusawa e alguns engenheiros japoneses, não deixou para trás ninguém de que gostava na Yamaha – então Masao percebeu que tudo estava mudando outra vez em uma velocidade desconcertante. Ele sempre foi o engenheiro dos novos desafios, mas desta vez se viu como um espectador. Ele não era parte da mudança, não estava trazendo isso para si.

Quando viu a última bandeira quadriculada de 2010 chacoalhar, ele estava na iminência da aposentadoria. Era a última bandeira quadriculada de sua extraordinária carreira.

No entanto, ainda tinha uma tarefa para cumprir: completar a transferência para seus homens de confiança e, é claro, acompanhar o primeiro teste da M1 de 2011. Ele ficou em Valência para a última sessão de testes da temporada, apenas para acompanhar o trabalho para o próximo ano, e também para que pudesse testemunhar a estreia de Valentino com a Desmosedici. Nada parecia mais bizarro do que ver a Yamaha sem Valentino, e Valentino pilotando uma Ducati.

Ele encontrou Filippo Preziosi no paddock e deu algumas palavras de encorajamento para seu colega, que estava prestes a encarar talvez seu mais importante desafio competitivo. Para Masao, ouvir Filippo Preziosi era como assistir um filme que já tinha visto. Como todos os engenheiros que trabalham com Valentino Rossi, Preziosi teria de lidar com noites sem dormir e dias de trabalho sem fim. Furusawa entendia isso perfeitamente, e descobriu com satisfação que Preziosi, tendo conseguido trazer Valentino, tinha se inspirado nele. Para os primeiros dois dias de Valentino na Ducati, de fato, Filippo tinha organizado um cronograma baseado no que Furusawa tinha feito em 2004. Pediram que Valentino selecionasse um motor, e Jeremy Burgess foi designado para coordenar o trabalho na garagem.

Furusawa também estava à mão durante os testes de inverno de 2011, de acordo com um programa que já tinha sido estabelecido. O inverno era a última oportunidade para ele dar ao seu time as últimas dicas para seguir adiante com o projeto da MotoGP, por meio do desenvolvimento dos sistemas de injeção eletrônica, que tinha se tornado cada vez mais importante para resolver os problemas de consumo.

Furusawa completou o treinamento de seus homens, continuando a fortalecer a posição deles. Seus oficiais mais importantes tinham de tornado líderes de corrida em Iwata.

Masahiko Nakajima, líder de grupo e diretor de equipe desde 2009, se tornou gerente geral da Divisão de Desenvolvimento do Esporte a Motor, responsável por todas as atividades esportivas da Yamaha, das corridas ao off-road. Shigeto Kitagawa continuou presidente da Yamaha Motor Racing, uma posição que assumiu em 2009. Quanto a Kouichi Tsuji, ele foi promovido a líder de grupo na MotoGP e líder de projeto da M1.

Apesar de Furusawa ter completado com sucesso todas as tarefas às quais foi designado, não podia deixar a companhia inteiramente. No Japão, experiência é considerada inestimável, especialmente no que diz respeito a conhecimento e experiência de uma mente iluminada. Furusawa se tornou um conselheiro para importantes assuntos técnicos.

O último segredo, a última mágica

Em busca da felicidade

Um executivo japonês não demonstra entusiasmo publicamente. No máximo, pode aparentar estar muito satisfeito. Porém, esta não é a única razão para Masao Furusawa, no fim de novembro de 2008, poucas horas após Valentino ter conquistado o título, ter dito algo que pode parecer trivial demais para alguém tão inteligente.

"O que importa é que Valentino está feliz outra vez", declarou, e não foi fácil entender imediatamente o que ele quis dizer. De fato, o significado estava muito bem escondido.

Furusawa tinha entendido que a única maneira de manter o grupo unido, pelo menos até o fim de seu mandato, era fazer Valentino vencer novamente, porque a última fase de sua própria carreira estava ligada ao humor do piloto. Um ano antes, pilotando uma problemática

M1, Valentino tinha dito: "Só estou feliz quando venço". Tinha dito isso com um olhar malandro, revelando, mesmo que por um momento, toda sua bela e esperta inocência.

Reassumir a responsabilidade pelo projeto da MotoGP era, de fato, mais um tipo de ordem de Valentino do que um pedido. No fim da temporada, Furusawa estava sofrendo com o esforço. Além disso, lidar mais uma vez com os problemas da M1 e do Departamento de Corrida, era como um passo atrás em sua carreira, que nos últimos dois anos o tinha colocado em tarefas cada vez mais importantes e prestigiosas. Apesar disso, era o único que poderia garantir à sua companhia, e a si, mais uma rodada de sucesso.

"No fim da temporada de 2008, eu estava muito cansado", disse Masao. "Fui forçado a fazer planos flexíveis, pagando um preço muito alto em termos de estresse físico. Apesar de Valentino saber que eu estava ocupado, pois estava encarregado de dar sequência em projetos envolvendo motos de produção e pesquisa tecnológica, ele nunca me deixou partir. Assim, decidi ir vê-lo em uma corrida e, se visse que ele estava bem, me dedicaria a outras atividades quando retornasse para Iwata, mas se ele me dissesse 'posso me virar sozinho por um tempo, mas você tem de voltar o mais rápido que puder', então me organizaria de acordo."

No outono de 2008, Furusawa tinha completado outra dura escalada, que consistia em três passos que não podia errar.

Primeiro, em julho, ele obteve a renovação do contrato de Valentino por mais duas temporadas, 2009 e 2010. Depois, durante o verão, teve a confirmação de que a M1 tinha mais uma vez atingido o estado de excelência. Finalmente, em outubro, sua organização tinha recuperado sua eficácia total.

Furusawa tinha devolvido cada peça do quebra-cabeça ao seu lugar adequado, e isso permitiria que a Yamaha suportasse o golpe causado pelo desastre que vinha em direção à MotoGP com a velocidade e o poder destrutivo de um míssil: a crise econômica. As informações deram a impressão de que a Yamaha seria afetada por esta tempestade, talvez mais seriamente do que seus rivais.

A história econômica e industrial do Japão é uma série contínua de acelerações espetaculares e estagnações bruscas, e os dirigentes japoneses rapidamente reconhecem os tempos de crise.

Já em meados de 2007, os Estados Unidos tinham começado a sentir os primeiros sinais da crise, e no Japão ocorreu imediatamente depois. No início de 2008, a recessão começou a tomar forma como um inimigo que atacou as ilhas japonesas, cíclica e inexoravelmente. Recessão é uma palavra assustadora de se pronunciar em um país que vive da exportação.

Enquanto todos ao redor estavam celebrando o renascimento do time, depois de 24 meses de dificuldades, Furusawa entendeu que o cenário estava lenta, mas inexoravelmente declinando, e estava certo de que, em breve, o departamento não teria os mesmos grandes meios econômicos que tinha usado para financiar sua revolução em 2003 – e para garantir tamanha recuperação no fim de 2007.

Furusawa, assim como Valentino, queria concluir essa extraordinária aventura com honra; então, ele apressou o desenvolvimento da M1 durante a temporada 2008, convencido de que isso seria importante para dar outro impressionante salto adiante para resistir à aproximação de anos difíceis.

Este foi seu último ato estrategicamente perfeito. Alguns meses depois, o mundo da MotoGP sofreria a maior crise econômica da história moderna, desde a Grande Depressão de 1929: dias antes do Ano Novo, a Kawasaki chocou a todos, anunciando sua saída da MotoGP. Foi como levantar a tampa de uma panela, pois ninguém podia mais manter os custos incontrolados. De fato, pelo menos desde o ano anterior, todos sabiam da falta de recursos financeiros, mesmo que preferissem não notar. Nesse caos, era necessário dar um passo atrás, reduzir os gastos, e revisar e otimizar os investimentos. Consequentemente, todos tiveram de interromper a pesquisa e o desenvolvimento. No entanto, a Yamaha conseguiu permanecer no topo e continuar vencendo em 2009 e 2010, devido ao inteligente planejamento feito por Furusawa, que definiu um generoso orçamento para a temporada 2008.

Bandeira quadriculada

Quando vimos a bandeira quadriculada ser sacudida no GP de Valência em novembro de 2010, o chefe estava bastante orgulhoso em deixar o comando como o número 1 indiscutível, dominando como o campeão vitorioso. O que pode ser identificado como sua segunda administração – seguindo os triunfos históricos de 2004 e 2005 – tinha de fato produzido três anos de liderança absoluta em 2008, 2009 e 2010, quando a Yamaha conquistou todos os títulos, tanto o de pilotos como o de construtores. Masao não apenas conseguiu vencer o último campeonato mundial de que participou, como também venceu seu último GP.

Durante a fase final de sua carreira, Furusawa nunca parou de subir ao degrau mais alto do pódio, "o único lugar onde valia a pena estar", como ele tinha dito na Yamaha no fim da primavera de 2003, quando – mesmo enquanto Valentino ainda estava correndo pela Honda – começou a separar amigos e inimigos.

Cinco títulos mundiais em sete anos é muito mais do que a maioria poderia esperar conquistar, especialmente para uma pessoa que nunca tinha se aproximado de uma moto de corrida, e que se viu no mundo dos GPs apenas quando conheceu Valentino Rossi. No fim de 2010, Masao Furusawa se sentiu como alguém que tinha feito além do que lhe foi pedido, orgulhoso de ser um dos maiores protagonistas da primeira era da MotoGP, uma época gloriosa que tão logo não retornará.

Não pode haver período de paz para aqueles que não o procuram. Masao Furusawa tinha começado a buscar seu caminho um longo tempo antes de realmente encontrá-lo.

"Eu tinha decidido há muito tempo que iria me aposentar quando completasse 60 anos, ou seja, em março de 2011. Decidi isso antes de 2003, antes de conhecer Valentino. Durante meus últimos sete anos – aquele período de grandes emoções, grandes conquistas e projetos maravilhosos – nunca mudei de ideia sobre a minha aposentadoria. Minha crença de que era o momento certo foi só fortalecida."

"Gostaria que Valentino encerrasse sua carreira na Yamaha, e o fato de isso não ter acontecido é o meu único arrependimento. Eu sempre disse a ele: 'Se você for para a F1, não tem problema, mas, por favor, não encerre sua carreira com um rival'. Mas... ele diz que é minha culpa, porque eu decidi sair muito cedo."

"Tenho muitos hobbies e interesses. Ficar não me permitiria aproveitar a minha vida privada. Eu amava meu trabalho e aprendi a gostar da MotoGP, mas para mim isso não é tudo. Se não tivesse nada além do trabalho, significaria que minha vida é muito triste. De fato, no entanto, tenho muitas paixões: projetos de engenharia, mas também desenho, escultura, fotografia. Meu tempo ali acabou no momento certo."

"Decidi ir viver em Kyoto, que foi a capital do Japão por mais de mil anos. É um lindo lugar para quem quer estudar a história de seu próprio país, como eu gostaria de fazer. Gostaria de fazer isso para entender o motivo de os japoneses serem o que são – porque sofremos, porque lutamos, porque conquistamos... e porque nos vimos novamente no chão e inevitavelmente tivemos de começar tudo de novo. Eu gostaria de entender porque estamos destinados a viver este tipo de vida."

Foi uma grande história de amor

Por Valentino Rossi

A primeira, de 2004, dorme comigo. Minha primeira M1. Eu digo boa noite quando vou dormir e bom dia quando acordo, porque a mantenho no meu quarto.

A segunda, de 2005, passa as tardes e noites comigo quando estou em casa, porque encontrei um bom lugar para ela na sala de estar.

Também sou muito próximo das outras duas, de 2008 e 2009, mesmo que elas não estejam realmente na minha casa.

Simplesmente não posso viver sem a "minha" M1. Gostaria de ter todas elas, mas tive de me contentar com aquelas com que conquistei o título. Masao sempre foi realmente muito bom com isso: ele entendeu o que as minhas motos significam para mim, especialmente aquelas com que venci.

As duas primeiras são motos lendárias. As duas últimas eram tecnologicamente perfeitas e é claro que somos muito apegados, mas as primeiras têm um valor especial. Já em 2005, a M1 tinha dado um grande salto em termos técnicos, mas também na forma como foi construída e concluída. Era muito mais racional, todas as áreas tinham sido completamente exploradas e não havia espaço desperdiçado. Tudo era mais elegante, mais harmonioso e mais otimizado. Na verdade, nós tínhamos iniciado um novo caminho com a versão de 2004 e concluímos o objetivo com a moto de 2005. Essa é a M1 a qual Masao sempre foi muito apegado e devo dizer que ele tem todo direito de ser.

Sempre chamei Masao Furusawa de "Masao" – sim, apenas Masao. Nunca dei muita atenção para a posição dele, seu cargo ou para como alguém deveria interagir com um dirigente em uma posição tão alta. Para mim, ele é Masao, ponto. Isto mostra o tipo de relação que nós rapidamente estabelecemos. Éramos tão diferentes e, ainda assim, imediatamente entendemos um ao outro. Eu não posso explicar o motivo, mas aconteceu e foi ótimo.

Era importante que ele me entendesse, que se apaixonasse pelas corridas. Foi ótimo ver que ele, apesar de vir de um mundo completamente diferente, sempre teve ideias que se mostraram um sucesso. Bom, quase sempre... Algumas vezes as coisas deram errado, mas normalmente tínhamos sorte. Gostaria de ter vencido mais e jamais teria escolhido passar por um momento tão difícil como em 2010, mas tudo bem.

Acho que a nossa aventura foi como um laboratório de ideias – um posto avançado, porque fomos inovadores em muitas áreas.

Primeiro, na dificuldade do nosso desafio. Em 2003, quando planejávamos o nosso desafio, até mesmo aqueles que eram legais diziam que nós éramos loucos; então, apenas imagine o que era dito por aqueles que eram um pouco mais pessimistas! Naquele momento, a Yamaha era uma moto que ninguém queria. Mas eu queria, e pouco a pouco nós nos conhecemos e fizemos algumas coisas incríveis.

Também tinham os conceitos técnicos de Furusawa: os céticos diziam que um motor de quatro cilindros em linha não poderia competir com o V5 da Honda e que você tinha de ser louco para projetar um eixo que girava ao contrário. Eles diziam que a Yamaha era tão estranha que era impensável que pudesse vencer. Isso era o que eles diziam...

Nós fomos inovadores ao mostrar que o piloto faz a diferença. Hoje é normal pensar assim, mas, até 2003, esse conceito era muito menos comum – e aceito.

Fomos inovadores ao mostrar que o grupo de trabalho é muito importante: sempre achei que a minha equipe era vital e Masao também sempre pensou assim. Eu queria os meus rapazes comigo: Masao entendeu isso, mesmo que na época parecesse sem sentido – isto é, um gasto desnecessário de dinheiro. Se ninguém jamais tinha deixado a melhor moto da época por uma que poderia ser a pior, também é verdade que nenhum piloto jamais tinha levado toda sua equipe com ele. Eu fiz isso e Masao nunca reclamou.

Também fomos inovadores na forma como comunicávamos as nossas sensações, nossos medos e nossas alegrias: o público nos entendia, nos seguia e nos amava. Na verdade, atraímos um verdadeiro grupo de fãs que se identificava com o nosso desafio. Qualquer lugar que fôssemos no mundo, estávamos sempre cercados por afeição.

Fomos inovadores na maneira como rompemos as barreiras das crenças e preconceitos. Pouco a pouco, muitos pilotos e chefes de equipe, junto com engenheiros, começaram a trilhar o caminho que tínhamos iluminado.

Ajudamos as pessoas a se divertirem e sonharem. Transmitimos a paixão, precisamente porque nós próprios estávamos vivendo grandes emoções.

Foi por isso que, em certo momento, percebi que a aventura tinha chegado ao seu final: aqueles mesmos sentimentos, aquele mesmo compartilhamento de projetos e ideias, não estavam mais lá. Tudo muda, não é isso que dizem? Bom, em algum momento, a Yamaha mudou sua abordagem em relação às corridas.

E, apesar disso, no início de 2010, eu não estava certo se queria deixar a Yamaha. Exceto pelo meu relacionamento próximo com Masao Furusawa e minha equipe, eu trabalhava bem com Nakajima e também com Atsumi, meu engenheiro de pista. Quando disse que não sabia de um lugar melhor para competir, realmente falei sério. Mas existem situações que você só entende quando se afasta. Enquanto está dentro, totalmente envolvido, não percebe que, pouco a pouco, as circunstâncias e a atmosfera mudaram. Assim que fiz um esforço para olhar para tudo de uma maneira mais imparcial, entendi que meu trabalho com a Yamaha estava encerrado. A aventura tinha acabado.

Saí do mundo em que vivia e vi que a Yamaha tinha mudado. Ao mesmo tempo, também tentei olhar para a Ducati como uma perspectiva nova e, naquele momento, percebi que as coisas não eram mais as mesmas por lá. Encontrei um ambiente onde havia uma grande paixão pelas corridas e, no fim, também gostei do fato de que poderia organizar um desafio completamente italiano. Mas, por muitas razões, não deu certo e foi muito frustrante para mim também.

Jerry, entretanto, está certo: a forma como deixei a Yamaha no fim de 2010 foi muito diferente de como deixei a Honda no fim de 2003. Mas a relação especial com Masao também era diferente do que eu tive antes. É só que, em algum ponto, entendi que, sem Masao, não seria mais a mesma aventura. Por causa da nossa amizade e da relação que tínhamos, ele era meu único ponto de referência. Eu não queria nenhum intermediário ou suplente. Depois de tudo que tínhamos feito juntos, eu não tinha intenção de reconstruir um novo início no que tinha se tornado meu – nosso – mundo.

Foi difícil abandonar a M1 depois de tudo que fizemos para deixá-la tão boa e tão competitiva, mas continuar fazendo os mesmos sacrifícios que sempre fiz é vital para ter uma motivação forte. De vez em quando, você precisa de uma ideia, ou talvez de um acontecimento, que o force a continuar dando tudo de si. Não havia mais isso na Yamaha, ao menos para mim.

Contribuí fortemente para tornar a Yamaha uma moto vencedora, um projeto com uma fundação sólida. Junto com o grupo que criamos, deixei a Yamaha com muitos bons presentes. Disso, tenho orgulho.

Foi uma grande aventura e esse livro consegue ressaltar todos os aspectos importantes: ele deixa claro que, por trás de cada vitória e cada conquista, havia muito suor.

Gosto de pensar que o que há entre eu e a M1 é uma grande história de amor. Essas páginas também ressaltaram esse fato muito bem.

Concordo com todos que trabalharam no nosso projeto: estes primeiros sete anos foram únicos e talvez não possam se repetir. Precisávamos de alguém para contar a história deste período especial.

As 46 vitórias (até novembro de 2010)

2004
1) Welkom – África do Sul – 18 de abril
2) Mugello – Itália – 6 de junho
3) Barcelona – Catalunha - 13 de junho
4) Assen – Holanda – 26 de junho
5) Donington Park – Inglaterra – 25 de julho
6) Estoril – Portugal – 5 de setembro
7) Sepang – Malásia – 10 de outubro
8) Phillip Island – Austrália – 17 de outubro
9) Valência – Espanha – 31 de outubro

2005
10) Jerez de la Frontera – Espanha – 10 de abril
11) Xangai – China – 1º de maio
12) Le Mans – França – 15 de maio
13) Mugello – Itália – 5 de junho
14) Barcelona – Catalunha – 12 de junho
15) Assen – Holanda – 25 de junho
16) Donington Park – Inglaterra – 24 de julho
17) Sachsenring – Alemanha – 31 de julho
18) Brno – República Tcheca – 28 de agosto
19) Doha – Catar – 1º de outubro
20) Phillip Island – Austrália – 16 de outubro

2006
21) Doha – Catar – 8 de abril
22) Mugello – Itália – 4 de junho
23) Barcelona – Catalunha – 18 de junho
24) Sachsenring – Alemanha -16 de julho
25) Sepang – Malásia – 10 de setembro

2007

26) Jerez de la Frontera – Espanha – 25 de março
27) Mugello – Itália – 3 de junho
28) Assen – Holanda – 30 de junho
29) Estoril – Portugal – 16 de setembro

2008

30) Xangai – China – 4 de maio
31) Le Mans – França – 18 de maio
32) Mugello – Itália – 1º de junho
33) Laguna Seca – Estados Unidos – 20 de julho
34) Brno – República Tcheca – 17 de agosto
35) Misano – San Marino – 31 de agosto
36) Indianápolis – Indianápolis – 4 de setembro
37) Motegi – Japão – 28 de setembro
38) Sepang – Malásia – 19 de outubro

2009

39) Jerez de la Frontera – Espanha – 3 de maio
40) Barcelona – Catalunha – 14 de junho
41) Assen – Holanda – 27 de junho
42) Sachsenring – Alemanha – 19 de julho
43) Brno – República Tcheca – 16 de agosto
44) Misano – San Marino – 6 de setembro

2010

45) Doha – Catar – 11 de abril
46) Sepang – Malásia – 10 de outubro